人命の特別を言わず／言う

目次

序……9

第1章 人命の特別を言わず／言う……25

1 脱人間中心主義と称する主張……26
1 殺生について……26
2 α：意識・理性……30

2 批判……34
1 それは脱人間中心主義的・脱種差別的な倫理ではない……34
2 非人間中心主義的人間中心主義……37
3 それが大切だと言うがその理由は不明である……39
4 繰り返したうえで次に進む……42

3 なぜまだ……46
1 驚いたこと……46
2 生命倫理学的な基準……54
3 二つの併存……60

第2章　殺すことを認めたうえで人殺しを否定する……73

1　殺し食べる……74

1　動物倫理を動物に拡張すると……74

2　0：殺すなとは言えない……81

3　人だけが、とならない……85

2　それにしても……90

1　人はずっと間違えてきたと言える不思議……90

2　種主義は人種主義ではない……94

3　食べるために殺すのでない人間は殺してならないことにする……98

1　予告……98

2　Ⅰ：食べるために殺すのでない人間は殺してならないことにする……100

4―人の特別扱いについて……107
1　Ⅱ：人のもとに生まれ育つ人であることを受け止める人……107
2　私たちの事実だから／だが私たちを超えたものとする……114
3　照合してみる……118
4　たしかに仕方のなさの度合いは連続的だが……123

第3章
世界があり恐怖するから慎重になる……149

1―世界がある・恐怖する……150
1　Ⅲ：世界・内部……150
2　だから絶対尊重派ではない……152
3　Ⅳ：恐怖することを慮る……160
4　そのうえで慎重になる……162
5　苦痛についての補足……165

2 そうして二つの術に応じる……169
1 技に応ずるものでもある……169
2 既になされているからよいという話に↓小さいが確実にある差異……170
3 先まで行ってなかを取る、に対して……178

第4章 高めず、認める……193

1 「現代思想」は使えるか……194
1 境界を揺るがそうという人々……194
2 慣れ親しんでしまった図式……200
3 そんなに効いているのか……203

2 人間的なもの……205
1 系譜……205
2 罪の主体・行ないの主体……207
3 主体の遇し方……212

3 人間を高めず認める……216
1 還る思想……216
2 かけがえのない、大したことのない私……223
3 人の像は空っぽであってよい……230
4 私たちの時代に……234
1 たいして変わっていない……234
2 機械のこと技術のこと……237
3 せめてヒトは、とする……238
文献……284

人命の特別を言わず／言う

序

書いたこと

ある基準線を作って、その線よりも上にいる存在は殺さない、下にいる存在は殺してよいことにする（A）。すると、いくらかの、あるいはかなり広い範囲の動物は殺してならないことになる（B）。他方、線の下にいる人の生命の維持は不要であるということになる（C）。むろんその線の場所、その場所の辺りは問題になる。「上」から見た時、その上側に属するかが「ぎりぎり」あるいはその下の人・ヒトはどうなるのだろうと問題にされる。生命倫理学・動物倫理学の業界では、「限界事例（marginal case）」、「ＡＭＣ」（＝「限界事例の主張（the argument from marginal cases）」）という言葉もあるらしい。

動物を食べるべきでない、殺すべきでないという主張がまずまずの支持を得ている。それが、基準を満たしているから生かす（A→B）という主張であるなら、満たしていない人は死んでよい、あるいは殺す（A→C）ことも支持されることになるだろうか。

このことに関わって書かれたものはまずまずの数あるのだが、一つに、A→Cは、とくに動物を大切にという話のなかでは、あまり、あるいはまったく意識されない。そして、この構図の全体をいちおう知る人は、三つに分かれる。一つは難しい問題だと言って、話を先延ばしにし、終える。一つは、この図式をすなおに肯定する。最後が、いやそういうことではなかろうと言う、言おうとする。

本書は、そして私は、この最後のものを支持する。支持者はたくさんいると思うのだが、その理屈を通すとなると、そう簡単ではないように見える。その理由の一つに、肯定する話にももっともなところがあることもあるだろう。

そのこともふまえながら、本書は人命の特別を言わず、言う。それが題になっているが、基本的には「言う」。その話の一つひとつの話は、みな、私が思うには、とても当たり前のものだと思う。しかし、意外に言われない部分があり、また本書での話の組み合わせを見かけることもないように思う。その意味では、たぶん、誰もがわかっているのに、書かれたことのないことが本書では書かれる。

もう少し長い要約

第1章ではピーター・シンガーらの議論を紹介し、その主張がおかしなものであることを確認する。その人たちは「種差別主義」を批判し、「脱人間中心主義」を主張すると言い、ヒト／ヒト以外の境に特別の意味がないとする。そうしたうえで、類人猿といったある種の動物については、殺すべきでないとする。その理由は、まず、意識・理性があることに求められる（第1節）。

しかし、まずそれは脱人間中心主義的・脱種差別的な倫理ではない。むしろ逆である。それは、普通に考えれば、人間が思いつき、人間が（特別に）遵守すべき規範だという意味で、人間中心主義的である。そして、生物・動物全般の中から殺してならないものが選ばれるその理由は、人間の多くが有している属性を有していることに求められるのだが、それもまた人間中心主義的である。そしてその属性を特別なものとして選ぶことの理由は不明である（第2節）。

他方、高等な性能でなく快苦を重視する方向に行くなら、尊重されるべき範囲は拡大される。この場合には殺生の全般が問題になり、そして生物の全体の倫理とするべきことに、論理としてはなる。あらゆる生物が生物を殺さない摂取しないことなど事実不可能であることを言うことはできるが、できる限りその方向に行こうと主張することはなお可能である。となると、殺生の全般について規範的にどう言うかという問題に立ち至る、あるいは立ち帰ることになる（第3節）。

そのうえで、特別に、人が人を殺すべきでないわけを言うことは可能か、どのように可能かという問いが残る。

第2章では、基本的に、殺生を悪であるとはしない、すくなくとも禁じられねばならない悪だとはしないという立場を採ろう、採るしかないだろうと述べる。動物が動物を殺す世界において、人間が動物を殺すことをしてはならないとも言えないとする（第1節）。

それにしても、人はずっと間違えてきたと言える人たちは不思議だと言う。また、「種（差別）主義」が人種差別と同じで、前者を言う人は後者を正当とすることになるという主張がなされてきたのだが、そのように考える必要がないことを述べる（第2節）。

すると、そのうえで、人が人を殺すべきでないわけを言うことは可能か、どのように可能かという問いが残る。あるいは現れる。まず、おおむねの事実として、人は人を、動物を殺生するようには、食べるために殺すことはせず、それはよくないことであるとしている。それはおおむねの事実であるとともに規範として作動している。それを受け入れてよいだろうとする（第3節）。

そして、人が人を殺す理由・事情を見てみようと言う。他の生物とは異なり、例えば正しさのために、人は人を殺すことができる。そして実際にたくさん殺してきた。その正しさの中には第1章で示され検討した（私たちが考えるに間違った）正しさも含まれる。そして、殺すことを駆動する強さも規模も、人間においては特別である。そこで、禁止しても殺し続けるだろうが、しかしせめて、殺してならないとする（I）。また、その殺す際の「やむをえなさ」は、生きるために食べる場合と連続的だから、区別は不当だとする批判は当たらないと述べる（第4節）。

その特別扱いの「起源」は定かでないが、人から人が生まれることを経験し、そのできごとを人々が知っていること、それを尊重すべきであると考えられていることが関わっていると考えることはできる。すると、せめて殺さないことにするというその範囲は、ヒトという「種」の境界において区切られることにはなる。

第3章では、さらに、一人ひとりを殺さないその理由を、そこに一つひとつの世界があるだろうこと（Ⅲ）にあると述べる。そして、とくに死に際して、人が死を恐怖する存在であること（Ⅳ）が考慮されるべきであることを言う。ここで私たちは知性を理由にしているのだから、第1章で検討した話に近づくことにはなる。私（たち）は生命の絶対尊重派に属するのではない。ただ、知性を有していることは、生存を積極的に肯定するものでなく、いったんとにかく人は生かす殺さないとしたうえで、死を避けさせようというその理由となるものである（第1節）。

「延命」のための処置の停止と、死のための積極的な処置とは同じであるから、どちらも許容されるという人たちがいる。その議論の前段には認めてよいところがある。しかしそのことは両者を認めることを意味しない。確実に訪れることとその時を知り、そのための行ないを行なうことと、やがて終わりが訪れることは知りながら、確かなその時を知らずそれまでの時間をやり過ごすこととの間には、差がある。意味がないとされた区別にじつは意味があることを示す（第2節）。

第4章では、この境界の論じ方について考える。シンガーとデリダが一つに括られ肯定されるといったことが不思議に思われないことの不思議を言い、「境界を揺るがす」ということの時代に流行した構えからはそんなにたいしたことは言えないことを言う（第1節）。むしろ、人間の系譜を辿り、人間が主体であることを批判したその流れから受け取るものがあることを述べる。ニーチェを受け取った吉本隆明は福音書について書き、そしてときに同じ書で親鸞の往還の思想を論じた（第2節）。

そして人間であることを仕方のないことと受け取り、扱いにくいから仕方なくときに丁寧に扱うべきことを言う。そしてそこから、この社会のあり方について普通に言えるだろうことをいくつか確認する（第3節・第4節）。

事情の説明

二〇〇八年に『良い死』[★1]を、二〇〇九年に『唯の生』を、筑摩書房から刊行してもらった。そしてその後者、『唯の生』は入手できなくなってしばらくが経った。いずれも読んで楽しめるといった本ではないが、今でも、あるいはこれからも、あってよい本だと思い、本書の刊行にも合わせ、ちくま学芸文庫の一冊として『良い死／唯の生』（立岩［2022c］）を出してもらった。

ただ、二冊をそのまま一冊にすると、文庫一冊に収めるには多すぎる量になるということもある。『唯の生』については、文庫に収録したのは第5章以降とした。第2章から第4章は「現代史」に関わる章だったから、これは別途、オンラインで公開する本（ページ）にする。★2

以前から、その『唯の生』の第1章「人命の特別を言わず／言う」に書いたことは、その部分だけを取り出し、読んでもらいたいと思っていた。そこでこのたび、この部分をもとに本を作ることを提案し、刊行してもらう運びになった。

当初はもとの「人命の特別を言わず／言う」★3をほぼそのまま使う小さな本のつもりだったが、だんだんとそうもいかないように思えてきた。そして、すぐにできるような気がしていたが、そうもいかないことになってきた。考えることが出てきた。当初考えたより一年ほど遅い出版になったのだが、そうして結局時間がかかってしまった間、考えたり考えなおしたりしたのは、よいことだったように思う。本書の第2章・第3章に書いたことのかなりの部分は、そうして新たに加えたものになった。

本をほぼ書いてしまってから、多くは、この本を書こうと思わなければ知ることのなかっただろう本をいくらか集めてもみた。これからも、私自身がそれらを読みこむことはないだろう。ただ、こんなものがあることは知ってもらってよいと思い、その五九冊のリストを、著者名アルファベット順の文献表と別に、作って註に並べた★4（二一頁）。また、大学院生などで読んでみようという人のために、その本の現物をすべてひとところに集めておこうとも考え、購入したもののすべては研究所（立命館大学生存学研究所）の書庫に配架した。そして、まずはたんに書誌情報だけを記載というものが多いのだが、一冊一冊についてHP上のページを作った。

長くずっとそうなのだが、私の本の文献リストは、関心もつ人いませんか、いたらば、という性格のものだ。そして、本書の註をさらに増補・拡充するとともに、註・文献表にあげた文献等について、各々の文献等のページにリンクされている『補註』（立岩［2022b］）を作成し、サイト上に掲載・公開した（「人命・補註」で検索）。このたび始まったことではない。文献については最初の単著からずっとそうだ。私自身はそう関心がなく、きちんとは読まないだろう文献もあげてきた。研究するならいくらかは手伝う、勉強のために役立ててくれるなら本も買って並べておく、ということだった。『自由の平等』（立岩［2004a］）もそんなつもりで作ったが、残念ながらその方面、つまり政治哲学とか分配的正義といった領域で研究しようという人はそうやっては来なかった。しかしもちろん、わざわざ私の勤め先にやって来る必要などない。『自由の平等』についてはやはり文庫版での提供を考えている。

そうした領域についてみなもっと考えてほしいと思うのに比べると、「動物倫理」を勉強してほしいと、私自身はあまり思っていない。ほかにするべきこと、するとおもしろいことがいくらもあると思っている。ただ、よいことを言ったり行なったりする時、あるいは社会を批判する時、ふだんはただそれを言えばよいし行なえばよいのだが、その中身によっては、ときどきは、疑ってみることはあってよいと思っている。そのことも本書に書いたのだが、人間は、立派になろうとして、正しくあろうとして、間違ってしまう。間違えるだけならまあよいし、もちろん肉を食べないこともよいことだが、「限界事例」（↓序・冒頭）と呼ばれてしまったりする人たちに迷惑をかけるのはよくないと思う。

じつは『良い死』『唯の生』でもお世話になった、さらに遡ればその出版の五年ぐらい前だったか連絡をいただきそれ以来ということになる、筑摩書房の石島裕之さんが、『介助の仕事』（立岩［2021a］）に続き、本書を担当してくれた。本書のために「ノート」というメディアでの連載を提案してくれて、その連載のための作業、その都度の校正などしていただいた。感謝いたします。

二〇二二年八月

立岩真也

★1――『良い死』の序より。全文はHPでご覧になれる。

「死／生について論じるといったことは、できもしないし、気がすすまない。にもかかわらず、『ALS――不動の身体と息する機械』（立岩［2004f］）という、重いといえば重い話も出てくる本を書いてもしまったから、もうしばらくはやめておこう、遠ざかっていようと思っていた。

けれども、「尊厳死」してもよいという法律を作ろうという動きが出てきたことを聞きつけた人から、それはとても困ったことだ、これでますます死なくてよい人が死んでしまうと、だから何かせよと言われた。すぐに法律ができるということになるとは思わなかった。ただその心配な気持ちにはもっともなところがある。

言うべきことは、ことが起こる前にきちんと考えておいて、言っておくべきなのだが、そう思って見渡してみると、すぐに使える言葉がない。つまり私たちは、ものを書く者たちはだめなのだ。すぐに取り出せる道具を揃えられていない。だから泥縄になってしまうのだが、それでもその場で考えて言うしかないということになる。

そんなことがあって、そして原稿の依頼があったり、本の企画があったりして、結局、二年、三年と文章を書き続けることになった。とくに本にする段階で、幾度も構成が変わり、文章もかなりなおしたり書き足すことになった。結果、ずいぶんな時間がかかった。そして一冊で終わらず、二冊になり、そして三冊になってしまった。」（立岩［2008b］）

一冊めが『良い死』、二冊めが『唯の生』。三冊めは本をたくさん紹介する本にしようと思ったが、きりがないことになりそうだった。そこで、まず二〇一二年に、有馬斉《ありまひとし》（有馬については本書一三六頁）との共著で『生死の語り行い・1——尊厳死法案・抵抗・生命倫理学』を刊行した。この年、生命倫理学会の大会があり、私がその大会長ということであったのだが（その時の大会長講演が「飽和と不足の共存について」）、「会員のみなさんはこれこれを知ってますか、知らなければ知ってほしいです」というつもりもあった。知ってほしい、種々の団体が出した声明の類を再録し、いくらかの本の紹介をした。これは私が担当した。それに有馬の論考を加えた。たくさんの本を紹介する本としては、その五年後、二〇一七年に、電子書籍（といってもただのＨＴＭＬファイル）として『生死の語り行い・2——私の良い死を見つめる本 etc.』（立岩［2017］、http://www.arsvi.com/ts/2017b2.htm）を作った。本書の『補註』と同様、サイト上のページにリンクされたほうがよいと思ったことにもよる。ただ、驚くほど売れてはいない。

★2——『唯の生』の目次は以下。

第1章　人命の特別を言わず／言う
第2章　近い過去と現在
第3章　有限でもあるから控えることについて——その時代に起こったこと
第4章　現在
第5章　死の決定について
第6章　より苦痛な生／苦痛な生／安楽な死
第7章　『病いの哲学』について

詳細な目次、序文をHP（http://www.arsvi.com/ts/2009b1.htm、「立岩　唯の生」で検索）でご覧になれる。第2章から第4章は、HP上で無償公開する『生死の語り行い・3——有限でもあるから控える』（立岩［2022d］）に収録する。

★3——その冒頭にその趣旨・概要を書いた。

「＊この章はいくつかの文章を合わせ再構成したものである。生を奪ってならない／奪ってよいことについて、言われてきたことを検討し、私が考えることを述べる。論理を詰めるべきところはまだいろいろとあるけれども、まず、いくつか、あまりはっきりと言われていないが言えるだろうことを述べる。そして基本的にはこのように考えられるだろうと思うことを述べる。

まず、「延命」のための処置の停止と死のための積極的な処置とは同じであるから、どちらも許容されるという人たちがいる。その議論の前段には認めてよいところがある。しかしそのことは両者を認めることを意味しない。（第1節）

死なせることを是認する積極的な理由としてその人たちが出すのは、α：意識・理性である。なぜそれを言うのか。三つを考えることができる。（1）脱人間中心主義的な倫理を言いたい。（2）人が人を特権化している理由を説明したい。だが、（1）について、それはとても人間中心主義的な主張である。

（2）については、その人たちは人を特権化していないし、特権化できていない。すると（3）αという特性を大切なものであると考えたい、それだけが残る。しかしその正当性は不明である。（第2節）

これらの議論と別に、ときにその論に反対して、人と人との関係、というより相手に対する自らの思いを基点とする立場がある。たしかに人の関係は大切であり、社会の現実にも大きく関わっている。しかし、むしろだからこそ、その関係や思いと別のところで判断すべきだと考えられる。（第3節）

では私はどう考えるのか。それを述べてみる。そしてその上で、人間を特別に扱うこと、扱ってしまうことをどのように言うのかを言ってみる。（第4節）」（立岩［2009：16］）

「いくつかの文章を合わせ」とある。「人命の特別を言わず／言う」（立岩［2008a］）に、シンガー、クーゼ、加藤秀一の本を紹介した『看護教育』（医学書院）での連載「医療と社会ブックガイド」の六回分を加え、構成を変え、加筆した。目次は以下。

1　新しいことは古いことと同じだから許されるという説
　1　伝統の破壊者という役
　2　既になされているからよいという話
2　α：意識・理性…
　1　α：意識・理性…
　2　それは脱人間中心主義的・脱種差別的な倫理ではない
　3　それは人の生命の特別を言わない
　4　ただそれが大切だと言っているがその理由は不明である
3　関係から
　1　〈誰か〉への呼びかけ
　2　関係主義の困難

3　かつて親などというものはなかったかのように
4　別の境界β：世界・内部
1　世界・内部
2　人間／動物
3　復唱

第1節・第2節は、本章第1章に組み込まれた。第4節は、第2章の一部になった。ただこれには書かなかったこと、すくなくともはっきり書かなかったことを、本書には加えて再構成した。

第3節は、当初、いくらか書き直し本書に組み込もうとしたが、私が言えると思うことをあまり手間どらず、順番に言うことを優先するのがよかろうと考えたため、結局、本書の四つの章には組み込まなかった。ただ、意義のあるものとは思ったので、本書の本体の後に「拾遺」として付すことを考えたその原稿と、もとの『唯の生』第1章全体を、さきに作成・公開することを記した（一八頁）本書の『補註』（立岩［2022b］）に収録した。

★4――ほとんどは新たに入手した書籍は以下。翻訳のないものはあげていない。原著の刊行年順に並べる。『動物の解放』（Singer, Peter［1975＝2002］）、『アニマル・ファクトリー――飼育工場の動物たちの今』（Mason & Singer［1980＝1982］）、『動物の権利』（Singer & Regan eds.［1985＝1986］）、『生命の神聖性説批判』（Kuhse［1987＝2006］）、『肉食という性の政治学――フェミニズム－ベジタリアニズム批評』（Adams, Carol J.［1990＝1994］）、『大型類人猿の権利宣言』（Cavalieri & Singer eds.［1993＝2001］）、『死体の晩餐――動物の権利と菜食の理由』（Kaplan, Helmut F.［1993→2002＝2005］）、『神は何のために動物を造ったのか――動物の権利の神学』（Linzey, Andrew［1994＝2001］）、『動物の権利入門――わが子を救うか、犬を救うか』（Francione, Gary L.［2000＝2018］）、『動物の権利』（DeGrazia, David［2002＝2003］）、『人命の脱神聖化』（Kuhse & Singer eds.［2002＝2007］）、『開かれ――人間と動物』（Agamben, Giorgio［2002＝2004］）、

『動物の権利・人間の不正』（Regan, Tom [2003＝2022]）、『動物の権利』（Sunstein, Cass R. & Nussbaum, Martha Craven eds. [2004＝2013]）、『児童虐待と動物虐待』（三島亜紀子 [2005]）、『アニマルウェルフェア――動物の幸せについての科学と倫理』（佐藤衆介 [2005]）、『わたし、ヴィーガンと出会う』（北野玲 [2006]）、『動物を追う、ゆえに私は（動物で）ある』（Derrida [2006＝2014]）、『雑食動物のジレンマ――ある4つの食事の自然史』（Pollan, Michael [2006＝2009]）、『正義のフロンティア――障碍者・外国人・動物という境界を越えて』（Nussbaum, Martha C. [2006＝2012]）、『動物からの倫理学入門』（伊勢田哲治 [2008]）、『アメリカ動物診療記――プライマリー医療と動物倫理』（西山ゆう子 [2008]）、『動物の解放　改訂版』（Singer [2009＝2011]）、『ぼくらはそれでも肉を食う――人と動物の奇妙な関係』（Herzog, Harold [2010＝2011]）、『私たちはなぜ犬を愛し、豚を食べ、牛を身にまとうのか――カーニズムとは何か』（Joy, Melanie [2010＝2022]）、『ヒトと動物の死生学――犬や猫との共生、そして動物倫理』（一ノ瀬正樹・新島典子編 [2011]）、『人と動物の政治共同体――「動物の権利」の政治理論』（Donaldson, Sue & Kymlicka, Will [2011＝2016]）、『肉食の哲学』（Lestel, Dominique [2011＝2020]）、『動物倫理入門』（Gruen [2011＝2015]）、『恐怖の環境テロリスト』（佐々木正明 [2012]）、『獣医倫理・動物福祉学』（池本卯典・吉川泰弘・伊藤伸彦監修 [2013]）、『動物・人間・暴虐史――“飼い貶し”の大罪、世界紛争と資本主義』（Nibert, David A. [2013＝2016]）、『ジャック・デリダ――動物性の政治と倫理』（Llored, Patrick [2013＝2017]）、『動物と戦争――真の非暴力へ、《軍事‐動物産業》複合体に立ち向かう』（Nocella II, Anthony J. et al. eds [2014＝2015]）、『食物倫理入門――食べることの倫理学』（Sandler, Ronald L. [2014＝2019]）、『動物福祉の現在――動物とのより良い関係を築くために』（上野吉一・武田庄平 [2015]）、『マンガで学ぶ動物倫理』（伊勢田 [2015]）、『現代思想からの動物論――戦争・主権・生政治』（Wadiwel, Dinesh Joseph [2015＝2019]）、『食農倫理学の長い旅――〈食べる〉のどこに倫理はあるのか』（Thompson, Paul B. [2015＝2021]）、『日本の動物法　第2版』（青木人志 [2016]）、『動物倫理の新しい基礎』（Rollin,

Bernard E.［2016＝2019］）、『ビーガンという生き方』（Hawthorne, Mark［2016＝2019］）、『荷を引く獣たち――動物の解放と障害者の解放』（Taylor, Sunaura［2017＝2020］）、『環境と動物の倫理』（田上孝一［2017］）、『動物の声、他者の声――日本戦後文学の倫理』（村上克尚［2017］）、『肉食行為の研究』（野林厚志編［2018］）、『人と動物の関係を考える』（打越綾子編［2018］）、『食べることの哲学』（檜垣立哉［2018］）、『肉食の終わり――非動物性食品システム実現へのロードマップ』（Reese, Jacy［2018＝2021］）、『いのちへの礼儀――国家・資本・家族の変容と動物たち』（生田武志［2019］）、『ヴィーガン――完全菜食があなたと地球を救う』（垣本充・大谷ゆみこ［2020］）、『快楽としての動物保護――『シートン動物記』から『ザ・コーヴ』へ』（信岡朝子［2020］）、『ベジタリアン哲学者の動物倫理入門』（浅野幸治［2021］）、『はじめての動物倫理学』（田上［2021］）、『法の理論』39 特集：「動物の権利」論の展開（2021）、『動物福祉学』（新村毅編［2022］）、『動物倫理の最前線――批判的動物研究とは何か』（井上太一［2022］）、『「動物の権利」運動の正体』（佐々木［2022］）、『現代思想』50-7（2022-6） 特集：肉食主義を考える、『動物――ひと・環境との倫理的共生』（谷津裕子［2022］）。

さしたる根拠のない列挙にすぎないが、ここまでで五九冊。一九八〇年代までが四冊、九〇年代が四冊、二〇〇〇年代が一五冊、二〇一〇年代が二六冊、二〇二〇年からが雑誌の特集号も含め一〇冊と、増えてはいる。本書ではこの他、家畜化（と自己家畜化）についての書籍を第2章註9（一三一頁）に、肉食の歴史についての書籍を第2章註13（一三四頁）に、鯨・捕鯨、鯨・イルカを捕ることに対する反対とその批判についての書籍を第2章註14（一三四頁）に、人を食べること・カニバリズムについての書籍を第2章註21・22（一四〇頁）にいくつかあげた。また、第2章註1（一二六頁）で、いまあげた本のいくつかについて言及し、「生物多様性」についての本をあげている。このたび井上［2022］を刊行した井上太一は、Nibert［2013＝2016］、Francione［2000＝2018］、Wadiwel［2015＝2019］、Hawthorne［2016＝2019］、Reese［2018＝2021］、Regan［2003＝2022］の訳者でもあり、このかんの言論の普及に貢献している。『現代思想』の特集号では、本書でいくつか文章を引用する伊勢田と対談をしている（伊勢田・井上［2022］）。その前年の『法の理論』の特集に収録されている特集関連の論文は三本。「動物権利論と捕食の問題」（浅野幸治［2021b］）、「動物権利論の拡張可能性について――新たな権利概念の措定と関係アプローチの導入」（鬼頭葉子［2021］）、「動物倫理の議論と道徳的地位の概念」（久保田さゆり［2021］）。『現代思想』の特集にはもっとずっと多い数の文章が収録されている。Joy［2010＝2022］の出版に合わせてということもあったのかもしれない。その本についての言及も多い。それはそれらにまかせて、本書では、いくつかの文章から短い引用をするにとどめている。

書籍についても、本書では、いくつかから引用を行なったりはするが、著作の全体を検討したりすることはしない。できない。書かれていることの一つひとつの多くはもっともなことであり、現実を変えようとする人たちは、それらを合計した全体で例えば「ヴィーガン」を肯定しようとする。大きな異議を申し立てようという主張にありがちなことだが、ある部分に対してなにかを言うと、それには直接に応えず、別のことを言って返すといった具合に主張がなされる。だから、全体を捉え、きちんと相手しなければならなくなるのだが、それはなかなかたいへんだ。ずっと以前、上野千鶴子の論におかしなところが（たくさん）あると思い、書かねばと思って書いていったら、旧式の計算法では400字詰原稿用紙で220枚というとても長いものになってしまった――「夫は妻の家事労働にいくら払うか――家族／市場／国家の境界を考察するための準備」（立岩［1994］）、『家族性分業論前哨』（立岩・村上［2011］）に再録。このたびの主題についてそれだけの手間をかける余裕はない。

ついでに、この主題に関係して私が以前に書いた文章は、『看護教育』に連載した「医療と社会ブックガイド」の第五二回、「『児童虐待と動物虐待』」（立岩［2005c］）。三島［2005］を紹介した。三島はその次の著書『社会福祉学の〈科学〉性――ソーシャルワーカーは専門職か？』（三島［2007］）でもこの主題にふれている。

第1章

人命の特別を言わず／言う

1 脱人間中心主義と称する主張

1―殺生について

人間は人間だけを特別に扱っている。実際には、夥しい数の人を殺してきて、殺している[★1]けれども、それでも、そのようにすべきであるということにはなっている。それを（ヒトの）「生命神聖性説」であるとし、それは「種差別主義（speciesism）」であるとして批判する人たちがいる。そして、ある人間を遺棄して（殺して）、ある動物を救うことを主張する人たちがいる。

その人たちは、「正しい原則」を主張しつつ、動物の殺生については、多数派はそんな理屈を知っても知らずとも肉を食い続けるから、自らは菜食主義者などになって少数派にとどまる。ただ、前者、つまりある人たちを生きてよい範囲から外す行ない（だけ）は実現されることになるといったことも起こりうるし、実際に起こっている。つまり、それは人間について死ぬこと、死なせることに対する積極論として作動する。しかし、「論理」としてはこちらのほうが一貫していると自ら言うし、そうかもしれないと思う人たちがいる。

ここで既に躓《つまず》いているようにも思う。このような主題を相手にするべきなのだろうかと思う。この種の議論に入り込むこと自体がなにか罠にはまっているような感じがする。時間を費やすことにもなる。そして、検討してものを書くということ自体がその説を宣伝してしまうようなところがある。それでも、素通りはしないことにする。既にかなり知られており、そして、例えば動物が大切だという人たち――は、たいていは人間のことは気にならないようだ――が、その話を援用しているからでもある。

そしてその人たちは、新生児を殺すことなど非自発的なものの一部も含め、死ぬ／死なせる行ないに賛成なのだが、なぜどのように賛成しているのか。この世にある賛成のパターンがそうあるわけではないから、私自身にはそれほど思い入れのないその人たちの言うことを少し見ても、無駄にはならない。

それを言う人たちは「伝統的な生命尊重論」を批判し覆す側にいると思っているから――そんなことはない、（近代社会における）正統派だと私は思うのだが――以下、批判者と記すことがある。その論の筋をごく簡単に紹介し、私の考えを言う。

代表的な論者にピーター・シンガーとヘルガ・クーゼがいる。二人は学問上の盟友ということになる。[★2]細かく読むと違いもあるのだろうが、ここではひとまとめに考えてもさしつかえない。クーゼは生命倫理学者ということになろうが、[★3]シンガーはさらに広い範囲を論じている。多くの著作があり、その多くは邦訳されている。シンガーは、まず「動物の権利」論者として知られるようになった。[★4] 合衆国における、いかにもその国的な左派ということになろうか、例えばジョージ・ブッシュの政策を強く批判する著書がある。人工妊娠中絶はじめなんでも反対という保守派と立場を異にするという意味では当然と思われるかもしれないが、彼は、世界に存在する大きな格差の是正を「ラディカル」に訴える人でもある。[★5]

また、彼は（脊椎動物を食べないという種類の）菜食主義者であるらしい。他方私は肉を食べ続けるだろう。それはほめてもらえないのだろうが、彼の行ないはよいことではあるとしよう。そして次に、彼が人の生き死にについて語ることを見てみる。すると、その部分は、すくなくとも私にはなかなかに受け入れがたい。とするとこれはいったいどうしたことか。それともシンガーのどこかが矛盾しているのか。しかし彼の述べることは、どこまでもいつも同じ明るさに包まれている。となると私がどこかで間違っているのか。じつはそう思ったことはない。反対に、この人の言うことに違うところがあると思う。

そして、この人（たち）の言うことを考えることは、この世に文句を言うとして、社会の変革を主張するとして、どのような方向・言い方がよいのかという問題を考えることでもある。その際、本書で検討する主題をどう考えるかは意外に大切なはずであり、ここでの態度の分岐はかなり大きな意味をもつはずだ。

いっこうに実現はしないのだが、貧困が解消されるべきことについて、今どき（というより昔から）正面からその考えは間違っていると言う人はいない。違いはその実現の道筋についてであり、もしその社会の成員が「まとも」な人間たちであるのなら、「自由」な社会においてはやがて貧困の問題ほかは解消されていくと言うか、そのようには言わず、もっと積極的な対応が必要だと主張するかという違いであり、しかもほとんどの場合には「ある程度」の対応は必要だと言われるのだから、違いは程度問題となる。その意味では、現在の米国の政策についていくらでも批判が言え、そしてそれらが当たっているとしても、基本的な対立・争点はそこにないかもしれない。

いや、もっと正確に言えば、程度問題はばかにできず、程度問題こそ本質的な問題なのであり、それをどのように言うかが重要なのだ。そしてこの時、大切なことは、どうしたって見栄えのしない場面、死にかけている人、健康な類人猿よりしっかりしていない人間たちをめぐって存在するのかもしれない。そしてそのことが、総論として反論されない「援助」のあり方などにも関わると思う。

私は、この人たちの主張がそんなに「ラディカル」であるとは思わない。べつにこの人たちに言われないとならない話ではないとも思う。もっと言ってもよいと考えるし、私自身はそうした主張をしてきたと思う。ただし、分配の主張がどれだけ「ラディカル」であるかと、それがどれだけ実現するかとは別のことだ。だから、「もっと言う」からといって、そしてそれが正しいとしても――私は正しいと思っている――、より強い主張をするからといっていばれるようなことではないとは思う。ただそのことをわかったうえで、実質的には、「きちんとした人間」から始め、そこから認められる範囲を拡大していこうという理路は——そのほうが人々の理解を得、実現する可能性が高まるとしても、基本的には——採るべきでないと考えている。★6

加えてもう一つ、死ぬ殺すということの話は、動物と人間との境界という話に滑っていく。つまり、ある人たちと同じくらいの知的能力のある動物を生かすべきだ、他方、同等より低い人間については殺してもよいという話につながる。言われると辻褄が合っているようにも思われるのだが、同時に、こんな話でよいのだろうかとも思える。どうもこの辺が大切であるようだ。そこで考える。

以前すこしその人たちのものを読んで、だいたい言いたいことはわかったと思ったし、すくなくとも私は読んで楽しめはしなかった。だから以後読まなかった。しかし、いつのまにかその人たちのような筋になってしまう話をどう考えるかという問題がある。それを考えるための材料として読まねばならないことになる。文学者や哲学者はどうか知らないけれども、社会（科）学者はそのように、つまりいやいやながら、本を読まなければならない。そんなことが多い。

2—α：意識・理性…

この人たちは自らの主張の正しさを言おうとする。ここまでのところでは、実際には人々も死を認めているし行なっていると（それをすなおに延長すれば、認めないとされることも認めるべきだと）言われたのだが、たんに皆が認めている（認めるはずだ）からというより、自説の根拠を積極的に言ったほうがよいだろう。その人たちは、言われることが一貫していないこと、矛盾があることを指摘し、そのことを批判しているのだから、より整合的な理由・基準を提出すべきであるということにもなる。これは、（1）SLP（SLP＝the sanctity-of-life principle＝生命の神聖性原理）の主張が成立しないことを、あなたもその主張を実際にはしていないではないかとたんに言うだけでなく、論理として示すということでもある。こうして、ただ相手の主張を使い、逆手にとって、自らの論の正当性を言うだけでなく、もう一つ、自らの主張をより積極的に示すことが要請される。少し長く引用する。

人の生命は神聖である、あるいは（無限に）価値があるが故に、それを奪うことは悪であるという答えは、一見もっともらしいが、同語反復に近いので納得のいくものではないだろう。その答えは、単に、生命を奪うことによって失われるものに価値があると断言しているのに過ぎない。人の生命を奪うことがなぜ悪であるかに関するいっそうもっともな答えは、こうであろう。すなわち、人の生命は非常に特別な種類の生命であるが故に、それを奪うことは悪である。このように、生命を奪うことが悪であるのは、《人》の生命には絶対的な価値があるということが事実だとして、その事実のせいである。

しかしまた、この答えは、人の生命に特別な意義を与えるのは何かと問うことができるが故に、納得のいくものではない。ここで、人の生命が神聖なのは、それが羽根のない二足動物の形態をとるからだとか、あるいは、それが《ホモ・サピエンス》に属すると認定できるからだとか答えても、十分ではないだろう。言い換えれば、人の生命を奪うことが悪いということが、「種差別主義（speciesism）」〔…〕――つまり、人の生命を、それが人のものであるという理由だけに基づいて、その他の有意味な点で違いがない人以外の生命とは異なった扱いをすることを、道徳的に正当化しうるとする見解――に基づくものであってはならない。

あるいは、その答えは、人は理性的に目的を持つ道徳的存在者であり、希望、野心、選好、人生の目的、理想等を持つが故に、人の生命は神聖性を持つということになるかもしれない。〔…〕人の生命は、人の生命《であるが故に》、神聖性を持つと言っているわけではなく、むしろ、理性的であること、選好を満足させること、理想を抱くことなどが神聖性を持つといっているということである。（Kuhse［1987＝2006: 19–20］）

これは本の最初の部分だが、その第5章でより詳しくこのことが言われる。

他の生物の生命に対してではなく、あるいは、他の生物の生命に対してと同じ程度にではなく、人の生命に対して価値を付与しているのは何《である》のか。二つの答えが考えられる。第一の答えは、人の生命が神聖であるのは、単にそれが《人》の生命であるから、つまりそれが《ホモ・サピエンス》種の成員の生命だからというものである。第二の答えは、人の生命に特別な価値があるのは、人が具体的な希望、野心、人生の目的、理想などを持ち自己意識を備え、理性的で自律的で、目的を持った道徳的存在者であるからだというものである。大まかに言えば、ヒトがジョゼフ・フレッチャーの言う意味で「人間的」だからというものである。（Kuhse［1987＝2006: 275–276］）★7

つまりこの人たちは、人間を特別扱いしているのはなぜかという問いに、人は知的な能力において秀でているからだと答える。同時に、ならば知的にすぐれた動物をも尊重するべきだということになる。動物と人間とを取り出して人間を特別視するのはなぜかと問うたうえで、その基準 α を取り出し、今度はそれを動物に当てはめ、それによって動物のある部分を救う。このように言われると、一方で人を特別扱いしていることを是認し、他方で動物が殺されることにもなにか良心の呵責のようなものを感じていてもっと優しくしなければならないと思っている人たちは、なるほど、と思うところがあるのかもしれない。

だが、すこし考えてみると、いったいこれが何を言っているのか、よくわからない。三つを考えることができる。（1）脱人間中心主義的な倫理を言いたい。（2）人が人を特権化している理由を説明したい。（3）αという特性を特別に大切なものであると言いたい。

しかし、（1）については、それがとても人間中心主義的な主張であることを述べる。（2）については、その人たちは人を特権化していない――これはその人たちの本望でもあるのだが、同時に、それでもなお人間中心主義的であると言える。そして、その主張の内実は、つまりは（3）αという特性を特別に大切なものであると考えたいというものであり、それだけが残る。しかしその正当性は不明である。このことを次節で説明する。

2 批判

1―それは脱人間中心主義的・脱種差別的な倫理ではない

この人たちは、（1）脱種差別主義的な、脱人間中心主義的な倫理を言いたいのだろうか。実際、自らがそのようなことを言う。また人間中心主義はよくないと思う人たちがいて、その人たちにとっては、この説は魅力的ということか。しかしこれには反論できる。むしろそれは、第一に規範を設定する主体について、第二に規範の遵守が求められる対象について、第三にその規範の内容において、まったく人間中心主義的である。

第一に、生物を等しく扱うべきである、すくなくとも自らの種以外の種についても生命が尊重されるべきだという考えは、人間が考え出したことであり、人間が言っていることである。他の動物たちがそんなことを言っているという話を知らない。

第二に、ここでは規範が提示されているのだが、この規範の遵守を他の動物に求めるにしても求めないにしても、人間は特別のものとされている。一つ、人と人以外とを差別しない以上はすべての生物が対象になるとするのも、一つ、人の（一部の）基準を他の生物に押し付けてはならないというのも、人間が決めることであり、次に、人が他の生物に押し付けることであるか、あるいは他の生物は除外して人だけを特別に扱うことか、そのどちらかである。

まず前者、規範・規則を他の動物・生物に押し付ける場合。例えば虎が動物を食べているとしよう。知性のない動物についてはかまわないとしても、高等な動物については殺してはならないということで、その条件を満たしている猿は殺されるべきではないとなるだろう。他の動物とすれば、ある種の猿を食べる虎がいたら、それを取り締まったりすることになる。他の動物はそんなことをしそうにない。これは人が専断で行なうことであり、他に押し付けることである。

次に後者。これはあくまで人間たち内部の倫理・道徳であるとしよう。するとこれは、動物だけを除外し、自分たちがその正しい規範を遵守するという意味で、やはり人間を特権化している。苦しむものをとって食べる存在を許容しながら、自らに対してはそれを禁ずる。人は、他の動物と同様、動物を殺すこともできるのだが、あえてそれをしないことによって、他よりも偉いのだというのである。

むろん、規範の遵守を動物全般に求めることは現実にはできないだろう。しかし、それ以前に、動物にはこのきまりを守らせようとか、いや除外しようとか、考えられていないはずである。

そして実際には、実質的には、人間の倫理とされる。そのことにおいてこの倫理は人間中心的なものである。ある種の宗教的な発想では、まず人は特別であると自らを規定しつつ、しかし食べること殺すことにおいて他と変わらないとし、そこからさらに殺生を自らに禁じることによってその優位を確保しようとするその道筋が自覚されているのに比して、それは、特権的であることの自覚を欠いている点で、さらにあらかじめ特権的であるとも言える。

そして第三に、これは誰もが感じることだが、そこで大切だとされるものは人間に最も多く強く見出されるとされる性質であり、人を他の生物から分けるとされているものである。その性質 α が特別によいものであるその理由が言えるのなら、それが特別によいものであるゆえに、その特別によいものを持っている人間はよいということになるのだが、その理由は不明である。とすると、最初から人間が優越しているという認識から話がなされているということではないか。

まずこのように、普通なら、誰だって、このように思えるはずなのに、と思えることを述べた。そんなことを思わないほど、人間中心的な人たちがいるのだろうかと思う。しかし、そのことを言われれば、気づく、応答することにはなる。また自らが考えを進めていっても、そのことを考えることになる人もいる。ここまで本章で取り上げた人たちにおいてどうだったか、私はよく知らないし、そんな関心もない。ただ、「動物倫理」を言う人たちは、この問いをつきつけられたり、自ら抱いたりして、ものを言うことになる。そのさまを第2章で見る（七四頁）。

2——非人間中心主義的人間中心主義

しかしその人たちは、あくまで、非人間中心主義なのだと言うだろう。理性的存在中心主義としての人間中心主義を採っていることが主要な論点であると私は考えるから、その人たちが（じつは）ヒト中心主義的であるかどうかはとくに重要ではない。ただ、その人たちの言うことは、今述べたこととどのような関係にあるのか。

その人たちは、前項の三番目にあげたこと、つまりヒトとしての人間がたくさん持っているものだから理性・知性…が大切だ、という理由からではなく、それは大切なのだと言うだろう。だから、自分たちの立場はヒト中心主義・種差別主義ではないと言う。そのように言われても、本気でそう言っているのかと私たちは疑いうるし、その疑いを証す文言も見つかりそうだが、そのことを指摘しても、それは間違った解釈であるとか、誤解を招くような言い方をしただけだと返されるだろう。そこでは争わないとしよう。ただ本人たちがどのように言おうと考えているかとは別に、その主張が人間中心主義的であるとは言える。

例えば、私たちは肌の色であるとか、等々で差別しない、差別するつもりはなく、ただ、(例えば英語といった)言葉をよく理解し使うことができるか、だけを問題にしており、そしてそのことによって区別することには問題ない、と言う。しかしその差異に関わる属性はある。差異をもたらすものの多くは「社会的なもの」であるだろう。そんな時に私たちはどうしてきたか。一つには、(不当に与えられた)差を少なくするようにいろいろと社会的な策を講じたり、講じるべきであると主張したりした。ただすぐにはその解消は難しいことも認める。するとその解消が実現するまでの間、暫定的に、「下駄を履かす」ことを認めることにする。それが「アファーマティブ・アクション」などと言われる。[★8] それにはもっともな部分がある。そのうち、類人猿にも言葉をしゃべることのできるものが出てくるだろうが、それはまだ無理なことではあるが、それはわれわれの社会のいたらぬせいであるから、可能性のあるものについては、まずはわれわれの議会の議員に加えようとか、そんなことを行なうのである。それがどれだけ実効的な方策かという問題があり、人間の社会内に限ってのことではあったが、そのことが様々に論じられることがあった。ここではそこに立ち入る必要はない。ただ明らかなことは、何をしようと、絶対的・相対的に「できない」生物・動物はいるということだ。

人間・ヒトに限ったとしても、みなができるようになるわけではない。遺伝子的な差異に関わり、あるいは理由はよくわからないが、そこで求められることが「できない」人たちはいる。一六番あるいは一八番の染色体が三本ある（トリソミー）といったことで区別・差別はしないとされる。しかし、その人たちの全部あるいは大部分は除けられる。そういうことを称して、それはダウン症者（に対する）差別であるとか、言う。言葉はそのように使われている。だから前項に述べたことを言う人たちは、やはり、（できる）人間・ヒト中心主義なのだとは言える。

すると、その言葉を受け入れるかどうかとは別に、その人たちは、大切とするものが大切なのだと言うことになる。

3 ―― それが大切だと言うがその理由は不明である

つまり、その人たちは――「種」ではなく――（3）知性その他を特別のものとしたい、αという特性を大切なものであると考えたいのらしい。そしてそれを、人の多くが有するから、また比較的にその特性を多く有するから、それは相対的に人・ヒトの優位を示すことにはなる。と同時に、αという特性を有する動物が救われることになる。人の全体を救おうというのではない一方で、人でない生物のある部分を救う。特性 α を有さないある人は除外され、類人猿はよいことになる。人を特別のものにしようという目的は不完全にしか達成されないのだが、そもそもそれが目的でないのなら、それはそれでよいということになる。多くの生物に見出される特性を取り出すなら、かなり多くのものを殺してならないことになるが、α が条件なのであればそう多くが救われることはないから、さほど困ったことにはならない。救うのはある種の猿（の中で知能の劣っていない猿）ぐらいでよいということになる。殺すことから逃れられる動物は一部だから、それら以外を食していれば人類の生存は可能である。

こうして、人によっては食べたいものをある程度がまんするなら、大多数の人間は生きていられる。それでよいという人がいることはわかったとして、しかし、なぜそれがよいのか、特性 α がよいのか。同じことをまた繰り返すことになるのだが、それがわからない。

とくに死に関わり、感覚、さらに知性を重んずる思想に理解できるところはある。私にはけっしてよいことだと思えないが、人は死を観念してしまい、そのために死を恐怖する。私は、その死の恐怖を感じることができてしまう存在にとって、それを感じながら与えられる死は、よほどのことがあったとしても、避けられるべきだと考える。だから死を遠ざけるその優先順位として、死をわかってしまった存在が優先されてもよいとは思う。このことを第3章で述べる（一六〇頁）。

しかしわかるのはそこまでだ。それ以上・以外のことはわからない。なぜ α が格別のものであり、それを選別の基準にすることが正しいのか。

その熱情はどこから来るのか。そのように問いを変えてもやはりよくわからない。自然科学が人と他の動物との境界を脅かしたから、かえってその境界にこだわるようになった、などといった説明はある。しかしそれが説明になるのか、疑問だ。ここでは境界の必要は前提とされているからである。被造物の中の序列を混乱させるという説明もある。人が支配すること、支配を継続することができなくなるのを恐れているのか。しかし、誰に向かってその優越性を言いたいのか。他の生物はそんな説明を聞いていないのだから、自らに対してということになるだろう。なぜ自らに対してそのことを言い、そして自らが納得しなければならないのか。それもわからない。

大切にされるものは統御である。しかし統御は、まず統御の結果を得るための手段である。生の統御とは生のための統御であるから、その力能が失われたときには生の価値がないというのは、言葉の単純な意味で、倒錯している。そして実際には、その力は他からも得られることがあるから、自分になければならないというものでもない[★9]。

すると、こうした能力・性質は手段としての有用性によってだけ評価され肯定されるのではないのだと言い返されるだろう。そうかもしれない。しかし、だとしても、その欠如が生存までを否定する理由は見出せない。「アイデンティティ」が持ち出されるかもしれず、個人の個別性が言われるかもしれないが、他と違った自分であること、自分であることの意識が特権化される理由を見つけられないし、次に、そうした意識があろうがなかろうが、その人が独自の、その人でしかありえないその人であるという事実は当然に現実の世界に存在している。だからむしろそのように思ってしまうことのほうが不思議だ。

こうした問いに正面から答えず、ともかくそれは自分の信念なのだという応じ方はある。つまり思想信条の問題だと、自己決定の対象だと言われる。それにどう答えるかはこれまで幾度も書いてきたから、繰り返さない。ここでは二つだけ確認する。一つ、例えば新生児の中に殺してよい人がいるとされる時、それはその子の意見を聞いてそれに従っているわけではないということだ。そしてここで見てきた人たち自身が、それが各自によって決定されたものであるから大切であるとは言っていないのだ。もう一つ、自分が自分のようでなくなるから、生きることを止めようというのだが、その自分のようでない人（例えば重い認知症になった「私」）に関わって決めることは、自分のことを決めることだとそう簡単には言えないはずだ。[★10]

4―繰り返したうえで次に進む

間違えやすいことだが、人間の特別扱い（建前としては、殺してならないこと）を言うために、人間の特別性を持ち出す必要は必ずしもない。たしかに人間が「意識」「知性」を有する存在であるという差異の認識、自己了解は、いくらかの社会・人々にはある。仮にそれが本当だとするなら、それは人間の「特異性」を示すものではあるが、それ自体は、その「優位性」、そしてその人間、正確にはそうした属性を有する人間、さらに正確にはそうした属性を有する存在を尊重すべきこと、殺してならないことを示すものではない。これは、人が属する思想圏がどういうものであるのかと独立に、まったく論理的に言えることである。

つまり、その人たちはある特異なものをあらかじめ優位であるとしているのだが、その根拠は示されていないのだ。また現実にも、人間たちがそのことを言おうとする欲望を有しているとは限らない。実際、多くの人にはそんなものはないと思う。しかしある思想の流れはそのことを言おうとした。つまり、人間の(他の生物に比しての優位性としての、また人間内の優劣も示すものとしての)「特別性」を言おうとし、そのことを言うに際して、意識・理性・知性を言った。そしてそれは、私たちが世界を了解し私たちのものとして取得し、そして(知性・理性によって)改変することをよしとすることにおいて、本書が検討・批判の対象としてきたものに近いもの、あるいはそのものである。

だから「非人間中心主義」もまたそうした発想のもとにあり、その正統な流れを汲む主張であると考えることができる。あるいは、そこに自省の契機があまりに少ないことをもって、あるものを懐疑しながら進む哲学・倫理学の「本流」から既に逸脱していると言うこともできる。ちなみに、第4章では、ここで見たやんちゃで単純な話と、それとはだいぶ味わいの異なる議論がいっしょにされて、動物愛護を支持する論として援用されるさまを見ることになる。

指定された性質を有しない人間は排除され、代わりにある種の人間外の生物は生存を認められる範疇に入れてもらえることにもなる。その主張は一貫はしている。そしてそれは、(人間が)生物のある部分を殺す対象としないことにおいて「非人間中心主義」と言えるとしよう。しかしそれは、人間が格別に(たくさん)有していると思われるものを自らから取り出し、それを基準にして人間が選別し、その特権性・その性格を有する存在の保全を自ら主張するものだ。

そして、その規則の遵守を求める主体は、そして実際に遵守することを求められる対象は人間に限られる。大量の生物を食する鯨はそのことを責められることはない。殺すことの禁止から免除されている。鯨が食べる極端に大量のオキアミは下等な生物であるから、それを食べるのはよいのだとでも言うのかもしれないが、仮にそれを認めても、もっと大きな利口そうな動物を食べる鯨もいる。鯨を食べるシャチもいる。チンパンジーも、より平和的な種であるとされるゴリラも、それは食べるためにではないが、殺し合うことがあるという(山極寿一[2007])。非人間中心主義者たちは、その動物たちに、殺さないという道徳の履行を求めることをしない。もちろん実際にそんなことは不可能なのではあるが。その規則に従うことを他の生物には免除する。免除するべきであるとか、免除していること自体に気づいていないかもしれない。

これらの点で、その主張はまったく人間中心的なものである。人間の特権主義を否定するという立場そのものがとても人間的なものである。

そんなことを言われても困ると言われるか、困惑以前の反応しか得られないかもしれない。それ以前に反応が得られないのかもしれない。それはその倫理学がそのようなものとして、つまり人間のものとしてあるからである。

たしかにそれ以外は不可能ではある。しかしこのことにどの程度自覚的であるかによって、私たちが言えることに違いは出てくる。そこで本書を書くことにした。そして私はどのように考えるのかが、次に書こうとすることだ。

以上がここまでに述べたことだ。ただその前に、二通りの続きの話を検討しておく。

一つは、理由が言われていないと述べたことについて。「そんなことはない、立派な理由はある」と言いたい人たちがいるだろう。「生命倫理学」の論者にそんな人たちが、そしてシンガーらもその中にまだ、いる。

もう一つは、「知性だとか理性だとか、「高級」なものに殺さない範囲を限るのは間違っている、快苦を感じるその範囲に広げるべきだ、そうすると話は違ってくる」と言う人たちがいる。[★11] 動物を擁護する人たち、「動物倫理学」と称される領域にいる人たちの中にそんなことを言う人たちがいる。次節でこれらを検討する。

3 なぜまだ

1 驚いたこと

ここまで、簡単に振り返った種類の言論について、私は、すくなくとも論理的には、かたがついていると考えてきた。ただそれにしても、「非人間中心主義」という標語は、いかにも、いかになんでもおかしなものだったから、そのことは一つ確認しておこうと思い、二〇〇九年にそのことを『唯の生』――の第1章「人命の特別を言わず／言う」――に書いた。それがここまでだ。この章をさらに書き足し、書き直して本書を書いている。

ただ、その後、議論はどうなっただろう、本書をまとめるに際して、読んで知的に得られるものがあるとはあまり思えず、実際にほぼ予想は外れなかったのだが、いくつかを読んでみることになった。そのリストを作ったと序（一五頁）に記し、その一覧をその註4（二一頁）に置いた。

そうして読んだ本の一冊に生田武志の『いのちへの礼儀』（生田［2019］）があった。全体としていろいろ教わることのある、よい本だと思ったが、また生田は重要な活動をしてきた人としていくらか存じあげていたが、★12というより、だからこそなのだが、私としては三〇年ほど前に決着したと思ってきた話がまだ生きているようで、驚いた。

シンガーが言うように、もし障がい者の立場を悪化させず動物をより尊重するのなら、彼の哲学は現実には障がい者の立場から問題はないはずです。しかし、シンガーの議論には、おそらく障がい者を「健常者」や「感覚をもつ」動物に対して「劣る」存在と考えさせる面があり、それが「事件」を引き起こすことになったのです。

シンガーの議論に対して、このような反論が考えられます。シンガーは（種としての）「人間」と（理性的で自己意識のある存在としての）「人格」を区別し、「人格」を持つチンパンジーを殺すことは「人格」ではない人間を殺すより「悪い」としました。それは従来、考えるまでもなく自明とされていた「人間中心主義」を否定するほとんど革命的な転換でした。しかしそれは「人間中心主義」から「人格中心主義」へ、つまり「理性的で自己意識がある」ことを価値基準にした新たな差別体制でしかないとも考えられます。それは従来の「人間でなければ殺してもいい」を「人格でなければ殺していい」へ変えただけではないでしょうか。

しかし「人格中心主義」が新たな「差別」だとしても、それに対するシンガーの回答は、「人間中心主義」に比べれば「人格中心主義」の方がはるかに妥当だ、ということかもしれません。現実に、動物解放運動によって障がい者が殺されることはなく、一方で多くの動物の扱いが改善されています。かりに「人格中心主義も差別だ」と批判するなら、わたしたちは、より差別の少ない（あるいは差別が全くない）別の提案をする必要があります。少なくとも、「どちらも差別だから「人間中心主義」のままでいいか」と主張するのは不可能なのです。（生田［2019: 179–180］）

一つには、「はるかに妥当」である――「かもしれません」と続くのではあるが――となぜ言えるのか。そして次に一つ、より妥当な「別の提案」は可能であり、それをかつても述べたし、これまで明示的に言わなかった部分を含め、本書で述べる。

ここでは前者について。シンガーがどのように考えていたのかはわかっているのだが、生田がどのような根拠で判断しているのかはわからない。「現実に、動物解放運動によって障がい者が殺されることはなく、一方で多くの動物の扱いが改善されています」が、その前の段落の記述とも合わせ、根拠になっているのだろう。たしかに「動物解放運動」は、多くの場合には、人のことに関わること、関心を持つことが残念なほど少ない。その運動は動物解放のための運動なのだから、直接に人に向かわず、その限りで障害者を殺すことはないだろう。人を殺すことを意図したり殺したりすることは、凶悪な肉食主義者に対する敵意が嵩《こう》じてその人（たち）を殺してしまう、といった人がいないではないかもしれないが、まずはないだろう。多くが心優しい人であることに疑いはない。

だが、そのことが前段落の「障がい者の立場を悪化させず」ということであれば、それはやはり違う。まず、それが何を否定したかということがある。シンガーは治療停止や安楽死と呼ばれているものを支持した。支持し主張することと実際に行なうこととはもちろん異なる。だがやはりもちろん、支持し主張することが現実に影響しないわけではない。シンガーという人の論がこの五〇年ほどどれほどの影響を与えたかは知らないが、支持する人たちに大きな影響を与えたというのが本当なら、すくなくともこの種の論の塊が影響を与えたはずである。その影響を受けたという人たちが知ったのが、動物愛護の教説に限らなかったのであれば、その「生命倫理」についての説も知られたのではあるだろう。

生田のこの文章には註が付されている。


シンガーが旧西ドイツで言論弾圧の迫害を受けた一九八九年頃、わが国の倫理学者たちがシンガーの生命倫理説を批判したことがあった。当時シンガーには世界中の先進国から賛否両論、質問や支援、抗議の手紙が集まったという（筆者が直接シンガーに訊いたところ日本からは一通しかなかった）。ところが奇妙なことに日本人の批判は訳者の一人にすぎない私のところにきた。私はシンガー説とは違う考えを持っていたが、対話・論争を愛する哲学者として、挑発にのってシンガー擁護を買って出た。ところがその結果、論争はおこらず、私はシンガー攻撃者たちから黙殺されただけだった。(『グローバリゼーションの倫理学』監訳者解説、生田［2019: 181］に引用)

注意せず何も知らずに読むと、引用文は生田自身の文章かとも思われる。私も最初そのように間違って読んでしまった。ただ、もちろん生田はその本の(監)訳者ではなく、この文章は監訳者の山内友三郎が書いたものだ。この人が、ずっと、シンガーの本を翻訳し紹介する文章を多く書いていることは知っている。[★13]

その人に批判を送ったという、一人だけという人が誰であったかを私は知らない。ただ、シンガーとの、また監訳者とのやりとりがどうであったにせよ、検討・議論がなかったわけではない。山内のいう「言論弾圧の迫害を受けた一九八九年頃」のことを私は知らないが、一九九一年の夏に『The New York Review of Books』に掲載された「ドイツで沈黙させられたことについて」は市野川容孝と加藤秀一によって訳されて、九二年の『みすず』に掲載されている(Singer［1991 = 1992］)。そしてそれには訳者の市野川による解説(市野川［1992］)が付されている。[★14]

そして、哲学者・倫理学者の土屋貴志が、九三年に「「シンガー事件」の問いかけるもの」(土屋［1993］)を、九四年に「〝シンガー事件〟後のシンガー」(土屋［1994a］)、「「シンガー事件」と反生命倫理学運動」(土屋［1994b］)、九五年に「生命の「置き換え可能性」について——P・シンガーの所論を中心に」（土屋［1995］）を書いている。[★15] これらを受けて書いたのが、九七年の『私的所有論』第5章註8（【 】内は二〇一三年の第二版での加筆部分）。

シンガーは、第一に無感覚の存在、第二に快苦の感覚だけをもつ存在、第三に快苦の感覚に加えて理性と自己意識をもつ「人格」の三つを分ける。そして、選好功利主義の立場から、一番目は配慮すべきそれ自体の利害をまったくもたない、二番目は苦痛を与えないように配慮すべき、三番目は快苦に関する利害と自分の将来に関する利害の両方に配慮すべきとする（Singer［1979＝1991］）。ここから快苦の感覚をもつ動物の生存権を認める主張をする（Singer［1973＝1988］［1975＝1988］［1990b］、Mason & Singer［1980＝1982］、Singer ed.［1985］）一方、障害をもつ新生児については安楽死を認めるべきだとする（Singer［1991b］、Singer & Kuhse［1984］、Kuhse & Singer［1985］、他に「生命の尊厳【（神聖）】」説（↓第4節4）を批判する Kuhse［1987］、「潜在性」に依拠する議論（↓注16）等を否定しつつヒトの胚を用いた実験を支持する（Kuhse & Singer［1990］、Singer & Dawson［1988→1990］等）。

こうした主張がドイツで障害者の組織に批判され、彼は壇上で抗議を受け、講演はとりやめになった。もちろん彼はそれに不満だ（Singer［1990a］［1991a＝1992］［1992］。この「シンガー事件」及びシンガーの主張を検討したものに市野川容孝［1992］、土屋貴志［1992］［1993］［1994a］［1994c］［1995a］、川本隆史［1996］、ドイツ哲学界の状況の報告を含む河村克俊［1996］。

以上にシンガー批判の側の論点も紹介されている。）【またシンガーの主張を解説する本として山内・浅井編［2008］。】「表現の自由」を何より特権的に保護すべきだとは考えないが、この場合には表現自体の禁圧という方法を選ぶべきでないと思う。彼の主張は、どれほど露骨にはっきり言うかという程度の差はあるにせよ、私達の生の一部なのではあり、発言を禁止したところでなくなるものではなく、できるのは、そうした主張がどれほどのものかを検討し、それをその主張に対置することだと考えるからである。土屋［1993: 338–339］でほぼ同趣旨の主張がなされている。【シンガーらの主張はあいかわらずで、その同じことを『生と死の倫理——伝統的倫理の崩壊』（Singer［1994 = 1998］）で繰り返している。その一部は有馬［2012］で紹介されている。私のシンガーとクーゼの主張に対する批判は『唯の生』（［2009a］）で行なっている。】（立岩［1997→2013a: 354–355］）

この部分で私は、シンガーの議論を検討するというより、一つにただ文献を紹介しており、一つに発言をやめさせるより言わせておいて批判するならしようと言っている。その後、こちらがわざわざ黙らせるのはよそうなどと言う必要もなく、結局本人は少しも懲りることがなかったようだ。そして、その主張に対する論・批判がすくなくとも多くの人に、すくなくとも生田に届くことはなかったということだ。あげたのは多く「学術論文」の類だから、接近の容易なものでなかったとは言えよう。それについてはいくらか反省して、その多くをネ

ットで読めるようにしてみた。ただ、議論自体はいま引用した部分を含む『私的所有論』で行なっている。★16

言われたこと、そして私も書いたことはもっともであると思ったから、議論としてはそれで終わっていると思っていた。それが、九七年に右のように私が書いて、そして二〇〇九年の『唯の生』からも一三年が経って、このたび読んだ生田の本ではそうではない。いくらか驚いた。シンガーたちの主張を普通に受け取れば、それを脅威と感じる人たちは出てくる。言われていること、それが含意することははっきりしているので、そのことに気づかないはずはないと思うのだが、そうは受け止められていないようだ。

動物のことを気にし食生活を改善しようという人の多くは、きっと優しい人たちなのだと思うのだが、あまり人間のことに関心を持たない。動物を肯定することと人間を広く肯定することをなんとか両立させようという、本章と第4章（二三九頁）で紹介するテイラーの本はあるが、そうしたものは少ない。それでまず、抗議や批判があったこと、あることもたんに知らないのかもしれない。ただ他方、誰かに知らされないとわからないことだろうか、読めばすぐにわかることではないかとも思う。みなが知るべきだとまでは言わないが、知ってほしいとは思う。すくなくとも職業研究者であればそのことを知り、紹介ぐらいはしてほしいものだと思うのだが、このたび読んだ本では、そのことが出てくるのは伊勢田哲治の『動物からの倫理学入門』（伊勢田［2008］）ぐらいのものだった。★17

そしてさらなる繰り返しになるが、その主張は、「近代」を批判するものとして知らされた。「ポストモダン」の人たちを持ち上げて動物を擁護する人が、同じ本で、シンガーをもってくる（本書二四四頁・註4）。しかし、それはまったく新しいものではなく、陳腐とさえ言ってよいものだ。ここでもそのことを繰り返して述べた。

けれども、『唯の生』で私が論じなかったこととして、基準のずれ、ぶれがある。功利主義が快苦を言うのであれば、快苦を基準にすればよいはずだが、とくに人間の生死に関わる時には、シンガーやクーゼはもっと高級な基準をもってくる。おかしなことではないか。どういうことになっているのか。

ただその前で、結局のところ、この幅の範囲で、この半世紀ほどの議論はなされてきたとは言える。前者、つまりより高級なより人間的な基準のほうに行くと、話は生命倫理学的な話になる。後者、感覚・快苦のほうに行くと、議論はいくらか趣向の違ったものになる。そして後者を進めていくと、それは近代や脱・近代において登場したものではまったくないものだが、殺生全般が否定されるべきだという主張、しかしそんなことができるのか、それを規範とすべきかという問いに対することになる。

2 生命倫理学的な基準

一つめの「生命倫理学」の辿った道について。この言論の領域がかたちをなし、時間が経って、たくさんの教科書や辞典の類も出されている。ただ、すっかり体系化され完結しているかというとそんなことはない。それは複数の原理を併存させる。三つとか四つとかの原理が示されるのだが、その三つや四つはたいがいは並列され併記される★18。

さらにまとめれば、一つは、本人に対してよいことをするべきであるという原則だ。もう一つは、本人の「自律（autonomy）」を大切にしようという原則だ。いずれもまずは穏当な考えのように思える。そして、多くの場合、両者が支持するものは背反せず、たいてい同じものがよいとされる。これも不思議なことではない。自分で決めたことが自分にとってよいことだと、たいがいの場合に言えるからである。その人にとってよいことは何か、その人に聞けばよいとなる。

以上だけならとくに問題はない。よいものがよい、というのは同語反復であって、なにか教えてもらっているという感じがしない気はするが、間違ってはいないだろう。しかし、二つの契機が加わると、当人にとってよいこと、また、当人の決定が、変わってくる。一つに、社会にある価値が作用する。一つに、資源の制約（の認識）が作用する。

決めることをここに置くことによって何が起こるか。各種の動物たちもなにかしらの規則に従って行動していると言えるかもしれないが、とくに人間の場合には、社会規範・価値が大きな位置を占め、大きな力を有する。このことは、私は社会学をやっている者だが、そんなことと関係なく言えることであり、本来は（と言わねばならないのが残念だが）、誰もが認めるはずのことだ。

人々の選好や行為に規範が作用することと自体を否定することはできないし、否定しようとする必要もない。また、作用するからといって、本人の決定を軽視したり無視したりすることもよいことではない。純粋な個人の意志を規範に対置することは無意味だし、間違っている。するべきことは一つだ。つまりは、そこに存在する種々の価値・規範を検討し、それに対する態度を定めることである。ここで、価値は人それぞれだから口を挟まない、とは、すくなくとも常には、ならない。ずっとそのことを考えて言うのが私の仕事であってきたから、そして本書は別のことを言おうと思っているから、ごく短くする。

決定や利害の背後にある価値、また資源（についての認識）について、生命倫理学ではどういう扱いになっているのか。きちんと決まってはいない。だから、各々の論者の主張にかなりの幅がありながら、その業界がなんとなく一つのまとまりとして維持されているとも言える。★19

その中で、わりあい、あるいはたいへん、その主張がはっきりしているのが、さきにあげた人たちである。私たちの社会・時代にあって、その人たちが信じる、自らを認識し、自らを統御するのがよいことであるという規範が大きな力を有する。すると、その規範による基準で、人を価値づけ評価することになり、結果、低くされる人たちが出てくる。そしてまた、自らを低くし、例えば死のうとし、実際死ぬ人たちが出てくる。それはあからさまな強制として作用するのではなく、人の価値と決定を通して作動する。

そのことについて、説明を求められることを想定できないほど、とにかく信じている、というような人たちもいる。さきにあげたフレッチャーといった人たちはそんな具合の人かもしれない。そしてそんな人の中には、第4章にあげる地上の富を増やすことに貢献することが人間の存在の意味だと考える人もいるだろう。

そうした考えは、学問の内部においても相当の勢力を有しているし、そうした人たちも含め、社会がそのように構成されている。そのもとでの決定はそれに左右される。

もう一つが現実の制約、そして資源の問題である。よいことをする、人が要するもの・人の意向を大切にするというだけのことなら、順序や序列は関わらないはずだ。しかし、得られるもの・提供できるものが限られている場合がある。功利主義に、現実性と、そして同時に問題を人が感じるのも、その「主義」が、誰かにとってのよいことが増えることと別の誰かのよいことが減じられることが連動する場面を見ることによるだろう。資源は全体として有限であり、そして個別に危機的な状況になることがある。実際にそんなことが時に起こる事情があり、その状況に対して答を出すことが倫理学者の仕事であるとその学者たちが思っているということもあり、順番についての議論が多くなされる。

そのときに何が順序を決めるのか。救命を急ぐ人をさきにすることはすぐに思いつくが、それだけですまないと思われることがある。このことは『良い死』の第3章「犠牲と不足について」に書いた。資源に関わる現実はたしかに制約条件として作用する。そして、言うまでもなく、制約は制約についての認識や配分についての価値から独立ではない。その有限なものの配分を規則が規定しているし、価値が関係している。ここでも人間の場合には、できることがあるために、それをするかしないかの加減ができるために、いちだんと話がややこしくなる。動物たちが（意外にも）助け合っているという話はときどき聞くが、普通には弱ったものから消えていくということなのであれば、当の生物にできることは少ない。比べて人間はいろいろなことができる。できるがしないこともある。

そしてこうした価値と資源についての認識が、本人にとってよいことと、本人の決定の優先との間の順序の設定、周囲の介在のあり方に関わる。大切にしようというそれだけである限りでは人間の資格は言われないはずだ。決定を尊重することと、決定能力を要件にすることとは別のことである。人が言うことを聞くべきだということと、言うことができない人はいなくてもよいということとは、まったく別のことだ。しかし、大切な能力を持っているからその決定も大切とされ尊重される、といった組み立てになっているなら、その大切な能力を有しているかどうかが問われ、有していない人が除外されるということにもなる。

そしてそれは、先記した、おおまかには二つの原則の間の優先順位や介入のあり方にも関わってくる。原則は先記したものであるとして、一つに、その本人の益にはならないと思われる決定を認めないことがある。「パターナリズム」ということになるが、それは常に否定されるものではないだろう。[20] ただ、本人の意思が採用されない場合は、価値や事実認識に沿っていないと判断される場合も多いはずだ。他方、理性的な判断がなされているとされる場合には、それが認められてよいとされ、それに介入するのは不当な介入とされる。本人の「決定」が、本人にとっての「よさ」に優先するということになる。

例えば、死ぬのに自分の身体を使えない（ということは他の様々のこともできない）人が人の手を借りて死のうという行ないがある。自分で熟慮して決めたことなのだから——たしかに多くの場合にそのように言えるだろう——この世から退こうとし、それが認められる。それは、はっきりと死のほうに作用する。それは、この世からの自発的な退場、つまり安楽死や尊厳死と呼ばれる死を是認することになり、実際に行なわせることになる。「人格主義」で困った人はいないと生田の本に書いてあったことに驚いたと述べたのはそういうことである。その「主義」を信じることはない、採用するべきでない。これらについて『良い死』に述べた。

何を言っても自らの信仰を確固とした前提とし原理とする人、はてはそのことに気づかない人たちがいる世界・業界に向けてなにか言うことが、ほとんど徒労だと思うことがある。しかし、それは仕方がない。繰り返し、それを最初に置くのはおかしいと言う。正しいことを一度言えばそれが通るのが学問の世界だと思われているとして、そんなことはない。何度でも言うことになる。

3　二つの併存

シンガーの場合、どういう構造になっているか。本書はその議論を詳細に検討することを目指していないのだが、始めてしまった手前もある。簡単に整理し、位置づける。

まずこの人の場合には、議論が二段構えになっている。A：一段目では、いまみた生命倫理学の一つの流れとさして変わらない主張がなされるが、B：二段目では、快／苦だけが基準に置かれる。

A：一段目について。ここでのこの人の議論は、たんに知性・理性が立派なものだから大切にするのだというのとは異なり、それを算定すべき項目とするだけの理由があることを示していると見ることもできる。想像し観念できる存在においては、死を観念し、ゆえに恐怖するといったことがある。死を気にしてしまう人については、そのことを考慮すべきだとなる。他方、そのような能力を有していない場合には、それを顧慮する必要がないという。ここまでは事実に基づいているのだから、たんに信仰を吐露しているわけではないとされる。理解し恐怖を感じるからそれを奪うのは、その人を害することであり、それはよくない。私もその契機は大切だと思い、そのことを第3章で述べる。

しかし、恐怖の感覚がゼロである存在がいたとして、その存在を殺してよいとするにあたっては、気にしていない（その限りで、恐怖の感覚がゼロである、そのこと自体は認めてよい）

ことに加えて、マイナスであるという条件が入るはずだ。どのようにマイナスであるのか。ここで、結局のところ、さきの生命倫理学的な話に合流することになる。つまり一つには、その人についての正負の価値を合算するとマイナスになるという。そして、それはその人――は自らについて語れる存在であるとはされていないのだから――自身の話に基づいて言われているのではなく、周囲が負であると判断していることになる。しかし、苦痛しか得ていないように思われる状態があることを認めたうえでも、この判断が妥当であるとは言えないはずだ。

もう一つには、普通に功利主義的になり、つまり「全体」を問題にし、周囲に対する影響からよしあしを言い、本人はゼロであっても、あるいは快苦において快の側にいる存在であるとしても、周囲にとっての正負を合計するとマイナスになるといったことを言うことになる。

この二つのどちらの道を行っても、あるいは両方を合わせても、さきに記した生命倫理学のある流れと変わらない。シンガーは、ある人たちのようにある存在を無価値であると決めつけているわけではないと言われて、いくらかはそう言いたい気持ちをわかったうえでも、結局、私たちの結論は変わらない。

ただまず、多くはこの二層があることについて論じることがない。その中でこのことを示しているのはさきにあげた伊勢田だ。Aでは、人間の一部と類人猿を生きられるようにするべきことは言っているが、その他を殺してならないとはじつは言っておらず、ただ、苦しませるのはよくないというBから、(有感)動物の扱いのかなりの部分を批判・否定しており、ゆえにその議論は一貫しているとする。ただその立場をとると、「ごうごうたる非難」を浴びることになるから、「覚悟がいる」と述べるのだった(→註17・七〇頁)。

また、後で取り上げるテイラーの本『荷を引く獣たち――動物の解放と障害者の解放』は、AとBを区別し、シンガーが二つの基準をとったことを批判し、B(一本)で行くべきだとする。それに対して、私は、苦を避けるのがよいという倫理的な立場から殺生を否定するBについて、次の第2章で考えを述べる。そしてA:死の恐怖を有さないとされる存在に対する扱いは、普通に考えればBの立場からも、否定されると考える。よって、意気地があまりない私自身は「ごうごうたる非難」をすることはなかったのだが、非難・批判は正当なものだと捉えることになる。

なぜこんな具合に二層になっているのか。まずBを言ったのはどうしてか。よく知らないが、もちろん動物たちの惨状に心を痛めたということはあるのだろう。生物に苦を与える殺生はよくないというBの基本はまったく単純であり、そしてずっと以前からあり続けてきた話でもあるから、なぜシンガーの主張として影響があったのかもよくわからないところがある。ただ一つには、功利主義という倫理学の枠組みに載せて語ったことがあっただろう。また、その論に対する反論に対する反論が説得的であった(と受け止められている)ということもあったのだろう。

ではAはどうか。本人にとってのよしあしに層があるという把握は間違っておらず、そのあり様に応じた対応がなされてよいという主張も受け入れられるものだ。ただ、いま簡単にだが見たように、その扱い方は間違っている。そしてそれは、結局のところ、私（たち）が前項で批判した価値、人と人の間の優先についての順序に関わる価値を信じているということではないか。

次に、動物を擁護する多くの人たちは、なぜ鈍感なのか？　まず読んでいない、知らないということはあるのだろう。Aが書かれている本、AとBの両方が書かれている本もいくつもあり、翻訳もなされているのだが、もっぱら動物のことについて書かれている本もたしかにある。職業研究者についてはそんなことがあるのはよくないとは思うが、BとAはまずは別であり、類人猿をより丁重に扱うべきだという話はAに関わるが、基本的には動物のことはBになるので、そちらに関心があまり行かなかったということなのだろうか。動物のことが気になるあまり、人間のことに関心がないということなのか。あるいは、本書に私が書くことから邪推するなら、じつは、動物を擁護しようという人々は基本的な水準で人間の優位を信じていて、そのときに想定される人間の質、人間のあり様を信じ肯定しているということなのだろうか。

あまり詮索しても仕方のないことかもしれない。次章ではBを検討し、そして私はどう考えるかを述べる。ここからが本書の本体になる。

★1――『私的所有論』(立岩［1997→2013a］)の第2版に「ごく単純な基本・確かに不確かな境界――第2版補章・1」を置いた。その第2節が「人に纏わる境界」、その2が「殺生について」。その註10より。

「そしてまた、人は人を殺すこともある。それは実際いくらもあってきた。(それは、特殊な場合を除けば、食べるためにではない。あるいは食べるに際して特別の意味が込められてきた。)「近代」あるいは「近代批判」が、殺さない範囲を、また一人前の人間の範囲を拡大してきたという面はあるだろうが、それは実際に殺さなかったことを意味しない。そして人間ではないから殺さなかったわけではない。人間であることをわかってはいたが、むしろわかっていたから、たくさん殺してきた。そして本書に述べることからも、どんな人も殺してならないといったことを言えるわけではない。」(立岩［2013: 806］)

本書では、本文のもとになった過去の私の文章の一部をかなり頻回にそしてかなり長く、そのまま註で引用することがある。一つには、別の文章を用意する必要がないと思うからだ。一つには、以前書いた文章との差異、いくらかの進展について知っていただきたいと思うからだ。

★2――シンガーの『生と死の倫理――伝統的倫理の崩壊』冒頭の「謝辞」には以下のようにある。

「過去一四年間、ヘルガ・クースと私は本書で取り上げられた広範な分野についてともに研究してきた。私たちは互いに相手から学んできたので、私たちの考えはいつしか混ざりあい、もともと私自身の考えであったものと彼女自身の考えとを区別するのが今では困難なほどである。本書と彼女の『医学における「生命の神聖性」の教え――一つの批判』とを併読すれば、私がどれほど彼女に負っているかが誰にでもわかるだろう。」「ヘルガとの知的な親交、そして彼女の励ましがなければ、おそらく私はこの分野の研究をとうの昔にやめていただろうし、本書が書かれることもなかっただろう。」(Singer［1994=

1998: 12]）

★3——日本語に訳された本が三冊（シンガーとの共編書を加えると四冊）ある。一冊は編書で『尊厳死を選んだ人びと』（Kuhse ed. [1994＝1996]）。次に訳されたのが『ケアリング——看護婦・女性・倫理』（Kuhse [1997＝2000]）。訳書として三冊目になる『生命の神聖性説批判』（Kuhse [1987＝2006]）の発行は二〇〇六年。ただこの本はもとは一九八七年に刊行された本である。なぜこの本の訳が二〇年経って、と思わないでもないが、楽に読めるのはありがたいことではある。そして、この人（たち）の言っていることは、数十年、基本的には変わらないから、この本でもおおむね間に合う。それは主張が一貫しているということでもあり——私にはその一貫した熱情がどこから供給されているのか正直わかりかねるところがあるのだが——それもよいことなのかもしれない。

その本の奥付・カバーから拾うと、「ピーター・シンガーと共に国際生命倫理学雑誌『バイオエシックス』の編集に長く携わった。モナシュ大学（オーストラリア）ヒューマンバイオエシックスセンター前所長。」「彼女の哲学者としての業績は、本訳書に集約されると考えられる。」

シンガーとの共著論文に例えば「重度の障害をもった新生児はみな生きるべきなのか?」（Kuhse & Singer [2002]）。シンガーとの共編書に、Kuhse & Singer, Peter eds. [1998]、そして『人命の脱神聖化』（Kuhse & Singer eds. [2002]）。

★4——一九四六年オーストラリア生まれ。メルボルンのモナシュ大学にずっといたが、プリンストン大学に移る。最初に邦訳が出たのは共著の本で『アニマル・ファクトリー——飼育工場の動物たちの今』（Mason & Singer [1980＝1982]）、その後も編書で『動物の権利』（Singer & Regan eds. [1985＝1986]、第2版が Singer & Regan eds. [1989]）、『動物の解放』（Singer [1975＝1988]）等が出ている。二〇〇〇年代に入っての翻訳ではパオラ・カヴァリエリ、ピーター・シンガー編『大型類人猿の権利宣言』（Cavalieri & Singer eds. [1993＝2001]）がある。第4章（一九六頁）で、この本に言及するジャック・デリダへのインタビューの聞き手の発言を引用する。

また本書の主題に関わる訳書としては、『人命の脱神聖化』（Kuhse & Singer eds.［2002＝2007］）がある。クーゼとシンガー編で二〇〇二年に出た、古いものでは一九七〇年代発表のものも含む二四篇の論文を収録したシンガーの論文集があって、そこから論文一一篇とクーゼの序文を選んで訳したという本である。言われていることは、その他の著作と同じである。『週刊読書人』掲載の堀田義太郎の書評（堀田［2007］）がある。その全文を本書の『補註』（立岩［2022b］、説明は本書一六頁）に収録した。

またシンガーの論の解説書として山内・浅井編［2008］、その中で本書に関係する章として浅井篤《あさいあつし》［2008］、村上弥生［2008］。

★5――『グローバリゼーションの倫理学』（Singer［2002＝2005］）、『「正義」の倫理――ジョージ・W・ブッシュの善と悪』（Singer［2004＝2004］）といった本がある。

分量も多く、わりあい理論的な本とも言えよう『実践の倫理』でも、やはり動物を殺すことの是非が扱われ、貧富の差の問題が論じられ、そして人の生死の主題が平明に論じられる。初版が一九七九年で、訳が九一年に（Singer［1979＝1991］）、第二版が九三年で、訳が九九年に出ている（Singer［1993＝1999］）。そして、さらにわかりやすい本、「一般市民」向けと言ったらよいのか、『生と死の倫理』（Singer［1994＝1998］）がある。その主張は一貫している。これだけ長い間同じことを言い続けるその熱情は不思議でもあり、一貫していることが立派なことであるとすれば、立派だということにもなるだろう。

訳書の帯には「オーストラリア出版協会賞受賞」とある。日本だとどんな本に対応すると言ったらよいだろうか。あまり手抜きはせず、ただ本の性格ゆえもあってか論理に荒いところはあり、しかし（あるいはゆえに）わかりやすく、読者を説得しようという姿勢で書かれている。著者の論理を、論理に内在して検討するには別の本がよいのだろうが、このような本も、どのような言い方でこの人は言いたいことを伝えようとするのか、それがわかってよいところはある。

★6――やはり『私的所有論』がその基礎的な仕事としてある。その後、『自由の平等』(立岩[2004a])、『所有と国家のゆくえ』(稲葉・立岩[2006])。『税を直す』(立岩・村上・橋口[2009])、『ベーシックインカム』(立岩・齊藤[2010])、『差異と平等――障害とケア/有償と無償』(立岩・堀田[2012])。

★7――関連する論文に「倫理学と安楽死」(Fletcher[1973=1988])。

「明らかに消極的な安楽死が現代医学では既成事実となっている。毎日国内各地の多数の病院で、真に人間的な生命を延長している状態から、人間以下のものが死んでいくのを延長しているにすぎない状態にまで立ち至ったという判定が臨床的に下されており、そのような判定が下された時には、人工呼吸器をはずし、生命を永続させるための点滴を中止し、予定されていた手術を取り消し、薬の注文も取り消すということになる。」(Fletcher[1973=1988:135])

本文にあげた人たちと同じく、もうなされていることを言う。そしてそれを是認すれば、より積極的な処置も是認され、さらに積極的な致死のための処置のほうがむしろよいことがあることを述べる。そして、これらの行ないがみな正当化される。そして基本にあるのは同じ価値だ。

「重要なのは《人格的な》機能であって、生物学的な機能ではない。人間性は第一次的には理性的なものとして理解されるのであって、生物学的なものとして理解されるのではない。この「人間についての教義」は、人間homoや理性ratioを生命vitaに優先させる。この教義は、人間であることを生きていることよりも、もっと「価値がある」と考えるのである。」(Fletcher[1973=1988:138])

「《人間であること》の限界を越えて生かされ続けることは望まない、したがって、適切と思われる安楽死の方法のどれかを使って、生物学的な過程を終わらせることを認める、こうしたことを説明したカードを、公正証書にして、法的に有効なものに作成して、人々が持ち歩けるような日がやってくるだろう。」(Fletcher[1973=1988:148])

ジョゼフ・フレッチャー(一九〇五~一九九一)は聖公会の牧師で、キリスト教者・プロテスタントとして生命倫理学の登場時期に影響を与えた。また後に無神論者であるとされた人でもあるという。その思想について大谷いづみ［2010］、ネットで読める科研費研究の報告として大谷［2013］。『私的所有論』第2章では、「人間は製作者であり、企画者であり、選択者であるから、より合理的、より意図的な行為を行うほど、より人間的である。」（Fletcher［1971: 181］）以下を引用、言及している文献を紹介し、検討した（［1997→2013a: 82-83, 116］）。

第4章で、「人間たるということは、我々がすべてのことをコントロールの手中に置かなければならないということを意味する。このことが、倫理用語のアルファでありオメガである。」（Fletcher［1971: 781］）を引用、この箇所を訳し紹介している文献をあげて検討した（［1997→2013a: 185］）

第5章で、「もし望むなら他の検査で詳しく調べてもよいが、ホモ・サピエンスの成員で、標準的なスタンフォード・ビネー検査でＩＱが四〇以下の者は人格（person）かどうか疑わしい。ＩＱが二〇以下なら、人格ではない」（Fletcher［1972: 1］）以下と、もう一つの論文から引用し、この文献に言及している文献を列挙した（立岩［1997→2013a: 356-357］）。

★8――『私的所有論』の第7章「代わりの道と行き止まり」の第1節が「別の因果」。その1が「社会性の主張」。ここでアファーマティブ・アクションに言及した。2は「真性の能力主義にどう対するのか」。

むろん、知能検査といった方法によらず、生物・動物に「心」があるかとか「魂」があるかとか、考えたり論じたりすることはできる。『心はどこにあるのか』（Dennett, Daniel C.［1996＝1997→2016］）、『動物に魂はあるのか――生命を見つめる哲学』（金森修［2012］）、等。

★9――このことを幾度か、一番わかりやすいと思うのは『人間の条件』で、述べた。

「ある人ができないことは、その代わりに別の人たちがしなければならないのなら、そのある人にとってはよいことであり、別の人たちにとってはよくないことである。こうなる。これは、できることはまずその本人にとってよいことであるという「常識」と違う。しかし、ここまで述べたことになにか間違ったところがあるだろうか。ないはずだ。とするとむしろ、なぜ自分ができた方がよいのか。そちらの方が不思議なことのように思える。そしてこの問いに対する答は一つではない。」（立岩［2010→2018a: 44］）

★10――自律的な人間を大切にすることと、自律的な人間が決めたことだからその決定を大切にすること、両者は同じではない。安楽死や尊厳死と呼ばれるものについては、通常、決めたこと「だから」という契機がある。しかし本章で見てきた場面にはその契機はない。自分で決めない／決められない状態の存在のよしあしを言い、その生殺を決めるのは、当然その本人ではありえない。次節でこのことをより詳しく説明する。また、安楽死・尊厳死と自己決定については『良い死』の第1章「私の死」（立岩［2008b→2022c: 105 ff.］）。

★11――「もしシンガーが、感覚力にもとづいた平等な配慮の原則という、もっと単純な論旨で議論を終えていたならば、『動物の解放』は並外れて反健常者主義的な本になっていただろう。彼は、認知能力を特定の存在の価値を測る尺度として用いることの危険性に警鐘を鳴らす議論を展開することもできたのだ。だが、シンガーはそうしなかった。感覚力に焦点を合わせたにもかかわらず、彼は最終的には、人格の裁定者としての理性に再び王座を譲り渡す。完全な人格をもった生は、そうでない生よりも価値があると主張することによってだ――完全な人格を有する生の場合は、死ぬと頓挫してしまう利害関係および欲望があるが、人格を欠いた生の場合には、そんな欲望や利害関係そのものをもつことができないからだ。シンガーは種という壁に果敢に挑んでいるにもかかわらず――ここで人間と非人間を分かつ線は彼にとって道徳的に重要ではない――このような主張は、特定の力量をもつことのない動物たちに対して、明らかに好ましくない帰結をもたらす。これはまた、知的障害者にも間違いなく悪影響を及ぼす。こういった枠組みのなかでは、このような人びとは不可避的に、より価値の小さい存在として判断され、カテゴリー化されてしまうからだ。」（Taylor［2017＝2020: 215–216］）

★12――『「野宿者襲撃」論』(生田[2005])、『ルポ最底辺――不安定就労と野宿』(生田[2007])等の著書がある。

★13――共編書に『シンガーの実践倫理を読み解く――地球時代の生き方』(山内・浅井編[2008])、単著としては『相手の立場に立つ――ヘアの道徳哲学』(山内[1991])。

★14――翻訳のほうは著者の了承を得ねばならないから難しいかもしれないが、市野川の解説ほか、当時のできごとについて、シンガーについての生存学研究所のサイトのページ内にある「シンガー事件」を増補するつもりだ。

★15――土屋は自らが書いた文章を多く、勤務先のサイトに掲載してきたが、このたび別のサイトに移動させることになった。そこに掲載される文章のありかを別途お知らせする。

★16――『私的所有論』におけるシンガーへの言及を本書の『補註』(立岩[2022b])に掲載した。

★17――「シンガーは実は邪悪な哲学者として非常に強硬な批判をあびている。殺すことの是非をめぐるシンガーの議論は、種差別を否定する以上、人間にもあてはまる。ということは、「死」という概念が理解できない幼児や認知症の患者も、幸福の最大化のために殺してよい場合があるということになる。シンガーはこれを積極的に認め、重度障害新生児の安楽死を場合によって認める議論をしている。重度障害新生児は苦痛に満ちた短い生涯を送る。快楽をより多く苦痛をより少なくという考え方からは、重度障害児の苦痛を減らすために安楽死を行うことは場合によって容認される(ただし、そうした安楽死がほかの人に与える影響も考えなくならないので全面的に「容認される」と言い切ることはできない)。成人の場合は死ぬこと自体への本人の嫌悪という別の要素が入ってくるが、新生児の場合、そもそも「死」という概念を持たないので、「死にたくない」という欲求を持つこともない。シンガーはこの主張のために、世界各国の障害者団体から「障害者の生きる権利を認めていない」として強く批判されている。シンガーの主張を支持するにはそれなりの覚悟が必要である。」(伊勢田[2008:41])

「一つは功利主義を使ってシンガーの路線で全体の整合性をとるやり方である。「限界事例の人たちにも人権があり、危害を加えてはならない」という部分を修正して、動物の命（とある種の限界事例の人たちの命）は奪ってもよいということにするということだった。この路線は障害者差別だといってごうごうたる非難をあびたから、あえてシンガーの後に続くのはかなりの覚悟がいる。」（伊勢田［2008: 321-322］）

功利主義について『功利主義入門』（児玉聡［2012］）、功利主義と生命倫理について『生命倫理学と功利主義』（伊勢田・樫編［2006］）、安楽死・尊厳死との関わりでは「功利主義による安楽死正当化論」（有馬［2012］）、それをさらに増補し他の論点と合わせて検討した『死ぬ権利はあるか――安楽死、尊厳死、自殺幇助の是非と命の価値』（有馬［2019］）。

★18――1「人に対する敬意（respect for persons）」、2「無危害（nonmaleficence）」、3「慈恵（beneficence）」、4「正義（justice）」の四つがあげられることが多い。そして2と3の意味することは多くは変わらないと、2を3に含めることがある。そして1が「本人の決めることを尊重すること」、2が「本人によいことをすること」になる。4は公平性を言っているから、財・資源の配分に関わる。

★19――日本では、一九八〇年代以降のしばらく、多くの翻訳がなされ紹介が書かれた。それらを紹介し整理し続ける人たちもいる。ただそれはもうそう多くない。多くの人たちはそういう議論からはほぼ撤退して、一つにはより個別の主題について現実の推移を調べたりする。また教育・実践に役立つ手立てを開発し普及させようとしている。全体について批判的な人たちは、私も含めて、依然としていくらかいるが、もっぱら教育と普及に注力している人からなにかを言ってもらえることは少ない。その事情はわかるが、あまりよいことであるとは思えない。日本生命倫理学会大会の大会長を、まったく何もできなかったのだが、務めたことがあり、その「大会長講演」を「飽和と不足の共存について」（立岩［2012］）という題にしてそのことを話した。

生命倫理学という世界の仕組みを概観する手頃な本がないのはよくないと思ってきた。新書では『医療の倫理』(星野一正［1991］)があるが、これを読んでも何が論点なのかはわからない。いくつかの仕事の後、本文でごく簡単に記したこと、つまりもっともな原則に何が加わるとよろしくない(と、私を含め少なくない人が思う)ことを説明する本を書いたらよいのかもしれない。

★20――『弱くある自由へ』の第7章「遠離・遭遇――介助について」の第5節が「口を挟むこと、迎えること、他」その第1項が「パターナリズム」。

「まとわりつく様々な利害を無害化し、少なくとも世間で行なわれている様々なことと同じくらいには本人に決めさせればよいと――言うだけなら簡単なことだが――述べてきた。にもかかわらず、代行は避けられず、パターナリズムを否定できない。

パターナリズムという語は通常否定的な言葉であり、それは当然のことである。その人を先取りし、その人を侵害する様々なことが行なわれてきたからである。だから自分で決めること、選ぶことが執拗に言われてきた。自分がすべて行なうのが面倒なので他の人にまかせることもあるにせよ、その結果が気にいらなければ、別のところに頼めばよい、あるいは自分ですることにすればよい。しかし、そうはいかない場合がある。」(立岩［2000→2020: 302］)

第2章

殺すことを認めたうえで人殺しを否定する

1 殺し食べる

1―動物倫理を動物に拡張すると

本人、当の存在において「よい」ことに「決める」「律する」ことを加え、この決める・律する・できるに大きな価値を与えることによって「生命倫理学」の主流が現れ、人が自ら死ぬことにもなることを前章第3節（四六頁）で述べた。他方、基準を「よい」だけにし、そしてその「よい」を、「感覚」「快苦」のほうにもっていくと、それを有するらしい存在の幅は広がっていって、近頃は「動物倫理学」などと言われることもあるらしい領域の話になっていく。ただ、するとそれは、新しいものではなくなるのでもある。人間的とされる高度な性能から考慮されるべき範囲を広げていくことによって、その話自体は、世界のかなり広い範囲に昔からある、殺生に否定的な思想に近づいていくことにもなる。

そうした領域の、とくに近年の、動物を殺し食べることを批判する本を何冊かでも読めば感じることだと思うが、そこにはとてもたくさんの事例が出てきて、たくさんの論点が現れる。たしかに気分のわるくなるような実例が、これもあれもとたたみかけて示される。そう

して主張されるいくつか、あるいは大部分について、私はもっともだと思う。★1

しかし、やはり論点を分けて考えていく必要がある。その際、生物の世界により広く存在するだろう快苦といったところに基準をもっていくことと連動して、前章第2節（三四頁）で私が実際には人間中心主義的であると述べたことが、いくらか変動することを確認する。普通には人間の側から延長していった話だとは思われるが、しかしそうではないと主張することはできる。動物擁護側の人たちの言い分を聞くところから考えてみる。

まず、前章第2節で二番目に述べたこと（三九頁）。どんな存在を殺してならないかについて。それを理性だとか、自己意識だとかを有する存在ということにすると、前章第1節（二六頁）で見た話になる。基準の設定にもよるが、人間のかなりの部分を除外したうえで、せいぜい類人猿あたりが救われることになったのだった。それを広げて、快苦、痛みや恐怖を感じている生物とする。これもとりようだが、より広い範囲にそんな生物が多く存在することは否定できない。植物だって苦を回避していると言いうる。★2 そうするとだいぶ広くなる。そして、そのいくらか手前のところで止めるなら、ときに昆虫なども含む動物全般の殺生を否定する立場となる。

次に、一番目に述べたことについて。要するにその「倫理」は、人間が考えて発案したものだということだった。このこともまた認めざるをえないだろう。ただ、擁護を発議するのは、あるいは代弁するのは、人間であるとしても、そして人間であるしかないとしても、動物たち生物たちが望んでいるという主張は可能であり、実際になされる。例えばテイラーの本『荷を引く獣たち――動物の解放と障害者の解放』にはそんなことが書かれている。その動物たちは人間の言葉を話すわけではないが、殺されないことを望んではいる、苦痛から逃れようとしているというのだ。動物たちの行動から解する限り、そのように見ることはできるだろう。植物にしても、自己保存の方向に生きているとは言えるだろう。すると、人間の側の勝手な押し付けであるとまでは言えないことになる。

テイラーの本では次のようにある。

排除と慈善の歴史ゆえに、「声なきものたちのための声」になろうとする動物擁護家の後見人のような口調を好ましく思えない障害運動家もいることは、十分理解できる話だ。例えば、スティーブン・ドレイクはこのように語る。「動物権擁護は、人間と動物の相互関係を位置づけるべき一連の原理を定義および擁護することによって機能する大義だ。けれどもこのことを要求するのは動物たち自身ではない〔…〕〔動物権の〕擁護家および運動家たちこそ、動物に対する権利擁護の言葉を定義できるのであって、かれらは決して、動物たちについて自分たちが誤って理解しているのではないかとか、動物たちが自分について自分で語りたいのではないかといったことについて、心を悩ませる必要はないのだ」。

ドレイクの指摘は動物擁護運動に対する批判としてはありふれたものだ。作家およびジヤーナリストのマイケル・ポーランもまた、類似した点を『雑食動物のジレンマ――ある四つの食事の自然史』において提起している。

いったいどうやって動物の望みがわかるというんだ？ 動物のために語るのは、単に恩着せがましく温情主義的なパラダイムを強化するだけだ。（Taylor［2017＝2020: 116–117］）

スティーブン・ドレイクの文章（Drake［2010］）は、「Not Dead Yet」のサイトに掲載された、訳すと「障害者の権利と動物の権利とを繋ぐ：本当にひどいアイディア」という題の文章だ。[★3] そしてポーランの本はだいぶ話題になり、多く読まれたという。[★4] 引用の続きは以下。

けれども、ドレイクとポーランの議論における問題は、動物を利用し搾取する人びとは、動物たちのためにいっそう破壊的なかずかずの選択をしているということだ――動物を投獄と死に至らせる、そうした選択を、だ。動物が利用される実質的にあらゆる環境において、動物たちには、その檻から抜け出したり、屠殺されるのではない生を選ぶ能力も、〔そのための〕自由も与えられてはいないのだ。

ドレイクとポーランはまた、動物たちは人間に自分の望みを伝えていないとする点でも間違っている。ロイの言葉、すなわち「選択的に傾聴されない」というのがずっと妥当だ。

動物たちは、絶えずみずからの選好について声をあげ、自由を要求している。痛みで叫び声をあげるとき、あるいは突き棒、電撃棒、ナイフ、そしてスタンガンから逃れようとするとき、かれらは日々、わたしたちに語りかけているのだ。動物たちは、檻の外に出たいと、家族と再び出会いたいと、あるいは死が待ち構えているシュット〔chute：屠殺場において動物を一匹ずつ殺す場所に送りこむためのトンネル状の滑降斜路、訳書七〇頁にある訳注〕には行きたくないと、わたしたちに絶えず訴えかけている。（Taylor［2017＝2020：116–118］）

そして続けてテイラーは、「動物が自分の解放を求めて行動を起こすことができ、また実際にそうしてきたという事実にはまた、驚くほどたくさんの証拠がある」（Taylor［2017＝2020：118］）と述べて、檻や柵から逃げ出そうとした動物たちの事例を列挙する。解放がよいことなら、その方向に行くこと、また解放のための行ないを人間が代行するのはよいことだということにはなる。

しかしまず、ここでテイラーは、人が生物に対して行なう行為に限定している。人間以外の動物も動物を殺しており、殺される側の苦痛は――たしかにその度合いは同じでないとしても――そこにも存在するだろう。とするとそれはどのようになるのか。

このことは、前章第2節（三四頁）で第二に述べたこと、規範の遵守を人間にだけ求めていることをどう考えるか、人間に限定してよいのかにも関わる。求められているのは人間による行ないの変更であり、なされるのはもっと人間が動物を大切に扱おうという方向の主張ではある。しかし、その規範を動物にも及ぼそうとする極端な人たちもいることはいるようだ[★5]。動物をもっと大切にしようという多くの人たちは、きっと普通に、ただ優しい人たちなのだろうと思う。ただ、こういう社会運動の常ではあるが、より原理主義的な主張が現れることにもなる。しかしそれをまったく無視するというわけにもいかないし、理屈は整合している。（人間が与える）「過度な」苦痛はとくに問題だと主張するにしても、その基底には、苦痛全般が避けられるべきであるという価値があるはずだ。とすれば、動物擁護の人たちの多くが、自らは主張しないとしても、世界の苦痛の全体を減少させるべきだとなる。

　すると、動物を殺さないという規範の遵守が、他の生物にも求められる。とはいっても、その生物たちが人間の言うことを聞くことはないだろうから、それは実質的には人間の側の営みになる。そして、なすべきことは拡張され拡大されていく。殺すなというだけでなく、治療したり予防したりするべきだとなる。実際、ペットだとか、動物園の動物だとか、森林火災に巻き込まれる動物であるとかに対して、人間はある程度のことをしている。動物を病院につれていったり、あるいは死にそうな動物を救おうとする。それがその時々の愛護の精神からというのでなく、世界の全体についてなされるべきであるとなる。さらに、すくなくとも論理的には、肉食の動物たちを肉食せずに生きられる動物に変えるといった、生物、生物界全体の改変が指示され支持されることになる。

それに対して思われそして言われることは、まず、そんなことは無理だということだ。よいものとして描かれる世界は、これまでのそして現在の生物の世界全体とは異なる。それを別のものに替えることは、たいへん大がかりなことであり、事実上不可能である。肉食動物に肉食をやめさせることがよいことであるとして、そんなことはできそうに思えない。想像するだけであれば、世界に生命がいることはよいことだとして、無機物・非生命だけを摂取して、生命の交代を一定の数の範囲内で繰り返していく、あるいは永遠に生き続ける生命だけが存在する世界といったところになる。[★6] そんな世界を現実的には想定できない。

　しかしまったくできないかと言えば、そうではないだろう。たしかにそれは容易なことではなく、できないことはたくさんあるだろうこと、すべてを変更することは無理だと認めたうえでも、可能な限りのことはできる、という言い方はあるだろう。そしてその範囲を徐々に拡張していくこともできる。そこで、できるだけのことはしようという主張はありうる。無理なことであるのは間違いないが、できる限りのことはできる、だから、できるだけのことはするべきであるとする。あるいは、最大限を目指さないとしても、いくらかでもすることはよいことだとなる。いろいろと人間ができること、できてしまうことはあるだろう。せめて人は、できるのだから、行なおうということになる。実際そんな主張もないではないようだ。

2—0：殺すなとは言えない

以上は事実・現実に即すならこうなるだろうということだが、次に、現実に無理というのでなく、実現可能性の問題とは別に、「べき論」、規範論としてはどうか。

動物は、さらには生物全般が、害と死を避けようとしているとは言えよう。その存在が殺されるのだから、悲しいことであるとも言えるだろう。それに対して、けれども仕方がないと言うとしたら、どのような言い方になるだろうか。

一つに、淘汰を通した進化を信じる人は、殺したり、生き残ったりすることのなかで生物は進化するのだから、殺生が支持されると言うだろう。たしかに淘汰を介して環境への適応度が高まるといったことがあるかもしれない。ただ、その進化がとくに望ましいことだと考える必要はなく、そのために殺して食べることが正当化されると、私たちは考えない。より優れた生物の出現が必要であるとは考えず、そのために摂食・殺害・淘汰が必要であるとは考えないからだ。そこで私たちは、この主張を殺生を認める理由として採用しない。[★7]

食べられ殺される生物がある。他方で、食べる・摂取するほうの生物は、食べることも望んでいると言えるだろう。だとすると、なぜ食べられることが負であることのほうを優先するのか。殺して得ている、その快は苦を上回っている、だからよいのだといったことを言う人はあまりいないとして、合わせれば苦と快とは均衡しているといったことを言う人はいる。

それに対しては、比較のしようがあるのか、という問い方はあるだろう。一方でよいことのある存在もあるが、他方で殺される存在もあり、そのできごとを見た時、どちらがより望ましいかがはっきりしていることはそう多くないはずだ。殺さない／殺されないことのほうがよりよいことだとは言えない[★8]。

食べる・食べられるといった一対一のその刹那のことを見るなら、このようだ。たしかに、殺され食べられそうな場面で、それを避けようとしていること、その刹那のことであったとしても、苦痛を感じているといったことは言えるだろう。さらにいくらか複雑な場面になるとどうか。とくに飼育という要素を入れるとどうなるのだろう。自然界で暮らすよりも、人間に飼われたほうが、さらに食用にするために飼われたとしてもそのほうが、長く生きられる可能性は高いといったことはあるだろう。それで寿命をまっとうできるといった場合もあるだろうが、屠殺される場合もある。しかしそうした場合でも、野生にいるよりもより長く生きられるといった場合はある。そんな時、家畜になって平穏で長生きできたほうがよいと思う人と、野生でスリルのある人生がよいと思う人と分かれるかもしれないが、当の動物に即した時にはよくわからないとしか言いようがない。動物の「家畜化」を嘆く人たちがいて、それもわからないではないのだが、野生のままにいるほうが必ずよいとも言いにくいはずである[★9]。

さらに、ここで比較されるのは、現今の生物界と、殺生全体が極小化された世界とだ。生物、生物界のあり様の基本が変更されることになる。とすると、その前の世界にいた生物と変更後の世界にいる生物とはまったく異なった存在であり、後者のほうが、前者から見たときによいなどと言えるだろうか。比較のしようがないし、さらに、変更したほうがよいと言える根拠が見当たらない。柵を破って逃げ出したりする家畜がいることをもって、そんな、そしてやがて殺される境遇よりも、そうでない境遇のほうがよいと言えるだろうこと（七八頁）は認めるとしよう。しかしそれは、より苦痛を少なくしようとその世界を変更することが、よりよいことを示すものではないのである。

その人たちは自然を大切にしようという人たちのはずだから、その自然のままという主張と、自然の変更が求められることと、この両者は論者の各人において、どのように、辻褄が合わされているのか、合っていないのか、あるいはこの論点に気づいているのか。私は関心がないが、興味のある人は調べてみたらよいだろう。ただ大きくは二つに分かれるようだとは言える。一つには、人間のことに限定するものだ。人間である自分（たち）だけがなすべきことだと考えるのである。その気持ちはわからないではない。しかし、その気持ちから発する掟を他人たちに及ぼせるか。他人たちに及ぼすなら、なぜ人間に限られるか。人間だけがなすことに限ってならできるとは言えたとしても、だから人間がするべきだという論には与《くみ》しないことを述べた。次項（八五頁）で、もう一度、このことについて考え、確認することにしよう。

ここでは人間だけが、という立場を採らないとすると、もう一つ、（可能なかぎり）すべての動物・生物がその方向に行くことをよしとすることになる。これを主張するほうが少数派ではあるだろうが、一貫はしている。★10 その人たちは自然のままを支持しないことになる。以下、繰り返し、確認しよう。

食べること殺すことを否定するとは、生物における世界の営みを否定するということだ。基本的な仕組みを動かすことになる。それは、むりやりなことではある。そしてそれは、その相手の「意を汲んだ」ものであったとしても、人間が行なおうとすることだ。個別に、傷ついた動物に出会ったり、保護することはあるし、あってわるいことはないだろう。ただ、殺生することをやめさせることを局所的に行なったとしても、それは有効な行ないではない。すくなくとも、たいして有効な行ないではない。食べることをやめさせることができたとして、しかしそのままでは、食べることができなかった動物は死ぬだろう。とすると、別の、殺生しないという規範に抵触しないものを与える、それを与えられて生きることができるようにすることになる。つまり、この規範のもとで有効なことを行なうなら、それは生物の世界全体に対する行ないとなり、そのように世界を改変するべきであるとなる。

そんなことは実現可能性において無理なことだというだけのことではない。人間の側に、と限らなくとも、変更を考えている側に、そこまでの権利はないはずだ。意を同じくする者たちだけの世界であったら、そこでその者たちの一致した意思による行ないとなったら、一挙にそのような世界にすることはあるかもしれない。しかし実際の世界はそうではない。

許容されるのは、せいぜいが個別の利害を推量することであり、そのもとでいくらかを実践することであろうと思う。その生物たちが痛みを避けようとしているとは言えようが、そのことをもって、世界全体を変更することに同意していると推量するのは行き過ぎだ。そうして営まれている世界を否定するだけの根拠を思いつかない。そんなことをする権限・権利は誰にも、そして人間にはないと考える。

このように述べると、私たちが極端な想定を行ない、その想定を用いて、殺生を否定することを否定しようとしているという批判があるだろうか。しかし私たちは、たしかに極端な状態を想定したが、それが極端であるために実現できないからやめようと言ったのではない。困難であるのは確かだが、しかし、極端で困難だから取り下げよと言っているのではなく、そのよしあしを問題にしている。そしてよくないと言っているのだ。

3――人だけが、とならない

殺してならない、について、人間の動物・生物に対する行ないに限定することに正当性が得られれば、違ってはくるかもしれない。行なうべきことの範囲は大幅に狭まり、すべきことの量は少なくなるだろう。人間だからできる、せめて人間がする、というのは、わからないではない。しかし、そのことが言えるだろうか。

まずなされる主張の一つは、肉食は他に食べるもののないある種の動物については仕方がないが、他のものも食べることのできる人間にとっては必須ではない、だから食べる・殺すのをやめるべきだというものだ。人間にとって動物を食べることは、生きていくのに必須ではないというのは、そうだろう。ただ、猫にしても、どうしても小鳥を殺して食べないと生きていけないかといえば、そんなこともないだろう。さらに、猫だったら、食べないで殺すこともある。とくによいこととも思わないが、それをよくないことだとし、なすべきでないとし、そのようなことが起こらないようにするべきか。そんなことはないだろう、と前項で述べた。

次に、人間ならできるが、他の動物にはできないとは言えない。肉食の動物を、植物を食べるようにすることができることがある。あるいはそのような動物の性格・性質を変えることができることがある。実際、そのような方向に主張が行くこともある。そしてそれはまったく不可能というわけではない。このことも前項で述べた。

以上は、人間に限ればできるから、人間に限って殺生をやめようという主張の前段についての検討、そして否定だった。すると、動物に対する動物について、殺生・肉食をやめることが可能かどうか、やめさせることが妥当かどうかとは別に、そして、やめさせることは少なくとも部分的には可能だが、妥当ではないことを認めたうえで、人間だけがやめるべきだと言えるかである。たしかに、人間は、すべきことを理解し、それを実行することはできる。そして別のものを食べるようにすることができる。雑食動物である人間はその度合いがより高いとは言えるかもしれない。しかし、他の動物に対して（あまり）強く言えない（できないこと）を、人間に対して言えるだろうか。苦痛を与えることはよくないからやめようとは言えるし、それは理解できる主張だが、苦痛は与えるだろうが殺生全般を否定できない、否定すべきでないというのももっともだ。多くの人たちが両方のことを思っていると思うが、もっぱら前者を主張する人たちの主張を、すべての人間の行為全般について採用するべきだと言えるだろうか。

まず言われうるのは、人間はより高級・高等な存在であるから、というものだ。人間こそが模範を示すべきだとか、世界において支配的・指導的な立場にいるのだから、という理由づけは——そういう発想が根底にはあるのではないかと第1章（三四頁）に述べたのだが——実際に言葉にされることがあるようだ。[★11] ただ、そのような位置に自らを置くこと、その位置を得るため、あるいは維持するために殺生しないという構図を——「非人間中心主義」などと言うあなた方が受け入れるのか、と言いたくもなるが、それは控えることにしても、すくなくとも——自らは受け入れない、私はそんな存在でありたいわけではないと言って、その役割を受け入れないことはできるだろう。

また、世界の支配者として、支配者だからという発想はないとしても、例えば来世での救いを得ようとして肉食を避けるという仏教的な理路・実践の方向もまた理解できなくはない。しかし、そんなことをして自分によいことがあるという話を私は信じられないと返すこともできるし、またその教説は正しいのかもしれないが、自分は受け入れないと言う人もいるだろう。

さらにもっと日常の感覚として、苦を与えることを避けよう、それを行なうという心情もわかる。しかし、以上のすべてについて言えることは、それを人間全体の義務・規範とすることはできないだろうということだ。このことは、さしあたり規範を設定するその範囲は人・ヒトに限られることを認めたとしても、その限られた全体に及ぼすべき理由を見出せないのだから、言える。さらに、とくに人・ヒトという範疇を特権化するのはよくないという主張が、殺生を否定する人たちにあったのだが、その立場を採るなら、なおさら、人・ヒトの全体が、すくなくとも本来は、その規範に従うべきであるということはできないはずだとなる。

「すべての人間の」という条件が厳しすぎるのだと思う人はいるだろう。実際、自分は肉を食べないという人の多くは、そこまで大きなことを考えていない、言っていないだろうと思う。しかし、例えば「権利」とは、普通は、すべての人がその権利の実現を妨げない、あるいは実現のためにすべきことをする「義務」を負うことを指示するものなのだから、私（たち）が大げさな、きつすぎる条件を設定しているということにはならない。

では動物擁護の人たちから聞くことはないのか。そんなことはない。まず、人間の行なっているその殺生はあまりに大規模である。とくに大規模な工場のような場でのことも含めれば、苦痛を与えるのは、他の動物が行なっているように殺生の瞬間だけではないという指摘にはもっともなところがあると認めよう。そして一つ、やはりこれもよく指摘されるように、そのように殺すこと／殺されること、その手前のことのほとんどは、私たちのほとんどすべてが、見たり気にしたりすることなく、そこからすっかり逃れられている状況においてなされる。そのことを、まずいくらかは知るべきだというのももっともなことだ。関連してもう一つは、資源の問題とのかねあいだ。大量の餌を食べ、環境によくないものを、例えばそのげっぷにおいて二酸化炭素を排出しながら、食べ続けさせられて太った動物を食べるよりも、その手前の、餌とされる植物を食べたほうがよい。これもよく言われる。そして、こうした指摘については、実際にはどれほどのことか、いささかの実証的な猜疑心はあったほうがよいとは思うが、それでもおおむねもっともだと思う。本書の最後でもこのことは述べる。ただそのうえで、本章でここまで述べたことは否定できないはずだ。

2 それにしても

1 人はずっと間違えてきたと言える不思議

人を殺すべきでないことをまず言い、人を特別扱いするなと言い、「殺すな」を他の動物にも適用していくというのが、動物を擁護するという人たちの話の筋だった。しかし私たちは、殺して食べることが悪いことだとはしなかった。そのように考えるほうが普通のことだと私は思うのだが、ある種の人々はそのように考えないようなのだ。

次に、そのうえで、私は人を殺すことがよくないと主張することになる（本章第3節以降）。すると、やはり人・ヒトを特別扱いすることには違いないということになり、「種主義」でよくないなどと言われるのだろうか。そこで少し寄り道をし、確認をしておく。

「種（差別）主義」の定義やその問題を何とするのかは一様ではないようだが[★12]、批判する側の批判の主要なものは、種（差別）主義がただヒトという種を特別に扱っているだけで、その扱いが正当である根拠を示していないということのようだ。

しかし、「ただ特別に扱っていること」は、種主義の批判者についても言えるのではないか。このことを第1章に述べた。その人たちの側につけば、自分たちは理由を言っていると言うのだろう。知性・意識が、尊重されるべき立派な大切なものであると言っている。立派であるから、殺されてならない。あるいは殺されてならないほど立派だという。そのことを言っていることになる。（1）○は大切、（2）大切なものはなくしてならない（大切でないものはなくしてよい）、（3）○のあるものをなくしてならない（ないものはなくしてよい）。

とすると、（1）でどのようにどうして大切かを言っている、論理の階段の段数が一つ増えていると言い、種主義はそれを言っていないということになるか。しかし、わからない。○が大切なことは認めてもよいが、それを（たくさん）有さない存在を消去してよいという理由がわからない。あるいは、その理由は否定される。だから、有意な説明が付加されているとは判断できない。このように述べた。

その限りでは、批判の側が優位なわけではない、と私たちはまずは応じる。そのうえで、種主義の場合はヒトの尊重を言うだけで、そこで行き止まりだ、何も言っていないとする指摘に応じてみる。それが本書で以下、行なおうとすることでもある。

ただ、その前にやはり言っておく。人を特別扱いすることに特別の理由が必要なのだろうか。

動物は殺すことがあるが人間は殺さない。それは、おおむね、殺生することがよいことであるとは思わないとしても、これまで人々がずっと守るべきだとしてきたことである。そのことを新たに理論的に考えなおしてみると、これまでの人々の営為はじつは根本的に間違っていた、などということがあるのだろうか。二〇世紀の後半になって初めて、人は間違いに気づくといったことがあるのだろうか。

まず、その前段、前節で書いこと、動物は動物を、そして動物でもある人もまた、動物を食べてきた。肉食に関わる規範やその歴史はあって、それについて書いたものもある。[★13]鯨を食べることがとやかく言われることもあって、鯨を追って獲ってきたことについて書かれたものもある。[★14]肉食に関わる禁忌があることも知りながら、あるいはその実践を行ないながらも、別の動物は食べたり、食べている人たちがいることを知っている。何も難しいことは知らなくとも、動物が動物を食べていることは知っているし、人の営みもまたその一部としてあることも知っている。そして、そのうえで、後段、人殺しはよくない、ということに少なくともいちおうはなっている。

問いを考え始める前に思ってしまうと述べたのは、このことだ。それまで、全世界的に、間違えてきたといったことがあるのだろうか。第1章で、変わったことを主張するという人の言っていることは、じつはまったくこの時代・社会にあっては珍しくもないことだと述べたのだが、同時に、自分（たち）が言うまで、みなが間違っていたといったことがあると本当にこの人たちは思えているのだろうかというのが普通に不思議なのだ。

するると必ず言われるのが、しばらく前までは例えば人種主義は不当なことだとはされてこなかった。しかし、今はよくないことだとされている。それと同じだというのである。[★15]同じである可能性はある。ただ、前者が「ゆえない」（正当な根拠がない）扱いであると言えたとして、他方もそうであるかはまだ言えない――これからのことだ。加えれば、このような言い方には、次第に世界は開明の度合いを増していくという考えがあるように思われるのだが、人種主義はむしろ近代のものであるという理解にももっともなところはあり、常に「人種」の間に争いがあったわけでなく、少なくとも殺し合いに至るようなことはほぼなく、自発的でない場合も含め交配の現実もあったことも言えるだろう。とすると比較の対象、複数のものを同列に扱うその扱い方を間違えてはいないか。[★16]

そのように言っても、批判者たちは今までの道徳に対してもっと正しいものを提示していると言い続けるのだろうが、そして言うだけでなく、たぶん本当に思っているのだろうが、それは不思議だ。一つに道徳の進歩を信じているということか。私も進歩がないとは考えておらず、そして言葉の定義上、進歩はよいことだろう。ただ、ここで問われているのは生きていく際のとても基本的な規範だ。それが間違いであり、自分たちが正しい、と、その人たちは思えているのだろうか。やはり不思議だ。ただここでは平行線を辿るだけだろう。進むことにする。

2—種主義は人種主義ではない

次に、それにしても、ヒトだから殺さないという種主義はどのようによくないのか。ヒトであるから殺さないという主張に対して、知性があるから殺さないという主張は、知性がある存在は存在するべきであるという根拠があり、ヒト（の一部）にはそれがあるから、ヒト（の一部）は生かすべきという主張であり、他方で、ヒトであることには存在するべき根拠がない、というのだった。そうなのだろうか、が問いであり、第1章（二五頁）で検討した。

ただその前に一つ、種差別→人種差別という連想・連合があるのだろうと思う。「生物的なこと」で差をつけるのはよくない、人種差別主義と同じだからだめだと言うのだろうか。実際、そのようなことを言う人がいる。

障害をもった新生児の「安楽死」を論ずる著書の中でレイチェルズが言うのは、「尊重されねばならない」「特別の敬意を受ける」その集合の範囲を、ヒトという「種」とする理由を見つけにくいということである。例えばその集合を特定の人種としても論理としてはよく、とするとこの主張は人種主義を肯定してしまうことにさえなるのではないか。レイチェルズは、「ある集合に属するものたちがその集合に属するものを尊重するのは正当な行ないだ」というノージック[★17]の提案を引用する（訳文は Rachels［1986 = 1991: 139–140］による[★18]）。

普通の人間の特性（理性を持ち、自律的であり、内面的に豊かな生活を送る、等）は、ケンタウルス座の主星の住人を含むすべての人によって尊重されねばならない。しかしおそらく、もっとも重度の知恵遅れの人さえ持つような、単に人間であるという種としての裸の特性が、他の人間からだけ特別の敬意を受けるということが分かるであろう。このことは、いかなる種の一員も他の種の一員にたいしてよりも自分の仲間を重視するのが正当であるという一般的原則の一適用例である。ライオンの場合でも、もしライオンが道徳的主体であるなら、そのときには他のライオンの利害を最優先したからといって、批判されることはないであろう。（Nozick［1983］）

それに対してレイチェルズが言う。

例えば、われわれの人種に属している者にたいして特別な考慮を払うことは正当化されると提案されたとしよう。そういう提案にたいしては、拒否するのが正しいであろう。しかし、それはなぜなのか。それにたいしては、他の人種に属する者もわれわれと同じように理性的で、自律的で、内面的に豊かな心理生活を営むのであり、したがって、彼らを同等の配慮を払って扱うべきと言われるであろう。ところが、ノージック主義者によれば、こういった考え方はただ「ケンタウルス座の主星の住人」がわれわれとの関係において位置づけられるように、われわれを他の人種との関係において位置づけるにすぎない。つまり、われわれはその住人たちが持たない特別な関係をわれわれと同じ人種の一員にたいしては持っているのだから、その住人たちにはそうすべき理由がないにしても、われわれが同じ人種の者を特別に扱うことは正当なことであろう。だが、こういった考え方が人種に関しては拒否されるなら、種に関してもそれを受け入れなければならない正当な理由はないと私には思われる。(問題は、ノージックが人種差別主義者であるということではない。実際、彼はそうではない。問題なのは、種に基づく差別を正当化しようとするときに、もしそれが認められるなら、人種差別をも正当化するような議論を不注意にも彼が行ったということなのである。)(Rachels [1986 = 1991: 140–141])

私はこの種の論に応じることができると考える。

まず生物(学)的な差によって区別し差別するのがよくないという主張であるとして、人種というものが生物的な差であると言えるものなのか。私はよく知らないが、すくなくともたいした差はないと言えるはずだ。ただ、ここでは、それが生物的な差であることを認めることにしよう。そして人種主義はよくないことも認める。そして人・ヒトという範疇が生物的な範疇であることも認めるとしよう。しかし以上からは、生物的・物理的・外見的…区分自体がよくないということにはならない。そして、人・ヒトとそれ以外という生物的な区分自体がよくないということにもならない。

するとと残るのは、種主義が人種主義を帰結する、あるいはそこまで言わないとしても、それを増進させる方向に作用するのでよくないという主張の可能性だ。しかし、種主義は、むしろ逆に、人種という区画を重要なものとしていないと見ることができるはずだ。むしろ、種主義は積極的に人種主義を否定すると言ってよい。そのように考えるほうが普通の考えではないか。まったく通俗的な標語として「人類はみな兄弟」という標語がある。私はその方向で考えていけばよいと思っている。人種主義が人類のなかに境界を引き差別する営みであるなら、種主義はそれを否定している。[19]

知性や理性については、よい／よくないが言えるということだった。その属性を基準に採っていくと、それを（十分に）有さない人・ヒトが除外されるという。それに対して私は、知性等が（ときに）よいものであることを認めないわけではないが、選別するほどのものではないと述べた。[20] ヒトという境界についてはどうだろうか。生物的なもの、外見的なものを持ち出すこと自体がよくないわけではない。ならば、そこに意味があればよいということだろう。これから四つあるいは三つのことを言う。

3 食べるために殺すのでない人間は殺してならないことにする

1 ― 予告

本書で言う第一のこと（Ⅰ）は、それを次項で述べるのだが、人・ヒトはたいした理由でもない理由で殺し合ってしまうので、それはよしにしようということだ。その集団は人・ヒトの集団ということになる。そこには、第1章にみたような人たちが肯定的に評価した知性や理性が関わっている。殺される側はともかく、殺す側はそのような性能を有している。そういうことをしそうな集団として人・ヒトを指定することに問題はない、意味があるということになる。

第二のもの（Ⅱ）は、次節（一〇七頁）で述べることだが、人が人を産む、人から生まれたものが人だという契機だ。この時私たちは、遺伝子のことなど、そんなものを知らなかった長い時期も含め、意識しているわけではないが、その範囲は、事実上、ヒトに限定されることになる。そのように存在するものを否定できないという感覚はあり、その感覚を規範として採用してよい。否定できないという感覚が他の生物にも及ぶことがあることは否定しない。しかし、なかでも否定できない存在（Ⅱ）を、つまらない、人間的理由によって殺すのはやめよう（Ⅰ）ということ（Ⅰ＋Ⅱ）になるから、ヒトに限定した殺さない（殺し合わない）は認められてよい。人・ヒトは、殺しにくい存在だが、ゆえに殺すことに価値が与えられる。人・ヒトは、同類であり生殖・繁殖可能であるがゆえに、人間的な理由によって、ときに殺害の対象になる。まったく別の種類の生物と思われていることもないではないかもしれないが、十分に軽蔑し「もの扱い」しているとしても、しかし、大きくは同種・同類であることを知っており、むしろそのために、殺してしまう相手として人・ヒトがいる。だからこそ禁じることにしようということだ。人種主義の否定もまた、その内部での争い、差別を抑止しようという主張である。種主義も、私たちが支持する限りでのそれは、また同じ主張を行なう。

そして第3章では、その存在における世界があること（Ⅲ）、死への恐怖（Ⅳ）があることが、その尊重を否定できない理由として加わることを述べる。ⅢはⅡに付随して現れるものでもあって、人が人について思うことではあるが、別の生物にもあるとは言えよう。そして幸いにも多くの生物にはなさそうな恐怖を、人は、ヒトとして有している才能によって抱いてしまうが、これもいくらかの生物にはあるのだろう。ただ、Ⅲ・Ⅳは、Ⅰ・Ⅱに付加され、人・ヒトを殺してしまう理由であるとともに、人を殺さないそのわけを補強するものでもあって、人・ヒトを優先することを認めながら、殺さないことが他の生物に及ばされることとは矛盾しない。

2―1：食べるために殺すのでない人間は殺してならないことにする

生物全般について、摂取・摂食すること、殺生することの全般をやめることにしようとは言わないことを前節（九〇頁）で述べた。とするとむしろ、「殺すな」のほうが正当化されにくい規範であるということになる。人が人を殺すことだってわるいこととは言えないのではないかと問われる。それに応える。

一つ、間違った（と私が思う）理路にはまってしまうとよくないと思う。その道筋は以下のようなものだ。殺してならないとは言えない、とすると、人を殺してはいけないとも言えない、ということになり、人命の相対主義に行ってしまう、ように思える。そこで、それを避けようとすると、どうなるか。一つには、人のもつ特性を持ち出して、人はそうした特性をもつから特別扱いしてよいという話にすることだ。するとその特性をもたない、すくなくともたくさんはもたない人がいるから、その人は除外される。他方で、そうした特性をもつ人・ヒト以外のものが入れられることになる。つまり、なんのことはない、本書が前の章で相手にした最初の話に戻ることになるのだ。このように考えるのはよくないと私は述べた。この道はとらないし、とる必要がない。このことが言いたいことだった。ではやはり（あらゆる）生命尊重主義に行くか。しかしそれは無理だといま述べた。

すると行き止まりになるか。そうでもないだろうというのが私の考えだ。そのことを、これから述べる。いくつかのこと、複数のことを述べる。そのうちの一つだけで十分にはならない。そして、そのいくつかには、今まで言われてきたことに近い部分もある。ただそのことは、論理的に矛盾しているということでも、言葉にできないということでもない。

まず、生物が生物を殺生していることを認める、のであれば、人による人の殺生を認めることになるはずだ、とはじつは言えない。他の生物は、自分が生きるために他の生物を摂取し殺生する。他の食物でも代替できると言える場合はあるとしても、このことは、そのように暮らしていることを否定するものではない。そのことを認めるしかないだろうと前節で述べたのだった。

次に、このことについてこれから述べていくことになるのだが、人が人（だけ）を殺さないことを主張することはとても難しいと思われているようだ。しかしそうだろうか。言えるはずだと述べる。このように考えていく。一つの答があるというわけではない。そして、その一つひとつは誰でも思うようなことであり知っていることだと私は思うのだが、それが言われることはあまりない。不思議だと思いながら、並べていく。

人は人を殺すが、それはほとんどの場合、生きようとして食べるためではない。食べようと思ったり、食べてしまったりするのは、雪山に飛行機が落ちて何人かが助かったが人間の他に食べるものがなくなったといった場合に限られる。★21 そんな時には、よいことだとは言えないだろうし、なにより本人たちがよいことだと思っていないだろうが、その肉を食べても仕方がないだろう。多くは死んだ人の肉を食うのだが、本当に殺して食べないと死んでしまうなら、殺しても、殺したこと、そして食べたことを責めることはできない。しかし、そうした状況は、皆無にすることはできなくても、極少にすることができる。

人が人を殺すのは、ほとんどすべての場合、そのような水準のできごとではない。食物として入り用だからではない。別の理由、明らかに人間的な理由からである。

生きるためではある場合があるとしても、それは生きるためにその相手を食べるためではない。カニバリズムは様々に言われてきたことでもあり、実際になされることもあってきたが、それも腹が減ったので食用にしよう、というのとはたいがい異なる。★22 まず、殺すことは、怒りや怨恨から、そして土地や財を奪うに際してのことであり、そして攻撃から逃れるためのことだ。動物たちにおいても同じ種の中で争いが起こり、殺すことがなくはないようだ。ただ、たいがいは殺害に至るまでのことにはならない。それに対して、人は知性を有し、記憶と感情を持続させることができ、計画を立てることができる。なにより、人を使い、技術を使うことができる。

たいがいは他に方法がないのではない。すくなくともそれを回避できる状態を実現することはできる。しかし、自分たちのために、護るために、より豊かになるために、戦って殺す。

それは、殺して食べるのと同じほどよいことであるとは言えない。そのことについていろいろなことが言われうるし、実際言われてきたし、その多くは当たっている。殺害は殺害を拡大させてきた。恐怖や憎しみ、のようなものによって殺すことは人間に限らないかもしれない。しかし、正しいことのために殺すことをするのは、人間に限られるようだ。それで、もっと殺すことが多くなる。

そして人間は殺害のための種々の手段をもち、大規模な殺害をすることができ、実際、殺害は大規模になされてきた。それは前世紀からさらに顕著なことになっている。これは明らかに人がもってしまった才能によるものだ。

個別の行ないでなく、自らの身体を使った行ないとしてではなく、他人（たち）に指図して、指図された人（たち）が行なう。あるいは機械が行なう。それは他の生物や無機物や地球全体にも向かいうるし、実際向かっているのだが、多く人間に向けられた。直接性といったものが常によいなどということはない。ただ、人は人に面してしまうと、あるいはその人の顔を見てしまうと、ためらってしまうことはある。[★23] そのような条件・制約のもとでそれでも時に行なっているのだが、その抑制が利かなくなる。そのことを命じる人は実際に殺すのではないから、その負荷は少ない。他方、実際に行なう人は命じられて行なうのだから、やはりいくらか負荷が少なくなる。結果、一人が一人で一生に殺せる数よりもずっと多い人たちが殺された。[★24] 人は、人を殺すことを、行なおうと思えば、大規模に行なうことができるし、実際行なってきた。そこで容易さと規模が拡大した。

モノのように、という言われ方がある。たしかに、とくに戦争などの死の前後の扱いにはそんなところがある。ただ、人が人であることが顧慮されないから殺されるのではない。多く、そのことを真剣に受け止めるとやりにくくはなるから、そのようなことを考えたりはしないが、しかし、人は死を避けようとするから、その恐怖を利用して、統制する。応報や防衛のために実際に殺すこともある。後で恐怖のことを言うが、功利主義者と同様、私たちも恐怖は計算したほうがよいとする。人は、その恐怖を利用して、得たいものを得ようとして、恐怖を与えることを行なってきた。そして、嘘だとわかると効かないから、実際に恐怖される死を与える。

それを認めてよいかということだ。そのことの全体についてここで論じるつもりはない。やむをえない、さらに正しいと思える場合もあるだろう。だが、同時に多くの場合、そこまでのことはせずにすむ。そのすべての場合にだめだと言えるかという問いはある。すぐに思いつくのは、人が殺される・死ぬのはよくないとしたうえでのことだが、ある人物をそのまま生きさせると多くの人が死んでしまう、それを回避する緊急のいたしかたないこととして殺す、暗殺するといった場合だ。私はそんな場合がありうると思う。「ほんとうに正しい」ことのために人を殺してはならないのかについては、よい場合がある、という答えはあるだろう。ただ、そうして認めると、やむをえぬとされる場合・対象は広がっていくだろう。また、特定の人間を殺すことがどれほど効果的であるかということもある。[25]だからといって、常にどうしても殺すのがだめだとはならないとしても、基本的にはだめ、とはやはり言えるだろう。ただ、そんな場合のほうがずっと少ない。かなりまじめに正当化しうるとされてなされた殺害にしても、後で、どれだけの意味があったかと思われることは多い。

そしてもっとやっかいなのは、正しいとされる場面だ。今どき、戦争がよいことであると言う人は少ない。基本的にはよくないことではある、しかし、ときにはやむえないという具合に言われる。ただ、さらに、この時代・社会において、よくないことだとされないことがある。自分を殺すにせよ他人を殺すにせよ、正しいと言われたり、否定できないと思える場合だ。そこにはシンガーたちがあげる理由もある。本書と同じ時期に文庫となった『良い死／唯の生』（立岩［2022c］）で考えた安楽死・尊厳死と呼ばれるものはそうした死だ。[26]快や苦はたしかに大きな部分を占めるが、それでも身体の苦しいことによる死への傾動が、観念としての死の恐怖に勝ることは少ない。しかし、生きるに値するとされるものをもたなくなることへの恐怖が、死の恐怖に勝ることはある。さらに、死ぬことを立派に果たすことがよいことだと思い、死のうとする人たちがいる。そんな人たちには死ぬことはないと言う。それは、生きている人たちのためにもよくない。人間的なものを大きく持ち上げることによって、そこから外れる存在が否定される。

死や殺害を生物のほうに引き寄せて正当化する人たちもいる。「淘汰」は生物界の摂理であるといった主張をする人たちがいる。さらに、それこそが「進化」のための行ないであるからと言う人たちもいる。これもまた、長いことある人々が主張してきたことだし、それを理由に実際に行なわれてきたことでもある。このことは『私的所有論』でいくらか書き、そして別の短い本で書こうと思うが、優生学とはそんな営みだった[★27]。それは、技術を用い、進化を早めようとした。また人間社会において弱者が救済されること等によって人間が退化してしまうことが恐れられ、それを防ごうとした。それで、最も野蛮な方法としては殺害が、そして生殖を制限することがなされた。

それはまず、遺伝その他についての間違った知識による行ないだった。例えば日本人も含め黄色い皮膚の人たちがとくに「劣等」であるという事実・根拠はないのだが、劣等であることにされて、移民の制限など様々が行なわれた。人間以外の生物はそんなことを考えず、だから間違いをしないし、それを行なうための手段も有していない。では間違っていなければよかったのか。本当に優秀な人の集団というものが存在するなら、社会の発展のために、その集団に属する人の数（の割当）を増やすのがよいのか。「発展」は言葉の定義上よいことだが、そんなことをしてまでするべきことかと考えたらよい。自分自身については勝手にすればと放っておくとしても、この行ないは他の存在のあり方を決めるという行ないであるから、それは認めないとする。

4 人の特別扱いについて

1 ‖∵人のもとに生まれ育つ人であることを受け止める人

食べるために殺すことは認めたが、人が人を殺すことはそういう殺しではない。そうした死については認めないとした。その範囲がヒトとなること、そして事実として、また規範として、殺さないが初期値とされることについて。他の種の生物についてもおおむね同じ種のものは殺さないようであり、そこには「本能」があると言われても、とくに否定はしない。ただ、生きている間の経験としても、殺しにくいというできごとはあると言えそうだ。それは食用に殺さないことの理由にもなり、実際にはおおいに殺しているが、基本は殺さないでおこうということになっている。

『私的所有論』、第5章「線引き問題という問題」の第3節は「人間／非人間という境界」とした。そこでは、みながではないとしても、多くの人がヒト＝人を特別に扱ってよいと思っているとして、思う前にそのように行動しているとして、それはどのようなところに発するのかと考えた。そこに述べたことを繰り返しながら、いくらかを足す。

「種」では根拠が脆弱だ、とすると「性質」にしかないではないか、「生命倫理学」においてはそのように論が運ばれる。

しかし、正当化の理由になるかどうか、それはまずは措くとして、境界はある。人は人から生まれる、人は人以外のものを生まない。人から生まれるものが人であり、そうでないものが人ではない。他にはどんな違いもないとしても、これだけの違いはある[★28]。

まず、ひとりから生まれる者がいる。産む者がその生まれる過程を体験し、知るようになる。その者を実際にこの世に迎えるかについて、いくらかの手間がかけられ、なかったことにされることもままあるが、そんな場合でも、そこに、そのままなら子が現れるとは思われている。産む者はそれを次第に経験する。

これはまずまったくその都度の個別のできごとではある。ただその都度のことは、個別に、しかし私の個別性を超えることとして起こる。つまり、身体の一部であるようなものが、私でない存在となる。そのことが経験される。

そして普通には、性的交渉があって子が生まれることが、知られている。その相手が「仲間」であるかについてはときに疑義が生じたり、否定されたりするが、そんな場合でも、子の現れに関わる存在であることは知られている。そしてこの場合に、そこに生まれる存在がまず、他の子とだいたい同じく、子であることは認識され知られている。相手が敵である等の理由で子が殺されることはあるが、それは例えば、生き続けたら災厄をもたらすかもしれない存在・人とされるからだ。

そして、これらは、多くの場合に、周囲の者たちによっても知られ、経験されている。産んで、生まれた人がそうして生まれた人であることは、この過程を周囲は直接に間接に見ていて、知っている。その存在が子とされる。子を産むことにおいて、その過程を知ることにおいて、そして、その都度知るという過程が重なりあって、人々は子を知っている。そのように、そのこととの重なりが知られる。周囲が経験する。関係から普遍のほうに行く道筋がここにはある。

遺伝子のことなど何もわかっていないとしても、そうした知識とは別に、性、生殖という世界があることを人は知っている。おおむね同じものの間において生殖が成立していることは知られている。すると、生物としての交配の可能性／不可能性が事実として付随し、そこに生まれてくる者が、そこに関わった者たちの範囲が縁取られるということである。仮に異星人か誰かとの性交渉が可能になって、あるいは神様から授かって、子が生まれたとしたら、それは子として受け取られるだろう。

以上はまず事実であるが、その事実の過程において、その事実は規範的な事実として作動する。つまりその存在が、殺せない存在として受け止められる過程がある。みなが一致していないとしても、そしてだんだんと、ということであるだろうが、その生存を止めるには、理由・事情がいるという程度のことにおいて、その者は生きることが想定されている。それは私、また私たちが思うという事実ではあるが、その事実にはそうせざるをえないという程度の規範性が作動している。私（たち）が決めることのできないことが現れるというように経験される。その規範を否定するには事情や理由が付され、次に、その妥当性が問われるという順番になっている。

それは、近さの感覚と別のものではないとしても、それだけではない。むしろ近くにあることによって、別の存在であることを感じる。そしてそのことは、遠くにいる人も、近くにいる子たちと同じく遇するべきことを指示する。これは今述べた、生まれたり育ったりということに関わり、事実でしかないともいえようが、事実ではある。

いくらも例外的なことがあるとしても、基本はそうなっている。そのことはまず尊重されるべきだとされる。それが基本的な規範としてあり、それが承認される。それ以上のことを言う必要があるのかということだ。それであえて言葉を加えるなら、こうして、人々の中にそう簡単に殺せないように思う過程がある時に、その思いは尊重されるべきだという規範があるということだ。さらに加えれば、そのうえで、それでも殺したり、殺すのが仕方がないという時には、その事情のほうを考え、その事情をなくしたり軽くする手立てがないものかと考えるべきだ、そうされているということだ。

「そんなことはない」と主張することは、どんな主張も行なうことができるのだから、できる。そして、とくに技術の進展があって、この世に現させるのかどうかという選別が、述べてきた過程の手前に置かれることはあるのだから、時間的な順序の問題ではない。答えは決まらないと言い続けることは、いつも可能なように、可能だ。しかし、ここに基本的な規範がある、そのうえでの選択についてはその後に議論されるものだと、なお主張することはできるし、そのほうが妥当だと考える。

また、私が世話するものは人間以外にも猫や犬といろいろとあるはずで、そうするとそれらは皆、人間＝殺してはならないものということになるではないか、と言う者もいるだろう。たしかに育てるものは他にもある。そして育てていると情が出てきて、殺せないし、殺したら復讐されるかもしれないし、手術につれていったり、葬式をしたりする。そういう存在が他の人によって害されてはならないとは言えるだろう。ただ人が産んで、人が生まれて育てているのと、人が産んだのではないのと、まったく単純素朴な違いもまた認識されており、両者の間に差別をする。それは認められてよいと思われている。

そして、犬も犬を、猫も猫を、産み育てる、世話をすることを指摘する者もいるかもしれない。たしかに、犬も子犬を育てるし、猫も子猫を育てる。犬が犬の子を育てているのを見ると、感情が動かされたりはする。ただ、ここでその経験をしている人は、人・ヒトの集合に属する。その集合の内部で起こることと、それとまったく同様のできごとがその隣で起こっていることとは区別される。その区別の事実については同意されるだろう。そして、「せめて」、さきに述べたような事情のもとにある集合内については、その「初期値」としては

「保全」することが認められてよいだろう。

ある存在が他者Bであるという経験が現れるのは私においてだと、私においてでしかないと述べた。子は、私が関わっていながら、私を超えるように現れる。その子に対する私の関わりとは、私を超えるように現れる、独立してあることになることを予感しつつ、あるいはそのことを感じながら、そのことに私が関わっているというようなあり方である。

その存在に対してだけ向けられたものではないとしても、そのような現れ方にそのようにAが関われるのは、また事実関わっているのは、人の、というよりA（たち）の子の場合だけである。AからBが生まれる、BがAのもとに現れる。そしてAがBの生存を受け止める。そのAにおいて、Bが生まれることとBが他者であることとは等しい事態ではないにしても、つながってはいる。

そのように経験するAを、殺す存在と殺さない存在との境界について争う相手として、私たちは認めている。AのBに対する感覚、Bが生存者として、殺せない存在として現れることを受け止めているという関わりがあることを認めている。倫理を云々するのは私たちでしかないというその私たちの中に、Bに対するAの関わり方があり、そのような関わり方をしているAがいる。この時に、私たちはBを殺せない存在として認める、認めざるをえないものとして認めると言えないだろうか。

このように見た場合に、人において子が現れることと、猫の子が猫のもとに現れること、この二つの事態は、その人、その人を含む私たちにおいて異なっている。他の生物に対する感覚と決定的に異なるとは言えないかもしれない。しかし違いはある。それは犬を殺せないという感覚とは違っている。

短く繰り返す。人は人を産む。人は人から生まれる。生まれるものがどんな存在であっても、さしあたり現在、人が人から生まれることは事実である。殺し難いものとして現れてくる過程がそこに、その都度ある、その反復には外延があって、境界がある。それはまず事実である。しかしその事実は既に「べき」を含む事実である。あるいは、その事実が尊重されるべきだという規範があると言ってよい。

法哲学者の井上達夫[★29]の文章から。

生存資格無用論〔…〕の立場を貫徹させるならば、あらゆる生命を平等に尊重しなければならないことになるが、実際にはこの立場にたつ人々も、ヒトの生命とヒト以外の生物の生命とを差別的に取り扱っている。（井上［1987: 49-50］）

井上はこの差別を正当化するために、ヒトのみがもつ重要な特質をあげるなら、いったん否定した生存資格の観念を復活させることになり、他方で、ヒトという種の同一性に訴えかけることにも問題があるとする。

例えば、染色体異常の障害者に対してきわめて残酷なヒトの生物学的定義が与えられる恐れはないか。〔…〕さらに、この立場は人類エゴイズムの誇りを免れない。（井上［1987：50］）

出されているのは同じ問いであり、そして井上自身による答えは与えられていない。私が本章に記した「答え」は、「人類エゴイズムの誇りを免れない」ものではあるけれども、ダウン症等の染色体異常の人が人の範疇から除かれることにはならない。言うまでもなく、ダウン症のヒトもヒトから生まれたからである。

2 ― 私たちの事実だから／だが私たちを超えたものとする

そして、このこと＝Ⅱ：人のもとに生まれ育つ人であることを受け止めることと、第3章で述べること＝Ⅲ：その存在から開けている世界がある限り、そのことを尊重せざるをえないという態度とはまったく別のものではない。というか、現実には二つの契機が連続して、合わさって存在している。人は様々なものを身体から分離し、排泄するのではあるが、その中で、生まれてくる人が、内部を有した存在、世界を有した存在として現れることを強く感じてしまう。そうなると、そう手荒には扱いにくい。それは人々の経験により多く合致しているとは言える。

村瀬学の文章をかつて引用した[★30]。村瀬は第4章(二一六頁)で言及する吉本隆明の影響を受けて書き始め、書き続けてきた人でもある。

はじめに「人間」の定義があって、そういう「人間」の世話をしてきたのではなく、世話をすることによってはじめて生じる「内部」があったと理解すべきなのであろう。そこで生じる「内部」こそが「倫理」だったのだと私は思う。(村瀬[1985→1991:184-185])

この文章を批判するのはひとまず簡単だ。というか、それは第1章に紹介したような論の様式からすれば、論の形式をそなえていないと言われる。しかしこの文章は何かを述べていると思う。その存在に対する行ない、その存在についての経験があること、このことが、人が人であること、すなわちその存在を奪えない存在だと思うことに関係するようだということである。

すると、世話をすることでその存在が人間であるという意識＝殺さないという意識が生ずると言うが、世話をするという行ない自体が、その存在を人間＝殺すべきでない存在と認めているうえではじめてなりたつはずだ、と言う者がいるだろう。

しかし、すくなくとも現実には、規範があって、それを知りそれに従うという順序でだけことが起こるわけではない。そして、よいか悪いかわからないまま、というかそんなことを考えたりしないまま、関わっていって、そうした過程の後で、例えば手にかけられないと思うことはある。

そして第二に、個別の関係においては、育てるという行為が育てるという決定に先行することがある。しかし、私が私とその直接の子とだけ生きているのではないという単純な事実があり、生の過程で様々な人の生と生への関わりに関わるという事実がある。また、関わってしまうということがある。それが、育つ／育てることのほうぼうにあり、その累積がある。そうしたことの中で、世話することがまた行なわれるということだ。

こうしたことの「本体」が何であるのか。「本能」によってそのことを説明したい人はすればよい。どのようにしてその説明の妥当性が言えるのかという疑問はあるが、否定はしない。ただ、おおむね同類を殺さない、殺せないことを本能であると言えたとして、他方で、たまに、そして人間の場合にはとても頻繁に、殺すこともある。そちらは何なのか。「進化」のための淘汰であると言う人たちもいる。そんなことで進化するのかという問いもあるが、それはここでは措く。進化することもあるとしよう。そちらのほうに向かおうとする人間の傾性といったものも「もともと」あると言って言えなくはない。それは「もともと」あるとも、進化した「後」に現れるものであるとも言える。いずれなのか決まらないだろう。そして、前者であるからよいとも、後者であるからよいとも言えない。

そうすると、「結果」「効果」が問題にされる。あるいは「進化」といった言葉自体が、結果・帰結としてより望ましいことを意味するものとして使われる。そして私たちは、例えばその集団の生存率が上がるとか、平均して生存する時間が長くなるとかいったことがよいことであることを否定する必要はない。しかし、そのために払うもの、失われるものがどれほどかを考えればよい。殺さないことを選ぶなら、そのよいことが実現する速度が、もしかしたら遅くなるかもしれない。しかし、それを行なうのがよいかということだ。そんなことをする必要がない、しないほうがよいと思うことに結びつくできごとがある、そちらを選ぼうという事実があり、それを選ぶと、それが規範となる。

事実から規範は生じないというのが常套句だ。そのことは私自身も幾度も言ってきた。ただそれは今述べたように、よしあしが定まっていない事実をもってきて、よいとかわるいとか言ってしまってはならない、もう言ってしまっているというつもりになってはならないという当たり前のことを言う時のことだ。殺してしまってよいと思えない（思えなくなる）という「事実」と、殺してならないという「規範」があることとはつながっている。それが社会的規範として認められることはまた別だが、そうされることもあり、実際ほぼそうされている。それに異論は、なんに対しても異論を言うことはできるのだから、言えるが、否定するべきでないと考える。

さきに言ったのは、個別の一つの私の経験の中に私を超えるところがあるということだった。そしてそれは一つの個別の関係だけのことではないとも述べた。個別の経験の中に、また個別のことの集まりのもとに、むしろ個別性を超えることが起こっている。それを否定する事情や思いもまたいくらもあるが、そのような事情は基本的には排することにしよう。そこでその水準に規範を置こうということだ。

なににせよ、みな私（たち）が思うことであり、思うことでしかない。これは否定のしようのないことだ。ただそのうえで、個々の存在に対してそのような気持ちになる、なることがある、ことと、その気持ちとは別に、しかじかしてはならない、とすることとは別のことだ。これは関係主義と普遍主義の問題だ。とくにこの国の人の中には、「天賦人権」だとか「道徳律」だとか、そういうことを言いたくない人がいる。今引いた村瀬もそういう種類の人かもしれない。ただ、その気分はひとまずわかるが、私の思いと別に、というところに規範があると考えるのは大切なことだと考える。そしてそれは具体的な個別の経験に現れるものでもある。このことを述べた。★31

3―照合してみる

殺すのがだめだと言えないと述べた。次に、しかし、もっぱら別の理由で人を殺す人について、その理由で殺すのはだめだから、人を殺してならないとした（Ⅰ）。そして、人が人を殺す理由であるとともに、殺しにくい理由について述べた（Ⅱ）。さらにⅢ・Ⅳを次の章で加える。

普通に考えると、そうなる、と私は思う。しかし、別の筋立てで考えるとそうはならないようだ。

伊勢田哲治の『動物からの倫理学入門』（伊勢田［2008］）は様々な説が紹介されており、とても有益な本だが、その本に紹介されたことのまとめのような部分は、以下のようになっている。

なぜ動物解放論はそんな影響力を持つのだろうか。特に本書の前半で詳しく述べたように、動物解放論の議論は、はじめて接したときには突拍子もなく感じるかもしれないが、論破しようとするとなかなか手強い。それは動物解放論がいくつかのかなり広く共有されている規範的判断や背景理論を組み合わせることで導き出せるものだからである。「倫理判断は普遍化可能である」「遺伝的差異自体は差別をする理由にはならない」「動物も人間と同じように苦しむ」「認知能力や契約能力など、動物と人間を区別する道徳的に重要な違いとされている違いは人間同士の間にも存在する（すなわち、限界事例の人たちが存在する）」「限界事例の人たちにも人権があり、危害を加えてはならない」、これらの組み合わせから容易に「動物にも「人権」があり、危害を加えてはならない」という結論が導ける。

この結論に反対しようとすると、前提のどれかを否定しなくてはならないが、ここに挙げられている規範的判断は、少なくとも現代市民社会に生きるわれわれにとっては抜きがたい確信となっているものであり、動物に権利を認めたくないばかりに少し修正しようとすると他のところに大きな影響が生じてしまう。「倫理判断は普遍化可能である」というのを否定すれば、人々が自分に都合のよいときだけ都合のよい規範を持ち出してもおとがめなしということになってしまう。「遺伝的差異自体は差別をする理由にはならない」というのを否定すると性別や肌の色による差別も認めることになってしまう。「動物も人間と同じように苦しむ」というのを否定すると、「自分以外の人も自分と同じように苦しむ」というのも否定せざるをえなくなる可能性が高い。「限界事例の人たちが存在する」というのを否定するのは明白なさまざまな事実に目をつぶることになってしまうだろう。「限界事例の人たちにも人権があり、危害を加えてはならない」というのを否定すると赤ん坊や知的障害者に危害を加えてもよいことになってしまう。動物に権利を認めないのはそれなりに覚悟が必要なことなのである。（伊勢田［2008：320–321］）[★32]

「倫理判断は普遍化可能である」＝A、「遺伝的差異自体は差別をする理由にはならない」＝B、「動物も人間と同じように苦しむ」＝C、「認知能力や契約能力など、動物と人間を区別する道徳的に重要な違いとされている違いは人間同士の間にも存在する（すなわち、限界事例の人たちが存在する）」＝D、「限界事例の人たちにも人権があり、危害を加えてはならない」＝E、としよう。

（すくなくともある部分の）動物には、人・ヒト（のある部分）と同程度のものはあり、同じものは同じに扱えという規範があるなら、動物にも認めることになる（A）という話だと思う。C：人間も苦しむ（から害してならない）のだが、苦しむのは他の動物もだから、動物も害してならない。また、D・E：高等でない（「限界事例」の）人たちにも人権を認めるなら、同等の動物にも権利を認めるべきだとする。こうして、（ある範囲の）人間を殺さない、ならば同じような性質をもっている動物も、ということになり、人間を優先する理由がうまく言えないのだと言う。しかしそういうことだろうか？

それに対して、私たちは、0：殺すこと（殺して食べること）は仕方がない、を最初に置いた。私たちは、生物が生物を殺してはならない（食べない）という主張を採らないとしたのだ。すると、その一部として人間が動物を殺すことも悪であるとはならない。ここまでは矛盾はない。一貫している。だからA：普遍化について問題はないことになる。

すると、今度は人間が人間を殺すことがいけないことが特別のことになり、人・ヒトを特別扱いすることになって、論として一貫しないということになるだろうか。つまり、問いは、生物全般において殺生を否定できないとして、そのうえで、せめて（人間が）人間を殺さないことにしよう、と言えるだろうかという問いだ。言えるだろうと答えた。

食べることに伴って殺すことと、人が人を殺すことと、その性格・理由が異なる。別の理由なのだから、0：食べることに伴い殺すことは否定しないが、Ⅰ：人が人を食べるために殺すのでないのに殺すことは否定される、という二者は、同じものは同じにという規範には抵触しないことになる。

次に、私たちのように考えない人たちが持ち出す、同じだから同じに、について。言われる一つが、C：人間も動物も苦しむから、動物も苦しめない殺さないという話だ。苦しむこと／苦しめることをよいことだとはしない。しかし、仕方がない、とした。それに対してすぐに言われる、人間についてはは動物を食べなくてもなんとかなるのだから、仕方なくはないという指摘についても、本章第1節（七四頁）で答えた。

もう一つが、D＋E：つまり利口でない人も殺さないのであれば、同程度の利口さ（以上）の動物も殺すべきでないという話だ。私たちも、死ぬ・殺されることの怖さは計算にいれるべきだと述べる（第3章・Ⅳ）。利口であるから怖い。その恐怖は考慮せざるをえないという意味において、大切なものであるとは考えていて、そのことを述べる。ただ私たちは、ある程度利口である存在であっても、殺して食べることはあると認める。同時に、利口さの度合いは殺す／殺さないの基準と考えないのだった。

そして、B：遺伝的な差異自体は、ほとんどの場合、なんにせよなにか「自体」がよしあしを示すことがないのと同じに、差別する理由にはならない、とは言えよう。ただ、Ⅱ：人＝ヒトから人＝ヒトが生まれる、このことは人間・社会的な理由によって殺す理由となるととともに、殺さない（殺しにくい）ことにも関係があるようだった。そしてそのことは規範として認められるだろうと述べた。そのことには意味がある、と少なくとも多くの人は――むろんなんでも認めないことはできるから、認めない人もいるとしても――思うだろう。するとそれは理由になっている。すると、結果として、境界線はヒト／ヒトでないという遺伝的な差異に沿って引かれることにもなる。

4―たしかに仕方のなさの度合いは連続的だが

まずはこんなところだと思う。ただ、一つ考えておくべきことが残る。「0：食べることに伴い殺すことは否定しないが、Ⅰ：人が人を食べるために殺すのでないのに殺すことは否定される、という二者は、同じものは同じにという規範には抵触しないことになる」と述べた。けれども、食べるのでないにしても、生きるために殺すのではある。とすれば、二者は連続的であって、そうはっきりとは分けられないのではないか。食べるために殺すことを認める（しかない）というのであれば、じかに食べるためでない場合にも殺してよい（場合がある）ことになるのではないか。説明を補うとしよう。

まず、連続的であること自体は認めよう。真に仕方なく生きるためには、というのと、じつはそれほど切羽つまってはいない、との間には様々な度合いがあり、連続的である。しかし、だから両者に違いがないとか、二つに振り分けることに意味がない、とは言えないのである。ここは間違いやすく、ゆえに、大切なところだ。このことは後で述べる。

次に、人から生まれたその人をなかなか殺せないということは事実として認めてもよいだろうし、どうやら人々はそれをかなり基本的な規範としているし、「直感」を大切にする人も、しぶしぶであっても、人の救命や延命を優先するその事実は認めるしかない、というのだった。それは人・ヒトの「特別扱い」ではあるが、それで（も）よいというのが、Ⅰで言ったことだ。そもそも、食べるために殺すことがよいと言ったのではない。生きるためには仕方のないことであって、生きることがよいとすれば、その限りでよいということになるということだった。その殺し難さは、人と人の間において強くなる。どうやらそれは、おおむね、事実のようだった。そしてそのことをそのまま「きまり」として認めてよいだろうとされているし、よいだろうとした。つまり、計測などはできないとしても、その殺すことの「よくなさ」はかなり強いものであるということだ。とすると、人が人を殺すことは、たいがい、あるいはほとんど、さらに基本的には全部、だめとしてよく、殺しても「仕方がない」というのは「よほどのこと」ということになる。そして、それでも殺したい（あるいは自分で死にたい）その要因・事情は、多くの場合、完全になくすことはできないとしても、減らすことはできるし、その仕方なさは、食べるものがなさすぎて人を食べるしかない（その場合には責められない）といった極限的な状況も含めて、人が作ったもの、すくなくとも人が減らせるものだ。だから、やはり殺すことはしないことにしようというのである。また、人が死ぬのを手伝う前にその人が死にたくなるような事情を減らそうというのである。だから、以上に矛盾はない。

そして、連続的であることと、はっきりさせることについて、もう一つのことを確認する。さきに述べたのは（一〇八頁）、具体的・個別的な関係において人が現れる（生まれる・産まれる）ことと、その人が、一人ひとりの（例えば親）の恣意に左右されてならない存在として現れることとは矛盾しない、むしろつながっていることだった。もう一つというのは、そのことと関係しつつ、現実が連続的であることと、しかしきまりははっきりさせることの関係のことだ。たしかに仕方のなさは連続的だ。個別に見ていけば、様々な殺しに様々な事情はあり、事情の斟酌の余地とその度合いがあるとは言えよう。しかし、それをそのままにしておくと、様々が「ずぶずぶ」になってしまう。だからこそ、無理やりにも、「だめ」ということにするということだ。人と人でない動物の間にしても連続的であるのは間違いないのだが、しかしだからこそ、人については「だめ」ということにしようというのだ。「線引き」とはこういう行ないである（一一一頁）。私たちは、ときに、連続的だからどこかに線を入れるのは困難だ、無理だ、だからやめようなどと思ってしまい、言ってしまう。しかしそれは逆なのである。連続的であるからこそ、いくらか恣意的であったとしても、きまりにする、線を引くのだ。

★1――生物や生態系について、環境について、生物多様性が大切であること、その根拠について、等、書かれたものは様々あるが、それらはとてもたくさんあるだろう。『私的所有論』第4章註6で環境倫理学、その議論における人間中心主義についての議論を紹介している（立岩［1997→2013a：284-287］）。そこからとくに大きな進展があったようには思えない。研究所のサイト（http://www.arsvi.com/）「内」を「生物多様性」で検索すると、『生物多様性という名の革命』（Takacs, David［1996＝2006］）、『生物多様性――「私」から考える進化・遺伝・生態系』（本川達雄［2015］）、『SDGsとESG時代の生物多様性・自然資本経営』（藤田香［2017］）、『〈正義〉の生物学――トキやパンダを絶滅から守るべきか』（山田俊弘［2020］）といった本が出てくる。

そして（おもには人による動物・人の）殺生に関わる本を序の註4（二一頁）に並べた。肉食の世界に対してものを言おうと思ってわざわざ本を書いたりするのだから、当然のことではあるが、これらの中で「倫理的ベジタリアン」を批判する立場をはっきりさせているのは『肉食の哲学』（Lestel［2011＝2020］）ぐらいのものだ。そこでこれから幾度か引用はするが、私の理解・主張との違いもまたある。引用するのはむしろそのことを示すためである。

他にやはり少なくはあるが、『ぼくらはそれでも肉を食う――人と動物の奇妙な関係』（Herzog［2010＝2011］）といった、人の動物・肉食に対する態度・行動はいろいろであって、一貫した立場をとろうなどとするとかえっておかしなことになるのだ、まずはその様々を記述してみせよう、といった姿勢で書かれている本もある。それはまずはまっとうな態度であると思う。ただ、そのうえで、本書はそれとも異なるように言おうとする。なお、それにしても、動物だの家畜だのといった主題・領域・業界には、いろいろと人が知らない様々の知識が開陳される、分厚い本が多いと感じる。「連中は肉を食べているからこんな厚い本が書けるんだ」といったことを言う人がかつてはいた。

★2――「世界中ほとんどの文化において植物はある種の感覚を持つと考えられており、とりわけシャーマニズムの文化では顕著だ。西洋でも、少なくともゲーテ以降には見られる考えである。興味深いこの現象は今日ますます研究が進んでおり、なかでも〔…〕」（Lestel［2011＝2020: 46］）

★3——そのHPには「Not Dead Yet（NDY・「まだ死んでない」）は、幇助された自殺と安楽死を合法化する運動に反対するために作られた、草の根の障害者の権利のためのグループです」とある。

『ALS』で以下のように記した。

「安楽死に反対する人たちは外国にはいないのかといえば、そんなことはない。そして反対者はカトリックなどの宗教的生命尊重主義者たちに限られるかと言えばそんなこともない。例えば米国には『まだ死んでない（Not Dead Yet）』（http://acils.com/NotDeadYet/）というホームページがあり、次のようなことが書いてある。《障害をもつアメリカ人は、あなた方の憐れみもいらないし、私たちを死に追いやる慈悲もいらない。私たちが欲しいのは自由だ。私たちが欲しいのは「生」だ。》また探してみると、「反安楽死国際機動部隊（International Anti-Euthanasia Task Force）」（http://www.iaetf.org/）などという組織もあるらしい（私のホームページですこし紹介している）。

こうした組織がどれほどの規模のものなのか、またどのくらいの影響力があるのか私は知らない。大きな組織だとは思えない。論文や書籍で紹介されているのを見たことはない（そんなわけで私は、二〇〇一年二月、NHK教育テレビ〈人間ゆうゆう〉の「安楽死法成立・あなたはどう考える」という回に呼んでもらった時、こうした組織のことを無理やり、短い時間に押し込んで話した）。ただ、生きたい人はどこにでもいるということだ。」（立岩［2004f: 341］）

ここで「私のホームページ」と述べているものは、現在は生存学研究所によって運営されている「arsvi.com」となっている。

★4——カリフォルニア・ブック賞（ノンフィクション部門）、『ニューヨーク・タイムズ』の10 Best Books of 2006、『ワシントン・ポスト』のTop 10 Best of 2006、等。

★5——前の註でも言及している『雑食動物のジレンマ』では、第17章が「動物を食べることの倫理」。(シンガー流の)動物擁護論に反駁しようとするが、反駁できず、しぶしぶ肉食を(一時期)断念するという筋になっている。

「動物もお互いを食べるからという論理に対して、擁護派は、シンプルで痛烈な答えを用意している。あなたは自然界の理法をもとにした倫理規範に従いたいのか、それなら殺人や強姦も自然ではないか。それに、人間は選ぶことができるではないか、と。人間は生きのびるためにほかの生物を殺す必要はない。肉食動物は殺さなければ生きることはできないが(わが家の猫オーディスを見てみれば、動物はただ殺す楽しみのために殺すこともあるようだが)。」(Pollan [2006 = 2009: 下119])

例えばこのようにして、この人は、反論しようとして、自分で負けて、負けを認め、しぶしぶ(しばらく)菜食することになるのだが、自ら簡単に負けを認める負け方には疑問がある。

まず、(人間的な意味合いにおける)殺人や強姦が、人間を別とした自然界に存在するのか知らない、むしろ、ないと言ってよいと思うと返すこともできる。また、どんな時にでも私たちは常に、例えば物理法則には従っているとも言える。だが、これはまじめな反論ではないということになるだろう。もっとまじめに返すことにする。私たちは、世界に存在するすべてをそのまま肯定するわけではない。しかし、そのある部分についてはそれを否定しないもっともな理由があると考える。そのことを本文に述べる。もう一つ、人間は肉を食べなくても生きていける(から食べるべきでない)という主張についても本文(八五頁)で述べる。

動物が動物を殺して食べていることについて、いくつか引いておく。

「動物倫理に立ち入り、動物実験やベジタリアニズムについて考えていくとき、いつも疑問として湧出してしまう問題がある。それは、野生動物たち同士の食いつ食われつの殺し合いについてである。確かに、動物倫理の議論でもこのことは触れられるが、隔靴掻痒の感を免れない。というのも、一方で動物実験や肉食を論じる文脈で「動物への配慮」が言挙げされ、そこでは動物の「パーソン性」さえ言い立てられるときがあるのに対して、動物同士の殺し合いに対しては、人間に害が及ばない限り、自然の営みなのだからそのまま放任するしかない、という論調になってしまって、動物の「パーソン性」を認めることによって当然帰結するはずの動物に対する責任帰属という主題がいつも素通りされてしまっているように感じられるからである。」（一ノ瀬［2011: 150–151］）

「介入派」としてマーサ・ヌスバウムをあげる浅野幸治による引用。

「痛みをともなう拷問によるガゼルの死は、ガゼルにとっては、拷問が虎によってなされた場合でも人間によってなされた場合でも、同じように邪である。〔…〕人間には虎によるガゼルの死を防ぐための（人間によるガゼルの死を防ぐのと同様の）理由がたしかにあるということが示唆される。」（Nussbaum［2006＝2012: 274–275］、浅野［2021b: 8］に引用）

この論文で浅野は、動物界への人間の介入を否定する動物権利論主流派の論と、ヌスバウムも含む介入派の論を紹介し、論じている。ここでは、そのうえでも私が本文に述べることを撤回する必要はなかったとだけ記しておく。

また、右に引用した文章を二〇一一年に書いた一ノ瀬正樹は、二〇二二年に「かくのごとく、動物をどう見るか、肉食をどう考えるか、そうした問題はあまりに錯綜し混迷をきわめ、大きな揺らぎのもとにあり、一義的な見解を述べることは困難である」と書き、「動物対等論」というのはどうだろうと言っている（一ノ瀬［2022: 143］）。

★6――もっと進めれば（動物的な）生全般に否定的になることがあるだろう。

「じっさい徹底したベジタリアンが動物的な生に向ける敵意はじつに深い。彼らが心底満足する唯一の方法は、地上のあらゆる動物的な生を消滅させることだろう――それはすべての苦痛とすべての捕食を根絶する唯一の解決策である。大半のベジタリアンは悪びれもせず、そんな企みなどないと抗弁するはずだ。だがある意味、こうした態度が状況をいっそう悪化させるように思える。彼らは潜在的には自らのやり方が無益で根拠を欠くことに気づいているからだ。だとすれば、中途半端にしか達成されない倫理的な計画に意味などあるのだろうか？」（Lestel［2011 = 2020: 75］）

★7――註6に引用した部分の次の節は「進化について」で、その冒頭は以下。「苦しみも残酷さも利害間の絶えざる対立も存在しないウォルト・ディズニーの魅惑の世界に生きたいと願うことは、少し大人になれば諦めるはずの子どもの夢である。ラドヤード・キプリング式のジャングルの掟という古の世界観をきっぱり捨て去ったからといって、進化の理論とミッキーの世界が両立するわけでは決してない。」（Lestel［2011 = 2020: 75］）

この後いささかまわりくどい記述によって、しかし基本的に進化論が肯定される。なお私たちは、事実の記述としての進化を否定しているわけではない。進化がよいので、進化のために動物が殺して食べたりすることがよい、という論を支持しないということだ。私たちは、人種差別主義者的に言うと、このフランスの人と同じ考えではない。

★8――「より普遍的に言えば、ベジタリアンが拒んでいるのは、現実世界が本質的に闘いの世界であり、たがいの基本的利害は一致するどころかむしろ衝突するとの認識である。だがある生物にとっての食われないという利益が、その捕食者の食うという利益につねに勝っていると言えるだろうか。」（Lestel［2011 = 2020: 61］）

「動物が個々のレベルで自分の苦痛を最小限にしたがるとしても、普遍的に見ればその動物にとって苦痛は何らかの意味を持つかもしれない。じっさい、あらゆる苦痛を排除した世界の本当の意味について考えてみなければならないだろう。そんな世界は端的に言って耐えがたく、さらに痛ましく不毛であるはずだ。われわれの理性はふだんこうした問いには閉じられている。なぜならわれわれは願望を現実と取り違え、善意は完全に無償だと言わんばかりに、有益だと信じ込む行為の代償のことは考えない傾向

があるからだ。」（Lestel［2011＝2020: 70–71］）

私はこのようには言わない。それは註7に述べたことにも関わる。

★9——人類と家畜とか、家畜（化）の歴史といったものを人は好むようで、そこそこの数の本があるようだ。また、人が人のために動物を家畜化していったというのだが、そんなことをしている人間自身が家畜のようになってきていることが、いくらか嘆かれながら、言われる。以下のような書籍があった。『ペット化する現代人——自己家畜化論から』（小原秀雄・羽仁進［1995］）、『人類の自己家畜化と現代』（尾本惠市編［2002］）、『家畜の文化』（秋篠宮文仁・林良博編［2009］）、『家畜化という進化——人間はいかに動物を変えたか』（Francis, Richard C.［2015＝2019］）、『善と悪のパラドックス——ヒトの進化と〈自己家畜化〉の歴史』（Wrangham, Richard［2019＝2020］）、『ヒトは〈家畜化〉して進化した——私たちはなぜ寛容で残酷な生き物になったのか』（Hare, Brian & Woods, Vanessa［2020＝2022］）。また本の題にはその語はないが『反穀物の人類史——国家誕生のディープヒストリー』（Scott, James C.［2017＝2019］）でも「自己家畜化」について記される。ペットについてはさらに夥しい数の書籍ほかがあるだろうが、略す。

家畜には食べられるための家畜がいる。それらは必ず殺されるのだが、殺されるまで——殺されるだけの大きさにされるまでの無理やりなことがなされ、命を短くされていることが批判されるのだが——は生きており、餌が——それがひどいものであると批判されるのだが——与えられる。野生でいるのと比べてどうかといった問いが、その問いが成立するのかという問いとともに、ある。それを人が考える時に、例えば飼いならされた生よりも野生を、といった選好が介在することはあるだろう。

★10——註6・7・8に引いた本には、「狐を草食にしたがるような過激なベジタリアン」（Lestel［2011＝2020: 57］）といった記述がある。「たとえばスティーブ・サポンツィスは、捕食動物の生態を草食や果実食に転換しようと考えている。」（Lestel［2011＝2020: 57］）。訳注では「Steve Sapontzis, 1945– アメリカ合衆国の哲学者。動物倫理、環境倫理を専門とする」（Lestel［2011＝2020: 167］）。少し調べると『Food for

Thought: The Debate over Eating Meat』（Sapontzis ed.［2004］）といった本がある。

★11――『神は何のために動物を造ったのか――動物の権利の神学』より。

「人間と動物の共同性を強調〔する〕ことは人類の独自性にかんする伝統的キリスト教を曖昧にしてしまうように思われるかもしれない。〔…〕しかし、動物を倫理的に扱うことを支持することは、人間が特別であるとか、独自であるという伝統的なキリスト教的見解を放棄することを要求することにつながるであろうか。私はそのようには考えない。以下において私は、人間は道徳的に優れているという見解が、善良なる動物の権利の理論にとっていかに中心的であるかということを示してみよう。私は主張する。人間の独自性は奉仕と自己犠牲の能力者として定義される、と。この視点からすると、人間は一人の大司祭にならって、ただ単に自分自身の種のためだけではなく、感覚をもつ全ての被造物のために自己犠牲的祭司性を実行すべく独自に任務を与えられた種なのである。同胞たる被造物の呻きと労苦は、創造の癒しと解放における神との協同作業ができる種を必要とする。」（Linzey［1994＝2001: 93］）

そんなに（動物に対して）偉そうではない言説もある。『快楽としての動物保護』（信岡［2020］）の著者である信岡朝子は、『現代思想』が肉食主義を特集した号に寄稿した論文でソローの『森の生活』から以下を引用している。

「人類は進歩するにつれ、動物の肉を食べるのをやめる運命にあると、私は信じて疑わない。ちょうど野蛮な種族が文明人と接触するようになってから、たがいの肉を食べあう習慣をやめたように。」（Thoreau［1854＝1995: 84-85］、信岡［2022: 118］に引用、引用は岩波文庫版。酒本雅之訳のちくま学芸文庫版もある）

なお、「私は、他の生き物を殺して生きる人間には罪があると感じる。そして同じ訳合いでもって、他の生き物にも罪があると言いたい気持ちがある」（小泉［2022: 99］）と書く小泉義之（一四一、一四四頁）が、その文の後にLinzey［1994＝2001］を紹介し、そこから引用していることを記しておく。

★12──生存学研究所のサイトに「種／種差別主義」というページを作った。以下はそこに引用した文章の一部。

「種差別主義（speciesism）」〔…〕──つまり、人の生命を、それが人のものであるという理由だけに基づいて、その他の有意味な点で違いがない人以外の生命とは異なった扱いをすることを、道徳的に正当化しうるとする見解」（Kuhse［1987＝2006: 19–20］）

「〔『動物の解放』等の〕著作の特徴は、動実験施設や工場畜産と呼ばれる現代の畜産のやりかたにおいてどれだけ動物が苦しめられているかを細かく描写した上に、動物の扱いを考える上での枠組みと、「種差別」（speciecism）という概念を紹介したことであった。」（伊勢田［2008: 18］）

　ここに付された註が「正確に言うと、「種差別」そのものはイギリスの動物愛護活動家リチャード・ライダーの造語だが、有名にしたのがシンガーであったためにしばしばシンガーが造語したと思われている。」（伊勢田［2008: 18］）

「多くのベジタリアンは、動物を殺さない意志を正当化するのに反＝種差別の主張をふりかざす。反＝種差別主義者にとって、彼ら自身の種、すなわちヒトを別種の生物の犠牲のもとに優遇するのは受け容れがたいものだ。種差別という語は一九七〇年、英国のリチャード・ライダーが導入し、一九七五年、オーストラリアのピーター・シンガーにより再度取り上げられ、人種差別という語と重なりながら練り上げられてきた。だが種差別と人種差別は同じ意味をもっているのか？　そこには疑問の余地がある。またカニバリズムは動物には稀であり、大型の肉食動物には存在しない。豹が同類を食うのを拒むからといって種差別主義者と言えるだろうか？　そしてもし栄養を摂るのにヒト以外の動物を殺すことに同意するとしたら、ヒトは種差別主義者でありうるのだろうか？　あるいはより正確に言えば、ヒトは豹よりも種差別主義者でありうるのだろうか？　他の種より優位に立とうとは考えず、自身を動物コミュニティのひとりだと認識している私からすると、あらゆる捕食動物と同じ行動を受け容れることが、唯一真の反＝種差別的位置を築くことに繋がるように思える。つまりある種の種差別のかたち──「他の動物がそうであるように種差別主義者である」ことは、逆説的にも種差別主義者にならない唯一の方法なのだ。」（Lestel［2011＝2020: 52–53］）

リチャード・ライダーについての訳註：「Richard Hood Jack Dudley Ryder, 1940– イギリスの心理学者、動物の権利を守る活動家」（Lestel［2011＝2020: 168］）

★13——日本での肉食の歴史については、第1章でも紹介した生田武志の著書の前篇Ｖ「屠畜と肉食の歴史」（生田［2019: 82–133］）。また、動物解放の議論に肯定的であったが、「そういえば」と、肉食の歴史や文化があることに思いを致すことになるという順序の文章もいくつかある。例えば、シンガーらの説を紹介した後、雄［2011］）。日本仏教における肉食妻帯について『肉食妻帯考——日本仏教の発生』（中村生（日本の関西の）肉食の文化に言及する白水士郎［2009］。『環境倫理学』（鬼頭・福永編［2009］）に収録されている。各地域・各宗教における（幾種かの）動物の肉を食べることの禁忌に関わる歴史についは『肉食タブーの世界史』（Simoons, Frederick J.［1994＝2001］）。

★14——捕鯨に対する国際的な規制や捕鯨に抗議する直接行動があったこともあり、鯨やイルカを捕ること食べることやその批判者たちについての書き物はとてもたくさんある。いくつかだけあげる。『ルポ・鯨の海』（小松錬平［1973］）、『鯨と捕鯨の文化史』（森田勝昭［1994］）、『クジラとヒトの民族誌』（秋道智弥［1994］）、『クジラは海の資源か神獣か』（石川創［2011］）、『神聖なる海獣——なぜ鯨が西洋で特別扱いされるのか』（河島基弘［2011］）、『恐怖の環境テロリスト』（佐々木正明［2012］）。『快楽としての動物保護——『シートン動物記』から『ザ・コーヴ』へ』（信岡朝子［2020］）の第3章が「快楽としての動物保護——イルカをめぐる現代的神話」。

★15——「仲間に特別な配慮をするのは当然なことではないか。／あなたが種差別主義者なら当然なのだろうというのが、擁護派の答えだ。それはそう遠くない昔、多くの白人が自分たちの仲間である白人だけの面倒を見ようといっていたのと同じことなのだ、と。」（Pollan［2006＝2009: 121］、「しかし私は」と続く

★16――分子生物学者が、人種について語られてきたことを紹介し、現在の知見からどこまでのことを言えるかを述べた本に『人種は存在しない――人種問題と遺伝学』(Jordan [2008=2013])。その第1章が「人種および人種差別に関する小史」。歴史についての本に『人種主義の歴史』(Fredrickson, George M. [2002=2009])。主には「白人性」を主題とする『人種差別の世界史――白人性とは何か?』(藤川隆男 [2011])には文献案内があって、『人種主義の歴史』の(批判的な)読み方についても記されている。

身体の差異がいくらかあって、そのことに関わる範疇化自体があっていけないわけではない。次に、その範疇・集団の間に、なにがしかの差異があること全般も――ないのにあるとされて、そのことでおおいに迷惑を被った人たちがいたのは事実であり、それは不当なことだが――否定される必要はない。これが基本だと考える。合衆国における黒人と白人の間に知能の差がある/ないという「IQ論争」について、またそれをどのように解するかについて(立岩 [1997→2013a: 460 ff.])。

では性差別と近代社会・資本制社会との関わりはどのように捉えられるか。『家族性分業論前哨』(立岩・村上 [2011])に私の考えたことを述べた。属性に関わる差異・差別と政治・経済との間を因果関係で結ぶのは、ときにそう簡単なことではない。動物をめぐることについても、よく考えてみないとならないことがあるように思う。

★17――ノージック(Nozick, Robert、1938-2002)は、最初の著書ということになる『アナーキー・国家・ユートピア』(Nozick [1974=1992])で知られている。その論について『私的所有論』で検討し、批判した(立岩 [1997→2013a: 75-76, 115-116])。ただこの人は、一生同じことを言い続けるという種類の人ではなかった。四〇年も五〇年も同じことを言い続ける人たちより、その思考において誠実であったと評せるようにも思う。

★18――レイチェルズの文章と、レイチェルズが引用しているノージックの文章を『私的所有論』で引いた(立岩 [1997→2013a: 313-314, 353-354])。そして「この素朴な区別は、レイチェルズからノージックに投げかけられた問いにひとまず答えていることになる」とした。その直前の文が「人は人から生まれる。人は人以外のものを産まない。人から生まれるものが人であり、そうでないものが人ではない。他にはどんな違いもないとしても、これだけの違いはある。そしてこの時に、人が生きていくものとしてあるのは既に前提されてしまっている。」（立岩［1997→2013a: 315-316］）。「既に前提されてしまっている」は少し強い表現かもしれない。それで本書も書いた。

レイチェルズには他に訳書としてRachels［1999＝2003］。その論は有馬［2012］でも紹介されている。以上は『私的所有論　第2版』に付した情報（立岩［1997→2013a: 354］）。

★19――World Conference Against Racism（WCAR、反人種主義・差別撤廃世界会議）「人種主義の本質」より。「はじめに、もともと「人種」の概念は、政治的な目的で頻繁に利用される社会的に作られたものであると認識する。圧倒的勢力の権威が、科学的、人類学的な問題として、人間が違う「人種」に決定的に分類されるという認識が神話であることを証明している。人種は一つしかない。それは「人間」という人種である。」（World Conference Against Racism［2000］）

★20――二〇一九年に有馬斉の『死ぬ権利はあるか――安楽死、尊厳死、自殺幇助の是非と命の価値』（有馬［2019］）が刊行された。私が書いてきたものを含め、この主題についてこの国で書かれたものの多くが、（おもに英語圏の）生命倫理学の論を広範に詳細に検討したうえで論ずるといったものでなかったのに対して、有馬は、英語圏的生命倫理学の大きな部分が死の多くを許容し肯定するものであるなかで、その様々な議論を紹介し、慎重に検討し、その帰結として慎重な主張をしている。そういう本はなかっただろうと思う。それは検討するに値すると思った人たちが当然いた。そして有馬は、私が関係する生存学研究センター（いまは生存学研究所）に関係した人でもあり、その企画として、二〇一九年九月二二日にこの本の合評会があった。由井秀樹と堀田義太郎がコメントし、有馬が応えた。ネットを検索して、私もそれに（報告者として）出席したことを知ったのだが、そのことも、またそこで何を話したのかも、まったく遺憾ながら、記憶にない。立場上ということもあって、催しの全体の時間を調整する役を担うという役回りになることが、もう長く、多い。一時間話すつもりだったのだが、他の人たちが熱心にたくさん話したので、全体を決まった時間内に収めるために、私の話は五分とか一〇分とかになることがよくある。その日もそうだったのかもしれない。

こうして、たぶん活発だったやりとりをもとに各々の文章が書かれ、『立命館生存学研究』に掲載された（由井［2020］、堀田［2020］、有馬［2020］）。これらの全文をオンラインで入手することができる。読んでいただきたい。以下、まずその本にある有馬の文章から。

「本書の最後尾に置いたふたつの章では、人の命あるいは存在そのものに価値があるとするアイデアに根拠を与えることができるか、検証した。すなわち、人の命は、たとえ本人が主観的にそこに価値を見いだしておらず、また不幸でも、依然として破壊してはならないと考えるに足りるだけ大きな価値をそれ自体の内側に有している、とするアイデアである。かりにこのアイデアが正しいとすると、人には、からだの痛みがひどくても、将来の見通しがきわめて暗くても、自分の命あるいは自分という存在を惜しんで生き延びるべきときがある、と考えることが可能である。この可能性を検証した。

さらにまた、命の価値のありようにかんするこれらの理論的な主張の妥当性にかんする検討を踏まえて、より具体的なレベルの問いにも回答を試みた。たとえば、人の命の価値は本人が高齢になるほど小さくなるか、障害者の命は生きるに値しないとする意見は正しいか、等の問いである。」（有馬［2019：503］）

その前の諸章では、本人が死にたいなら、あるいは本人やその周囲にとって生きているよりマイナスなのであるなら、死んでも、また死なせてもよいではないかという論が検討される。それは私が、今度『良い死／唯の生』（立岩［2022c］）となった本で考えようとしたことでもあり、ここが主要な部分だと言ってよいだろう。ただ、いま引用したように、有馬は、「よいではないか」について十分に慎重な論を展開したうえで、それを凌駕する「価値」を示そうとした。その道行きは、まずは、というのも「それは言わなくてよい」と居直る手もあるからだが、わかる。とにかく有馬は、その道を行って、カント主義、「合理的本性を備えた人格の存在」に行き着く。そこに着く手前にあるのが、苦痛と種差別主義である。極度の苦痛がある時にも生きねばならないと、SOL（生命の尊厳）を言う論が主張するのであれば、それは採用できないだろう。だから、ただSOLを言う論とは別のことを言わねばならないとする。これが前者だ。後者については、本書で紹介してきたのと同じ「種差別主義」が問題にされる。そして、カント主義に行き着くという筋になっている。評者たちは、また私も、話の納め方がこれでよかったのかと思った。苦痛のことは大切で、大切だが難しい（本書一六三頁）。ここでは略。種差別（批判）については由井も堀田も問題にしている。それに対して有馬は次のように応じる。

「種差別批判については、堀田からもコメントがあった。堀田のいうとおり、種差別の妥当性を否定する研究者たちは、痛覚や自己意識のていどが同じ存在は、同様に扱われなくてはならないと主張してきた。堀田の考えではこの主張は受け入れがたい帰結を導く。ここでは、知覚や自己意識が猿と同ていどしかない「重度の心身障害の〔人間の〕子」がいるとしよう。今の主張にしたがうと、この子と猿が死にかけていて、どちらかしか救えない場合、人間の子のほうを救うべきだと考える積極的な理由がない。そこで「コイントス」しなければならない。堀田の理解では、拙著が支持する立場もこれと同じあきらかにおかしな結論を導くため、擁護しがたい。

堀田の懸念はよく分かる。筆者も、種差別を批判する者にとってこれがいつでも容易に払拭できる懸念であるとは考えていない。しかし、堀田がしているのと同様の非難は、種差別批判論にたいして従来からなされてきたものである。（エリザベス・アンダーソン（Elizabeth Anderson）は、種差別批判論者の多くがいうように、個体の能力だけでその個体が持つ権利の内容が決まるとすると、チンパンジーやインコも、言語を習得する能力はある以上、言語を教えなければならないとする、ばかばかしい結論が導かれるという批判を紹介している（アンダーソン、二〇一三年）。）さらにまた、この手の批判にたいしては反論も提出されている（アンダーソンの論文の議論は非常に重要である）。そこで、この主題にかんしては、少なくともこうした既出の意見を踏まえて議論する必要があるだろう。しかし、主に紙幅の都合上、本稿では議論できなかった。」（有馬［2020: 29］）

それで私も Anderson［2004 = 2013］を読んでみたが、とくに新しいことを教わった気はしなかった。インコに言語習得能力があり、ならば人と同じにということで、人と同様に言葉を教えたとしても、インコはそれをインコ社会で役立てることはできないのだから、それは必要ない、といった、それはそうだろうというようなことが書いてあった。ヌスバウム（一二九頁）などケイパビリティなど持ち出す人がいかにも言いそうなことだと思った。

有馬が本書第1章にまずあげたような人間（的特性）をあらかじめ信じてしまっているような人であるとは思われない。論理を辿っていったらそうなったということなのだろう。そして、論の妥当性は有馬においては（また堀田においても）「直観」に適うかどうかによって判断される――そのことについてはこの企画・特集の「序文」で安部彰が書いている（安部［2020］）。引用した文章では「コイントス」は直観（直感、以下「直感」を使用）的に受け入れられないというのである。他方で、有馬もまた直感を大切にする、というかそれを根拠にあげる。例えば死ぬほどの苦痛にある人でも生きねばならないというのは、直感に反する、ならばＳＯＬ（生命の尊厳）の主張をそのまま受け入れられない、そこでカント主義、という具合だ。

いずれを救うかという問いに対して、人間だろうという「直感」があるのは、種差別批判にとって厄介なところだとは伊勢田も述べていた（本書七〇頁）。そして、その直感に反してでも、人のほうを救わないという線が論としては一貫しているが、しかし「ごうごうたる非難」を覚悟せねば、ということだった。

たぶん、いまあげた人たちはみな、直感をそのまま絶対のものとしようというのではない。絶対のものだと言ったら議論する必要もないだろうから。ただ、多数決で多数をとらねばというのでないとしても、いくらかは人々に納得、というほどでなくても理解してもらわねばということもある。また支持を得るためにという理由でなくても、人々が思うことからあまりに離れたことを主張するのはよくないという考えもある。そうしたことを考えながら、何を言うか。言えるか。本書（立岩の本）は、そのうえで、では何が言えるのかを言ってみようというものだ。

★21――一九七二年、アンデス山脈の雪山に飛行機が落ちて、生き残ったが食物が無くなった人たちが、死んだ人の肉を食べた話はよく知られている。その生存者に取材して書かれた本として、『アンデスの聖餐――人肉で生き残った16人の若者』（Blair［1973＝1973→1978］）。翻訳がハヤカワ・ノンフィクションとして刊行され、後に文庫になった。そして『生存者――アンデス山中の70日』（Read［1974＝1974］）。訳書の表紙には、八七頁にある以下の文章の引用がある。「「これは肉なんだ」と、彼はいった。「ただそれだけのものなんだ。彼らの魂は肉体をはなれて、いまは神とともに天国にいる。あとに残されたものは単なる死骸で、われわれが家で食べている牛の肉と同じものだ。もう人間じゃないんだ。」」

★22――カニバリズムを取り上げた本はいろいろとあるようだ。中野美代子の『迷宮としての人間』（中野［1972］）は二度文庫化されていて、今はちくま学芸文庫で『カニバリズム論』となっている。この種の主題を私たちが好むことが示されている。

人類学者がアステカ族の人身供犠について書いた章を含む本に『ヒトはなぜヒトを食べたか――生態人類学から見た文化の起源』（Harris, Marvin［1977＝1990→1997］）。人口増を抑止するためにという筋になっている。親族の遺体を食べて愛情と敬意を示すニューギニア山岳地域の慣習等にふれた随筆「われらみな食人種」を書名とした『われらみな食人種（カニバル）――レヴィ＝ストロース随想集』（Levi-Strauss, Claude［2013＝2019］）。人類学でカニバリズムがどのように描かれてきたかについて山田仁志

［2018］。

第二次大戦時、フィリピンでの日本兵による殺害・人肉食について『棄てられた日本兵の人肉食事件』（永尾俊彦［1996］）、『戦争とカニバリズム――日本軍による人肉食事件とフィリピン人民の抵抗・ゲリラ闘争』（佐々木辰夫［2019］）。

★23――「顔」などと言うと、『存在の彼方へ』（Levinas［1974＝1990→1999］）といった著作を思い出す人もいるかもしれない。ただここで言っているのはそれよりずっと普通の顔・身体のことだ。レヴィナス、というよりレヴィナスへの言及について、『良い死』に短い言及がある。

「生き死ににかかわる臓器の所属について、現実には、もとの帰属主が優先されているのは確かだ。だから、そこには「公共財」という規定とも、生命の尊重という原理とも別の論理が入っているはずである。それが何であるのかがこの本の中では示されていないということである。この本で（も）引かれているのは、ジョン・ハリスの論文（Harris［1980＝1988］）に出てくる「サバイバル・ロッタリー（以下、生存籤）」という話である。一人のうまく機能している臓器二つを取り出して、二人のうまくいってない人に持っていけば二人生きられてよいではないか、そして公平を期すためにその一人は籤で決めよう。そんな話である。これがいけないと言えるか。そう簡単ではなく、ハリスもその幾つかの反論を退けている。小泉の本で紹介されているように、また私も紹介したように、結局ハリスも籤を否定するのだが、その理由はたいした理由ではないので、あまり考えなくてよい。二人と一人の比較という功利主義が気になるだろうか。ならば、一人と一人で考えてもよい。

こんな難題がここには現れている。しかしそのことを言う人は少ない。小泉によればその少ない人たちの中に、レヴィナスがいるという。その人がこの本ではおもにとりあげられている。その人は、ハリスのような種類の学者とはずいぶんと異なったところからものを考え書いた人なのだろう。なにかわがこととしてこの事態を感受してしまっているようなのだ。『存在の彼方へ』（Levinas［1974＝1999］）が取り上げられる。例えば、「責任の存在内への参入に関しては、私たちはまったく選択権を有していない。このように選択の余地を与えないこと、それを暴力とみなすことができるのは、不当な、あるいはまた性急で不躾な反省のみである。なぜなら、ここに言う選択の余地なしは自由、非自由の対連関に先だっているからだ。」(Levinas [1974 = 1999: 270–271]、『病いの哲学』では小泉 [2006: 127–128])

このように問題を真に受けることを、『病いの哲学』の著者は真に受けてよいこと、真に受けるべきことと見ているだろう。そしてここからそのまま進めば、責任を負った者はそれを果たさねばならない、となる。もちろん、具体的にその義務がどのような義務としてあるのか、それは法的な義務なのか等の問題はある。それにしても、レヴィナスが言っている(らしい)のは、そうした義務を人は負うことになったのだということだ。その人は、そのことを身に迫って感じている感じがする。

そう思えるかと私が問われるなら、そんなことはない。新たな事態の出現に震撼させられたりはしない。私に限らず、少なからぬ人は、たしかに「他者」の「顔」がそこにあったら、顔が向けられたりしたら、他の物がそこにあるのに比べて、何か違って感じるものはあるだろうと思いはするものの、しかし、人に呼びかけられたりすると応答せざるをえない、とは必ずしも思わなかったりするのではないか。そんなことを思うと、この人は不思議な人であるようにも思える。

ただ、そんな問いはおかしな問いだとは思えない。心情として深刻に受け止めたりはできないとしても、とるにたらない問題だとして除去してしまうのはよくないと思える。そんなところからどう考えるか、と私の場合にはなる。『病いの哲学』の著者はもっと共感しているように思える。しかし、その論を追い、そしてさきにすこし紹介したハリスの生存籤の話をはさんで、そして結局、命のやりとりは否定する。生存籤はやめておこうと言うのだ。しかしその理由は示されていない。

第二に、生命そのもの以外はどんなことになっているのか。生命(ゆえに生命に関わる臓器)以外はすべて公共財だと言うのだが、しかし言われていることは極度に極端、というわけでもない。移動が求められるのは、目の二つのうちの一つであるし、腎臓の二つのうちの一つである。それにしても、なかなかのことではあると思われる。この主張を受け入れるか、どうするか。そのままに受け入れないとしたら、どのようにそのことを言うか。

同時に、以上のような主張をする人も問われることがあるだろう。一度に二つではなく、二つのうちの一つを分けることはその議論の内部で正当化されるだろうからそれはよしとしよう。では、一つしかない、しかし生命には直接に関わらないような器官についてはどうか。例えば、技術的な問題はここではさておくとして、口、生殖器。それらはどのように扱われるのか。それは明らかではない。生命（に直接関わるもの）でないものは分けるべきであるとなれば、この分割しようのないものをどう分けるのか。分けようがないから分けることはできないとして、その論理からは移動が積極的に否定されることはないはずである。その人のもとに留め置かれることが積極的に肯定されることはないはずである。それでよかったのだろうか。

こうした問いがある。このような問いがあることをこの本は知らせている。」（立岩［2008b: 246–247→2022c: 312–315］）

★24――みながよく知っていることだから、わざわざ文献などあげる必要もないのだが、多くの人は『イェルサレムのアイヒマン――悪の陳腐さについての報告』（Arendt［1963＝1969］）などを想起するだろう。

★25――楽しめるとすると、その話の嚙み合わないところであるように思う永井均と小泉義之の対談の本『なぜ人を殺してはいけないのか？』（永井・小泉［1998］）に付された小泉の文章に次のように書かれている。「かつての私は殺人は良い場合があると思っていた。国家統治機構の一部である人や、君主の血統をリレーする人物や、資本輸出に加担する人物を、世間から消去することは良いことだと思っていた。しかも私は、殺人と死体化を区別していなかったので、死体化は殺人のためには避けられない必要悪であると思っていた。現在でも私は、特定の人物が特定の世間的な舞台から退場して消え去るほうが良いと思うことはある。しかし舞台が残っているかぎりは、いくら人物を消去しても必ずや別の人物が登場すると思い知らされてきた。切りがないのである。切りがないはずなのに、恣意的に何人かを選ぶのは日和見である。だから殺人のためのより良い方法は、舞台を破壊することだと考えるようになった。

同じことは、私的な殺人についても成り立つと思う。殺したいほど憎い人物がいるなら、その人物を消去したところで、必ずや別の殺したいほど憎い人物が登場してくる。憎む精神と憎い人物を絶えず登場させるような舞台が残っているからである。舞台を破壊するか、舞台から降りてしまうほうが簡単だと思う。実際、近年のサイコな舞台は演じるのが簡単であるだけ、そこから降りるのも簡単だ。心的異常者の役ほど演じやすいものはないし、演技賞をとりやすいものはない。心的異常者とは、そもそもの初めから、舞台で演じられる人物にすぎないし、現代版悪魔学であるプロファイリングで表象される人物にすぎないからである。だからこそ、簡単に流行る。だからこそ、簡単に降りられる。

同じことは、殺し合いの舞台についても成り立つ。」(小泉［1998: 125–126］)

★26──『良い死』より。

「生の否定の方に向かう事態の基本にあると考えるものについては、この本の前に、もう幾度も同じことを繰り返し述べている。死への決定をもたらすものは、一つはこの社会のもとで生きることの困難であり、一つは自分の価値の低下である。そしてこの二つともが、私たちの社会の所有・主体のあり方に関わっている。それはごく単純なことである。自分で動き働ける範囲で得ることができるという所有の規則のもとでは、動けない人は暮らしていけない。まったく何もしないわけではないが、できることには限りがある、資源は有限だなどと言われる──このことについては次の章で考える。また、人は暮らすために生産するのだが、だから生産は手段であるのだが、その手段の価値が目的を上回るという倒錯が起こっている。自らを統御してよく動かせることが人の存在価値を示すという価値のもとで、それがうまくいかない人が自らの価値を否定する。これらのもとで人は生き難く、死を選ぶことがある。それはよいことか。よくない。だからそれを変えればよい。ひっくり返っているものをもとに戻せばよい。そのことを述べてきた。」(立岩［2008b: 160→2022c: 204-205］)

★27――優生学についてはまず『私的所有論』第6章「個体への介入」(立岩［1997→2013a: 387-406, 427-435］)。『介助の仕事』の次に、そして本書の前に、この主題について、いくつかの場で話したことをもとに新書を作ることを考えていた。そのための草稿を連載し、サイト上にあるこの本『優生思想を解く』(仮) のページに掲載している。

★28――『私的所有論　第2版』、「ごく単純な基本・確かに不確かな境界――第2版補章・1」の第2節「人に纏わる境界」の2「殺生について」。その註10より。

「「仲間」は、基本的には、殺さないということはあっただろう。あるいはそういうものを仲間と呼んだ。そこから「人類」までにはずいぶんの懸隔がある。その結びつきというか越え方が実際のところどうであったのか、私は知らない。ただ最初から「人類」という範囲が獲得されていないとしても、それは本章で述べたことを否定するものではない。

そして他方、かつて、人間でない様々な範疇があって、それが今日に至るまで次第に拡大されてきたといつも考える必要もない。人間主義者・博愛主義者・民主主義者たちにおいて、いつも(人間としての) 考慮の対象にならない人間たちの範疇があったことはよく指摘される。その通りなのではあるだろう。ただその際、いくらか慎重であった方がよいということだ。例えば、「一人前」の人間とされる/されないことと、人間とされる/されないこととは同じでない。たしかに「市民」(その他) から除外されていたとして、それは人＝ヒトでないとみなされていたということと同じではない。」(立岩［1997→2013a: 806］)

その続きが本書第1章註1 (六四頁)。「そして同時に、人は人を殺すこともある」と続く。

★29――井上と加藤秀一の論文が『生殖技術とジェンダー――フェミニズムの主張3』(江原由美子編［1996］)

に収録されている。加藤の論文には、井上の一九八七年の論文（井上［1987］）への批判があるのだが、この井上論文もこの本には収録され、さらにそのうえで、井上の「胎児・女性・リベラリズム——生命倫理の基礎再考」（井上［1996］）、加藤の「「女性の自己決定権の擁護」再論」（加藤［1996］）が掲載されている。十人弱ぐらいの著者が分担して書きましたといった種類の本は、たんに十個弱の文章が並んでいますといったことが多いのだが、この本——あるいは江原が編者となったこの「フェミニズムの主張」というシリーズ——では、珍しく議論が議論として成立している。加藤の論を検討した『唯の生』第1章第3節を本書『補註』（立岩［2022b］）に再録した。

★30——村瀬学は一九四九年、京都府生まれ。同志社大学卒業。その最初の本は『初期心的現象の世界』（村瀬［1981］）。この本の奥付には心身障害児通園施設職員とある。その後、同志社女子大学教員。引用した本とは別の本『「いのち」論のひろげ』では次のように言う。『私的所有論』で引用した。

「〔…〕この両親にとっては、この子は「ゆり」と呼ぶことのなかにしか見出せない何者かなのである。「ゆり」と呼ぶこと以外ではけっして見えてこないものがある。

そういうふうに言えば、そんな「ゆり」なんていう名前なんぞ、世間にはいっぱいあるじゃないか。人間にも植物にもつけられる名前が、何で一人の女の子の唯一の生を表し得るのか、という人もいるかもしれない。「品名」として見たらたしかにそうである。しかし「品名」だけをほじくってもわからないのである。「品名」はあるときに「名前」として意識され、そして「名前」は「姿（顔＋身）」を呼びだすきっかけとして自覚されるときがくる。そのきっかけを作るのは「場所（位置）」なのである。『苦海浄土』には、「とかげ」のような手足を持つわが子に寄り添いつづける親の「場所（位置）」がある。その「場所」から呼ばれる「ゆり」という「名前」は、その場所からしか見えない「姿」をとらえていて、それは「無比の姿」として見出されているのである。

つきつめると、「名前」というものには、個人的な命名行為というより、人間の姿（原型）を呼びだすための共同の行為としてあったものである、としか考えられない面がある。「人間の姿（原型）」を産む行為とでも言えばよいか。しかしそこには、その産む「場所」が問題であった。おそらく昔の人たちには、その場所を「共同の場所」として共有できる感性があったのではないかと思う。しかし、今日ではその場所は、一人一人の育ての親たちが個別的に意識する、個人的な場所になりつつあるように見える。が、私はそのようには単純には思うことはできない。「名前」をつけて「姿」を自覚する「場所」は、あくまで「共同の場所」でしか発生しない、そうとしか私には考えられないのである。というのも、「名前」をとおして感じとる「人間の姿（原型）」は、人間の共同体の活動のなかでしか自覚できないものだからである。」（村瀬［1995: 35–36］、村瀬［1996: 132–133］もほぼ同文。「自分の名付けたものは「大事」にする。この「名づけ」のもつ利己的な共生力について」書かれた文章である。『苦海浄土』は石牟礼道子の著書（石牟礼［1969］））」（立岩［1997→2013a: 359–360］）

★31――『唯の生』の一部と合わせて文庫化した『良い死』の第2章「自然な死、の代わりの自然の受領としての生」の第5節「思いを超えてあるとよいという思い」。『補注』にはその全体を引用する。なお第6節は「多数性・可変性」、第7節は「肯定するものについて」。

★32――ただここで話が完結するわけではない。次のように続く。リンク先のページにはさらに長い引用がある。「といっても、動物に権利を認めれば問題が解決かと言えばそうは簡単には言えない。動物解放論者は「少なくともぎりぎりの選択では人間の方が他の動物より優先される」という強固な直観と向き合わなくてはならない。この直観を動物解放論の中で生かすのは難しい。別の言い方をすれば、「倫理判断は普遍化可能である」をはじめとした前述の判断や背景理論に「極限的選択における人間の優先」を付け加えると、全体としてつじつまがあわなくなってしまう（均衡が破れた状態になってしまう）ということである。これはまさに往復均衡法が発動するシチュエーションであるが、どうやって均衡を実現したらよいのだろうか。

一つは功利主義を使ってシンガーの路線で全体の整合性をとるやり方である。「限界事例の人たちにも人権があり、危害を加えてはならない」という部分を修正して、動物の命（とある種の限界事例の人たちの命）は奪ってもよいということにするということだった。この路線は障害者差別だといってごうごうたる非難をあびたから、あえてシンガーの後に続くのはかなりの覚悟がいる。動物の権利を重視するのなら、解決策は極限的選択における人間の優先という方向になるだろう。これはレーガンよりも過激な立場で、憲法にうたわれるような基本的人権をあらゆる動物に同等に認めることになる。これならたしかに当面の矛盾は解決されるが、もっと大きな問題を抱え込むことになる。というのも、それだけ強力な権利になってくると、どの範囲にまでその権利を認めるのかが大きな問題になってくるからである（シンガーのバージョンでその問題がないわけではないが）。

他方、徳倫理学は〔…〕」（伊勢田［2008: 321-322］）

「ごうごうたる非難をあびた」ことが別の箇所でも紹介されていることは、第1章註17（七〇頁）でも引用した。この本に対するコメントとして、野崎泰伸「『動物からの倫理学入門』の一つの読み方――倫理・正当化・正義」（野崎［2009］）。このたびの私の書き方とはだいぶ違う立場からのものだが、一貫した論ではある。

第3章

世界があり恐怖するから慎重になる

1 世界がある・恐怖する

1―Ⅲ：世界・内部

第1章に見た人たちは、人命の特権化には根拠がないと言うのだった。そしてその後、その人たちは自らが正しいと考える殺す／殺さないの区別とその理由を言う。そのように話が進んだ。

それに対して、区別をしないという立場はあるだろうか。殺すものと殺さないものとの区別を認めない、みな殺さないことがあるだろうか。だがその前に、この場合には既に生物が前提されている。それもいけないとしたら、壊すものと壊さないものとの区別を認めない、壊さないということになるか。しかしそんなことは到底不可能であるように思われる。するとやはり、生物と生物でないものには区別を――まだ理由はわからないのだが――付けるとするか。それで生物はすべて等しく、となるだろうか。だが、動物を殺さない人でも植物は食べている。ただ人工物をうまく作れるなら、生命を奪わないことは不可能ではないかもしれない。しかし、人間において仮にそんなことができたとして、生命の世界の全体はそうはならないだろう。人間を特権化しない立場を採るとして、それでよいのだろうか。

このようにして、いったいこんなことを考えてどうするのだ、どんな意味があるのかと思われる問題が現れる。この「難問」に答えるということがどういうことなのかよくはわからないまま、考えてみるとどうなるのか。まず第2章第4節（一〇七頁）で述べた。それに加えて、私の答えは次のようなものだ。

なぜその存在を消し去らないか、消去できないか。その存在の「世界」があるからだ、その世界が存在するその存在の「内部」があるからだ。このように答える。その中に外界への能動性はむろん含まれているのだが、それだけではない。その存在において、体外や体内のことが、感覚という語がふさわしいのかわからないが、感じられている。

そしてその中に快苦もまた大切なこととしてある。その快苦について、ごく普通に、苦より快があったほうがよいとは言えようが、その苦とその快とを足し算か引き算ができると考え、足し合わせるか差し引きするかすると負の値になったとしても、それで存在の価値がないと考えねばならないことはない。

もちろん石ころも、私ではない存在ではあり、様々な有機物、生物もそうなのではある。ただ、誰かを尊重するというときには、その誰か（なにか）に固有の世界があって、その活動が終わるときにはそこに生起している世界もまた閉じる、そのような存在であることが含意されているだろう。そのように言うことのできるその範囲がどれだけであるかは確定しないとしても、その存在を毀損してならないというとき、そこで想定される存在は、すくなくとも今述べたような存在である。

そしてこのように存在しているものはたくさんあって、その状態は多様であり、その中に基準を作り、その基準に照らして高等／普通／…等々の階層を設定することはできようが、その一部だけを取り出して、例えば理性を有する高等な存在だけを取り出してそれだけを特別に扱わねばならない理由は、まずは見当たらない。そう考えるから、第1章にみた線引きは不思議であり不合理なのだ。その人たちが想定するよりもずっと広い範囲がここでは考えられている。

そして、人のことは知っているはずの人であっても、その人において何が起こっているかわからない、わかりがたい。だからその周りにいる者たちがせいぜいできることは、できるだけその判断を慎重にしようということだ。また、わからない時にはわからないと言おうということだ。もう世界が終わっていると確実にわかる手立てなどそう思いつかないのだから、その場合には、終わりが明らかになるまで待っていようということだ。快苦を大切にすると称する人たちがそのように言わないなら、それは不思議だ。

2 ―― だから絶対尊重派ではない

次に、以上は「質」による「差別」を認めるということでもある。他方に、それを認めないと述べる立場はある。生物に範囲を限ったとしても——しかしそのように限る理由はなにか——「生命の絶対尊重派」がいる。その人たちから、私がよしとした立場は批判され、否定されるだろう。しかし、その人たちに対して私は、まずその立場は不可能であり、実際に存在しないことを言う。

まず、その立場は、摂食がなされ殺生が行なわれている今ある世界を否定せざるをえず、それが実現すれば、世界は死滅することになる。さらに、人だけを対象とし、規範を遵守する主体を人だけに限ったとしても——しかしそのように限る理由はなにか、ないはずだと言った——、あらゆる状態にある人の身体あるいはその部分の状態を維持しようとするだろうか。すると、そんなことまでは言っていないと反論されるのかもしれない。しかし、線引きを認めないとか、あらゆる生命を大切にしましょうという話をすなおにとればそうなる。現実にはそんなことはなされていない。だから、実際には線引きをしている。

次に、その人たちが「かけがえのなさ」などと言う時、それを言う人たちは、さきに私が述べたことを認めているはずであり、実際には、言おうとすること、認めようとするものは、そう違わないはずだ。

そして、この主題が語られる時、しばしば「二人称」が持ち出されるのだが、その論調をそのまま受け入れられない。ごく簡単にすれば、その二人称は、「私があなたを大切に思う限りにおいて、あなたは生きている」というふうに使われる。実際、腐乱しあるいは干からびていくその時になお大切に思うことがあるだろうし、その思いが尊重されるべきであるとも思う。ただ、私ではないあなたが存在しているということは、私のそのようなあなたへの思いと別にあなたが存在しているということである。私（たち）からの思いによってその存在を認めるというのであれば、それは、その存在が存在しているということではないのであり、またそれは、私が私でない何かを大切にするということでもない。むしろその時、私はその存在を領有してしまっているのだとも言える。

死者は私（たち）に訪れることがあるだろう。それは私（たち）が何かを知らされ伝えられるその機制を考えれば不思議なことではない。私たちは不在の存在から様々を伝えられる。しかし、そうしたことごとは、私（たち）が、その者が生きていると思う限りはその者が「この世」に生きているということとは別のことである。

条件をいっさい置かないのか、それともそうでないのかによって立場は分かれる。ただそれは置かれる、既に置かれていると述べた。だから、私の立場は「生命の質」を言う人たちの立場とまったく別なのではない。根本的に異なる場所にいるのではない。私は、区別をするという点では、むしろ、絶対尊重——という人が仮にいるとして——と別の立場をとることになり、「質」だとか「線引き」だとか言う人たちの中にいる。

しかし、実際にどこに線を引くかについては、「尊重派」の人たちとそう大きくは変わらない。他方、私と「生命の質」派の人たちとの違いは程度の違いであり、問題は程度問題なのだが、その程度の違いは大きい。程度問題は大切だと、あるいは程度問題こそが大切だと、私は考える。第2節で述べるのはそのことだ。

『私的所有論』では第5章第3節4「その人のもとにある世界」（立岩［1997→2013a: 325 ff.］）に記した。[★1]以下はほぼそこに述べたことそのままだが、いくらか表現を変えた部分がある。

Ⅲ：私から発することなく私から到達しえない世界がその人に開けている。その人に私を超えてある世界がある。そのように私が思うことが、その人・他者を奪えないと思うことの大きな部分を占めていることは確かだと思う。

そこにその人（だけ）の世界があるとは、自己意識があること等々と同じではない。自らを意識したり反省したりしなくても、何が自分に有利かどうか判断したりしていなくても、どのようにか、世界を感受していることがある。

それにしても、これは、その存在にある「内容」を、最低限においてではあっても、想定しているということである。そこで、Ⅱ＝「世界を有する」存在とする。第2章で、Ⅰ＝「人から生まれた存在」が、命を奪うべきでない存在としての人であると述べた。と同時に、その存在にその存在だけの世界が開けていることが、奪えない存在としての人としての他者であることを構成する重要な一部にはなっている。奪えないと思うのは私（たち）であるしかない。[★2]しかしそのように思う私（たち）は、そこに私（たち）が及ばないその人（の世界）があると思うから、そう思うということだ。

もし私たちがあることについて（例えば、殺してはならない範囲について）ある判断をしているのだとすれば（例えば、人は少なくとも殺さない範囲として特権化されるべきだとしているなら）、それはⅡの側にいることを意味するというものだった。私は、第1章に見たように、理性・自己意識を持ち出すことがはっきりとした立場として打ち出されているのに対して、Ⅱはそうではなく、しかも、考えてみれば、Ⅱがかなり基本的な価値として存在していると思うから、第2章で、これを言葉にしてみようとした。

ただ、さらにⅢ＝「世界がある」という契機があり、そしてそれは、すべてが私たちが思うことであるというあり方の中にあっても特別の意味をもっていると考える。『私的所有論』第4章で、私でないものが世界に在《あ》ることを言い、それを他者と言い、そのことゆえにそれが在ることを認めるという価値があるのだと述べた。ただ、そのような意味で他者が在るというだけでなく、より強く、人という他者が在ると思う時、そこにはたんに私でないものが在るというだけでなく、さらに人から生まれたという契機がある（本書第2章）だけでなく、そこにおいて世界が在るという契機がたしかに重要なものとして加わってはいるのだと思う。その人において世界が在ると思う時、より強く、奪ってはならないと思う。

たしかにここでも私がそのように思うのではあるが、ただたんにそう思うというのと少し違っている。他者の存在はより強い現実性として、凌駕することの不可能性として現れる。

それもまた、私が見て感じているということの内部にあるとも言えよう。その世界にそのこともまた現象しているのだと言えば言えよう。しかし、けっして私には感じることができない世界がそこに在ることを私たちは、そこで感じている。それは普通の言葉の意味では、事実として知っているということだ。その人の世界を直接には知りえないけれども、たしかにその者に、私の世界ではない世界が在ると私は思う。私においてしか私の世界が存在しないことと、少なくとも同格のことがそこに存在していることを知っているということだ。

このように言うことは、第1章に見た論理によって、例えば嬰児《えいじ》を無資格者とする議論から離れたところにある。次に、ⅡとⅢが指示する範囲は実質的にはほとんど重なっている。つまり、生まれて生き始めていることと、その子に世界が存在することはつながっている。けれども、Ⅱ：人が人の中から現れたことにおいて既に人であると思うことから、Ⅲ：その人において世界があることを差し引いた状態、空白という状態がありえないのではない。この場合には、他者において世界が在ると言えない。この時にも、私はその者を人、他者と思うことがあるだろう。ただその当人において空白である以上は、私だけがその他者のことを思っている、私が他者であると思うことだけが残っている、だからその限りで、その他者に即して何か思っていることとは違う、とは言えるだろう。

この状態をどう考えるか。「脳死」について考えるのが困難なのはこのことに関係する。問題となっており、問題とすべき一切の事実問題、そしてその状態であることを確認できるかという理論的な問題を省き、また、測り難いことを測れるとする危うさとその危うさに、周囲の者たちの様々な利害が絡む危うさをここで差し置き、もし仮に、脳死という状態がその人においてまったくの空白であり、そこから回復することがない状態であるとしたらどうだろう。ある者は、人工呼吸器等を止めることができると思う。問題はないと判断するのは私である。さらに、その臓器を利用するのは私（たち）であり、そのように利用したいと思うのはたしかにこちらの都合である。

だが他方で、そうと受け止めない者もまた、やはり私の思いとして、そのように思っているのである。死体であると、物体であると思えず、死んでいない（生命を奪うべきではない）存在だと考え、いわゆる三徴候死を待つのも私（たち）である。もちろん、脳死を基準とするのは「科学的」な立場だから正しく、三徴候死とするのはそうでないなどということではまったくない。「科学」は状態についての情報を提供するだけであり、まず両者は等しく私たちの思いなのであり、この限りでは両者は等価であると言い得る。

そのうえで、次に、このまったくの空白にはその存在の独自の場という契機が欠けていると言いうる。だから、後者のように思うことが、何かその存在との「共同性」の上に成立していると考えるのは誤っている。端的にその存在との「共同」は不可能なことであり、むしろ、この思いは、私からの思いとしてしか存在しないのならば——何かのためにその存在を用いよう、何か不都合なことになるから死んだことにしようといった水準とは異なった水準

で——、より「私（たち）中心」的な思いであると言いうるのではないか。★3

そのことを認めたうえでどのように考えるかである。一方で、ある人がその空白の状態にある存在を前にして、その生命を奪ってならないと思っている。この場合に、その人の思いが何かおかしなものだとは言えない。私たちがそのような世界に（も）生きていることは確かなのであるから。そしてもちろん、この空白の状態にいる存在の生存を奪えるという積極的な理由は現れてこない。Ⅲでないことは、その生存を止めてよい積極的な理由にはならない。ただ奪ってはならないことの理由を弱めるものではある。ヒトを殺さないこと（Ⅱ）を優先するか、より強い＝狭いがやはり奪えないことを私たちに思わせる決定的な条件である、その人の世界があること（Ⅲ）を満たしていないことをどこまで考慮するか。いずれかに決する絶対的な答えはない。それは両者ともが、私たちの現実のかなり深いところに根差しているからだと考える。

脳死状態からの臓器移植といった、ここで主題としない事柄を外せば、ⅢからⅡの間、つまりその人の世界が終わる時から生物としての活動の終了までの間の時間が過ぎるのを私たちはただ待っていればよいのだから、この問いに対する答えを未定にしておいたままでも、現実的な問題はそれほど起こらない。ただ、もう少しだけ考えを進めることはできる。脳死ということでなく、一切の生物的・生理的な生存が終わった後も、人はその存在を生きていると思い、破壊しないようにしようと思うことはできる。生きているように保存し続けることもできるかもしれない。しかし、このような場でよりはっきりと明らかになるのは、それがそのように保存しようとする私の思いだけに発していることである。既に生存を止めた存在にとって既に生きられ受容されるものでなくなっている身体をそのままに保存しようとすることは、かつてその身体とともにあった存在を離れ、それを私の側に置こうとする行ないではないか。そのような権利が私にあると言えるだろうか。すくなくとも、その人が、自らにとって世界の一切が終わったうえでの生存や生存を終えた後での保存を放棄しようとするのであれば、私にとっての他者の意味合いではなく、他者があることそのものが尊重されなければならないという立場からは、その人の意志に従うべきであるとなるだろう。★4

3 ―― Ⅳ：恐怖することを慮る

人が、能動的であることと受動的であること、その二つとも否定はされない。ただ、世界を受け取っている状態のほうが、人が生きている期間の早くから始まり、遅くまで続く。終わりのほうで、多くの人はそのような生を送る。その間、人が生きられるようにあるのがよいとする。

死んでも世界は残るだろう。そしてそのことは、死んでいく人々にとって慰めであることはあるだろう。しかし死の時、その人にとってのその世界は――別の、次の世界が信じられているとしても――終わる。もちろんそこでは、人が世界に働きかけることも終わるのだが、それは多く死の前に、多くはだんだんと、時に急に減っていく。その後も世界は残っている。しかし、その人がそこにいる世界は終わる。

そしてそのことを人は思ってしまう。こうして人間は、死を恐怖してしまう存在であってしまっている。これは困ったことだ。死において、すくなくとも私の前にある世界が、世界そのものはきっと続くのだろうが、終わる。そのことを（あらかじめ）認識してしまう存在として人間はある。あってしまっている。それは願わしいことではない。そんなことを意識せずにすむならそのほうがよい。しかし、残念ながら、人はそのような存在であってしまっている。

だから、たんに死ぬこと・殺されることと、死の予期を与え続けながら殺すこととは異なる。だから死刑はやはり特別な殺人である。中井久夫は次のように言う。

> 不条理の最大は死である。私たちが死期を知りえないために死はひとごとになっている。〔…〕私たちの「希望」はしばしば不確定な将来の先送りである。だから希望を奪われている死刑囚だけにはこの基本的信頼がない。死刑という刑罰の核心はそれかもしれない。
> （中井［2004: 401］）★5

死の予期が与える恐怖だけによっても死刑は否定されると私は考える。

人間がとくに高等であるから人間を殺さないことにしようというわけではない。しかし人間が意識を有してしまっているという属性に関わって、人は死を恐怖する。であるなら、それを考慮せざるをえない。死の到来はどうにも仕方のないことではあるが、それを防げる間は防ごうということになる。それは人間を特別に扱おうということになる。とすると、結果としては、伝統的な倫理の言うことと結局はあまり変わらない。けれどもそれは、ただ同じものの正の面と負の面を言い合っているということではない。まず、私(たち)は、意識を有することがよいことであることを否定していない。まず最も基本的には、意識されている世界とそれが不在である世界との比較自体が成立しえない。そのうえで、生きていくうえでの道具として意識が有益であることがあり、またたんに道具として便利という以上のよさがあることは認める。私(たち)がただ言ったのは、それだけが生存を積極的に支持する根拠にはならないということだった。他方で、たしかに負の側面と言ってよい死の意識は、その意識が存在した後に、生命を奪うべきでない積極的な理由になる。

そのうえで、死を観念するのは人間に限らないと言われるかもしれない。どのように確かめるのかわからないが、もし本当にそうなら、私はその生物の「保護」を支持することになる。

4―そのうえで慎重になる

こうして私は、絶対的人命尊重主義者ではない。だから私は、人命絶対尊重の立場の人たちから批判されて当然である。

しかし、実際のところ、とくに表に聞こえる声のない人たちはどうなのか、その現在がどうであるから、そして将来どうなるかの可能性についてはほとんど原理的にわからない。そして、感じたりすることがないとされていた人に感覚があることがわかってきたことが多く報告されるようになっている。さらに、「在る」ということがどんなことか、私たちはわかっていない。★6

それでも仮に「ゼロ」であると言えるならどうか。はっきりしたことを言う人もいる。

第一に、永続的に無意識の患者においては、生存において苦痛は存在しないはずだが、他方延命から得られる利益も存在しない。この場合には家族の負担や苦痛、社会にとってのコストを原理原則にしたがった形で考慮に入れることも許される。(Dresser & Robertson [1989] を紹介している長岡 [2006: 140–141])

本人においてゼロの時には、ゼロの存在はなくしてよいという主張である。しかし、第一に、ゼロであるなら(本人において)負ではない。そして第二に、本当にゼロであるかは、たいへんわかり難くもある。さらに第三に、周囲の都合を考慮すべきでないとは言わないが、何人かにとってのマイナスをゼロに足してマイナスであると言えたとしても、なくしたほうがよいとはならない――説明は次の次の段落[★7]。ならば、その場合には、周囲は仕方なくでもつきあえばよい。こうなる。

では負の場合にはどうか。苦痛は負であると単純に認めるとしよう。けれども、苦痛を感じている時、人は感じている。苦痛が負であることと、苦痛を伴う生が負であるとすることとは、もちろん異なる[★8]。

そして、その判断の場には、必ず他の人間たちの都合が働く。つまり、私たちは役に立たない者を、役に立たないのはまだ許容できるとして、迷惑な者を、殺そうとする。あるいは、使える部分を使おうとする。そしてその世界がどんなであるかわからないその人たちの多くは、（まだ、あるいはもう、ほとんど動かないのだから）積極的に加害的でないとしても、そういう人たちである。

このことが多くの場合に想定されないのは不思議なことだ。「終末期」について家族にも決定に加わってもらうことが肯定される時、例えば『医療現場に臨む哲学Ⅱ』（清水哲郎［2000］）の主張において想定され、共同決定に与《あずか》るものとされる家族は、本人のことをよく思うよい家族なのだが、実際にはそうと決まってなどいないことを私は繰り返し述べてきた[★9]。だから、待っている時間を長めに、判断しない範囲を広めにとるのがよいということになる。だから、人の状態がどうであるか、考慮しないようにしよう、そのような制約を課すことにしようというのである。これが一つ。

5―苦痛についての補足

その人の世界があるなら、奪わないことにすると述べた。その人に恐怖があるなら、そのことを無視しないようにと述べた。恐れもまた苦痛の一部である。この種の倫理学では、苦痛は、死なせてよい理由とされる。功利主義は快苦を大切にする立場だ。私も快苦は大切だと思う。第1章でみたシンガーは功利主義者なのだから、本来は快苦から議論を立てたらよいと思うのだが、死なせてよい範囲の規定については、そうしなかった。快苦とすればもっと救うべき範囲は広くなる。この基準から、快苦を感じているだろう動物を殺さないことを言う立場があることは第2章（七六頁）で見た。

一つに、痛み・苦痛は、防御、回避のための仕組みである。これもまた、生物学の知見などなくても誰もがわかること、既に知っていることだ。そこをどう間違えたのか、いま念頭に置いているのは線維筋痛症等なのだが、ただ常に痛いということが、人間以外にもそうしたことが起こることがあるのか私は知らないが、起こってしまうのがやっかいなところだ。通常は苦痛は一時的なものだ。痛いから、痛いことを避けようとする。避けられることもあるし、そうはいかないこともある。そのようななかに生物界はまわっている。

そして一つ、人は苦を予感したり意識したりできることによっても、辛さは相対的にも大きいものになってしまう。人はどうやら苦痛が続くことを知るし、実際続くことを感じ、まだ続くと思って辛くなる。できないことは（かなりの部分）代わってもらえるが、痛みは身体にへばりついて、代わってもらうことができない。社会が変わればよいのだという「社会モデル」の主張は、ここでは基本的には通用しない。だからまず、痛みを物理的・生理的に減らすしかないということになる。

私は、苦痛について書けること、そして書いてどうにかなることは少ないと思ってきたから、ほとんど書いてこなかった。ただ、苦痛のために死ぬというのが安楽死のもともとの定義だが、実際には痛みのために死ぬといったことは思うより少ないと述べてきた。むしろ多く人間は「できない」ために死のうとする。そして死ぬことが自分の身体ではできないから、他人に行なってもらう。それが安楽死のたいがいの場合だ。そのことについて述べてきたことを取り下げる必要はないと考える。★10 ただ他方で、死のうと思うほど痛いことがあることは事実である。できないために死のうという場合には、できないことによる不都合を、完全には除去できないとしても、周りの者たちは軽減はできるから、死ぬのは待ってくれと言うことはできるし、実際言うべきだと述べてきた。それに比べると、痛みの場合にそのようなことを言えることは少ない。とくに言葉を言うだけの私のような者にとっては少ない。

しかし一つ、よいこととよくないことの合算など可能であるとは思われない。ただ死ぬほど痛いと思うだけだ。そこでは、よいこととよくないことが天秤にかかっていると考えることのほうに無理がある。

次に、苦痛だけがあるといった状態について、その人の言うことを信じよう。しかし、他人が語る場合には用心しよう。苦痛について語れることは少ないのに、それにしては多くのことが語られてきた。それは、精神的な苦痛、それも身体としての精神に直接にくる苦痛というよりは、悲しみとしての苦痛であって、するとそれに対応するのは癒しであり慰めであるということになる。そして、苦しみからなにか得るものがあるといったことが語られる。たしかにそんなことなら語れる。語りに対応する事実もある。だから語られるのは当然のことではある。実際にもそんなことがないわけではないだろう。なにか肯定的なことを見出し、言おうという。しかし、その善意はわからないではないが、まず痛みはただ痛いのであり、そのような意味づけは無用であると思う。苦しいことをよいことのように語れるわけではない。その語りは、とくによいこともなく、苦しい人たちにとっても愉快なことではない。その当たり前のことはわかったうえで、ものを考えて言葉を使ってよいことはある。[★11]

まず、痛みの重みを軽くしてしまう事情を考えることはできる。

一つ、痛みは、痛くない周囲の人たちによっては、無視あるいは軽視されやすいものである。一つに、それは他人には直接に感じられない。傍にいれば痛そうだとかわかることはあるが、たいがいの他人はその場から離れることができ、実際離れてしまう。何も、すくなくともたいしたことはできないのもわかっている。病院にでもいればその職員などはいる。ただ、その人たちは、その職業を続けていくためにも、それはその人にとって有効な処世術ということになるが、あまり深刻にとりあわない人でもある。[★12]

そして一つに、その多くは、たぶん特定の容易な単一の要因によるものではなく、その現れも多様であり、原因や機序は、ときに、むしろ多くの場合、はっきりしない。身体の特定の箇所に特定の要因を見込んでそれを除去しようとする近代・現代医学は、その対象にするのを面倒だと思い、放置することが多い。

こうした機制があることはわかる。そこから直接に手立てが出てくるわけではない。しかし、以上の事情をわかったうえで、しかし大きな苦しみを与えていることは事実なのだから、できることをしようというのにつきる。周囲の者たちができることは少ないが、痛くて仕事ができないというのであれば、仕事ができず生活費が足りないので必要だとなれば、その「確たる証拠」がなくても、仕事をしないこと、財の分配を認めるといったことはできる。[★13]

こうして人間は、たしかに知恵を絞って特別なこと――それもまた自然の営みであるとも言えるのだが――をしようとしている。そこで、そういう人為的なことはやめて自然に委ねる、というのが一つになされる話だ。ただ人間はこの道を選んでしまった。種々の人為をみなやめて自然のほうに、ということであれば少なくとも一貫はしているのだが、実際にそのことを言い実際に行なう人たちはほぼいない。そしてそれを自ら貫く人を止めないとしても、社会としてその道を行くことはすべきでない。

2 そうして二つの術に応じる

1―技に応ずるものでもある

こうして、結局のところ私たちは、最初に勇ましく批判した側に近づいているようでもある。しかし、それが必要だと思った。私は快苦が大切でないと言ったのではない。大切だ。しかしそれを慎重に扱うこと、そこに残る、小さい差異に注意したほうがよい。そのように考えているから、そのように考えると見えてくることを述べている。

人を自らの主張のほうに引き寄せようとする時のよく採られる方法が大きくは二つある。一つは、新しく受け入れがたいと思われていることも、じつは既になされていることで、皆がもうしていることだから、同じなのだ、認められてよいのだという話をする。一つは、一見それとは逆のもので、極端なことを言う。それはそのまま通らないとしても、そんなことも言われているのだから、そして理屈としては成立しているようだから、いくらか前に進んでもよいのではないかということになり、実際はその間に落ちる。両方とも、どこまで自覚的であるかは時と場合によるが、わりあいよく使われる。

この人たちはその主張をどのように行なうのか。大きくは二つの、ただ結局は一つに収まるとも考えられる道筋がある。一つは論敵の主張を吟味・批判し、自らのほうがまともであると言うことだ。死なせることは既に支持されていると語る。次項では、このものの言い方に対して述べる。もう一つ、自らの主張をより積極的に正当化することである。「あなたの主張を一貫させるなら、それは私たちの味方になることだ」と主張する。第3項では、第二のものについて検討する。第1節で述べた小さい差、程度の差に注意深くあることが大切だと言う。

2 既になされているからよいという話に↓小さいが確実にある差異

第1章に取り上げた人たちにおいて、いわゆる積極的安楽死は許容される。障害を有する新生児を死なせることも肯定される。その人たちの本ではむしろ後者の例が多く出てくる。そしてこの場合には、本人の意思をもとに、ということではないから、その主張は、本人の決定の尊重という筋のものではないということでもある。

本章第1節ではひどく当たり前のことを述べた。人は恐怖する存在であり、その存在にとっては、やがてやってくるだろう死と、確実に実現する死とは異なるということだ。しかしこの当たり前のことを確認しておくと、私たちが既に行なっていることだからよい、行なっていることと同じだからよいという筋の話にもっていかれることを避けることができる。
一方では伝統的な倫理感を覆すのだと勇ましく言うシンガーの『生と死の倫理――伝統的倫理の崩壊』は、同時に、人々の現実に訴える。例えばこんな具合だ。

オランダで安楽死が公然とおこなわれるようになった話の始まりは、よくある状況からである。すなわち、さまざまな能力を失った老女が、ナーシング・ホームで暮らしながら死にたいと思っているような状況である。ナーシング・ホームで働いたことのある人なら、誰でもそのような患者を知っている。そのような場合、医師はたいてい患者が肺炎にかかるのを待つ。(Singer [1994 = 1998: 181])

高齢者の施設では、治療しないことは以前からよく行なわれていた、事実上認められていた、という話である。そしてそれを認めるなら、もっと「積極的」な行ないも、考えれば両者はそう違わないのだから、堂々と正式に認めればよいではないか。こういう筋になる。『生と死の倫理』は「一般市民」向けの本だから、「もうみんなやってるでしょ」という言い方がいくらか強めにはなっているかもしれないが、他でも基本的には同じことが言われる。シンガーの主著ということになるのだろうか、『実践の倫理』(Singer [1979 = 1991])、その改訂版である『実践の倫理　新版』(Singer [1993 = 1999])でも、同じような書かれ方は随所にある。例えば以下。なお、新版で「胎児を殺すことが多くの社会で認められている」という箇所は、初版では「我々には胎児を殺すつもりがある」（Singer［1979＝1991：194］）となっている。

妊娠後期の胎児に障害のある可能性が高い場合、妊婦が胎児を殺すことが多くの社会で認められている。また、成長した胎児と新生児とを分ける境界線は決定的な道徳的分岐を示すというものではないのだから、なぜ、障害があるとわかっている新生児を殺すほうが悪いことであるのか理解し難い。（Singer［1993＝1999：243］）

このごろよくなされる話もこれと似たところがある。もう「現場」ではなされている、しかしそれが非公認のままでは「裁判沙汰」にならないとも限らないから、法律で、せめて学会や業界団体のガイドラインで公認してもらおうというのである。ただ、シンガーたちの場合は、現在なされていることと、まだ認められていないこと、この二つは考えてみれば同じなのだから、認められていないことも認めようという主張になっている。この人たちは哲学者なので、じつは同じであるというつなぎが、理屈でつながっている。★14

クーゼの『生命の神聖性説批判』（Kuhse［1987＝2006］）ではその部分にかなりの紙数が割かれている。この本は専門書ということになろうが、シンガーが言うのと同じことが、専門書のような書き方で書いてある。理論的な本ではあるが難解なところはない。むしろ、同じことが繰り返し書かれているから、言いたいことはたいへんよく伝わる。そして主張は、やはり、はっきりしている。たんに人はもうやっているからというのでなく、なぜある人たちの死が認められるべきだと考えるのか。

こんな筋になっている。第一に、「生命の尊厳」を言う人も、死に至る治療の停止・差し控えは認めている、認める場合があるとする。第二に、そうした控えめな行ないと、死に至る／至らせる積極的な行ないとが基本的に違わないことを言う。そして第三に、以上より、より積極的な処置も認めるべきであると言う。つまり、生命尊重などと言っているが、既に選別し殺しているではないかと言う。もう少し詳しく説明する。

クーゼにとっての論敵は（1）「生命の神聖性原理」（ＳＬＰ＝the sanctity-of-life principle）を主張する人たちである。その原理とは「意図的に患者を殺すか、意図的に患者を死ぬにまかせること、そして、人の生命の延長あるいは短縮に関する決定を下すに当たりその質あるいは種類を考慮に入れることは絶対に禁止される」（Kuhse［1987＝2006: 16］）というものである。

次にクーゼは、実際にはこの原理が、この原理を採っているように見える論者によっても採用されていないことを言う。実際に採用されているのは、著者が（2）「条件付き生命の神聖性原理」（qＳＬＰ、q＝qualified）と呼ぶものであると言う。それは「患者を意図的に殺すか、意図的に患者を死ぬにまかせること、そして、人の生命の延長か短縮に関する決定にその質あるいは種類を考慮に入れること、これらは絶対的に禁止される。しかし、死なないように処置するのを差し控えることは時として許される」（Kuhse［1987＝2006: 31］）という原理である。

さらにクーゼは、差し控えることと積極的に死に至らせることとの間に基本的な違いはないことを主張する。すると、前者だけを認めるｑＳＬＰを主張する人たちも、その論を一貫させるためには、（3）より積極的な処置を（も）認めるべきである。こうなる。

基本はわかりやすい話だ。人工呼吸器を付けたら生きてしまうから、呼吸器を付けないと決めることは、人工呼吸器療法の「不開始」などと言われるが、それは自ら死を決めることと違うだろうか。あるいは、今度は呼吸器を外したら呼吸はできなくなるからやはり死ぬのだが、それを外すのは「治療停止」であるとされ、安楽死ではなく尊厳死であると言われ、さらには「自然死」であると言われたりもするのだが、やはりそれは、死なせること、あるいは自ら死ぬことと違わないのではないか。彼らはそうして中庸な人を自らに引き寄せるのだ。「既に人は〈人間の質〉による対応の違いを認めている。それをはっきりと確認しよう。私たちが幾度も確認してあげよう。すると行くべき道は、今まで思われていたのと違う」。こんな構成になっている。

これに対して反論するとしたらどんな方向があるだろうか。違いがあるという「条件付き生命の神聖性原理」の立場を第一とすれば、第二の立場は、ＳＬＰを堅持することである。

第三に、「しないこと」と「すること」は違うと主張することである。第四に、第三の主張を、基本的には採らずに――その点ではさきほどの第一の立場の人たちに同意しつつ――、第二の立場との距離を考えながら、第一の立場の人たちと違うことを言うことである。

多くなされるのは、第三の主張であるように思う。同じだとされるものの、間にやはり違いはあると主張される。つまり、「しないこと」と「すること」はやはり違う、治療を差し控えることと何か積極的な処置を行なうことは、それが死をもたらすことがわかったうえでのことであれば同じだと言われるのだが、しかし違いはやはりあると主張するのである。そして、しばしば「たんなる延命処置」と呼ばれる積極的な処置をしないことは許容される場合があるが、致死性の薬物を飲んだり（飲ませたり）注射したりするのはだめだというのである。実際、日本尊厳死協会といった団体が（今のところ）主張するのもそういったことである。他の人や団体もよく同じことを言う。「けっして私（たち）は安楽死を認めているのではない。そう受け取るのは誤解であり、たいへん困ったことである。私（たち）はあくまで「自然な死」「尊厳死」を主張しているだけなのだ」、「認めるのはあくまで尊厳死であり、安楽死はそれとはまったく別ものであり、認めていない。誤解しないでもらいたい」、こんな具合である。[★15] 中には本気でそう言っている人がいることは認めよう。生命倫理学者の中にもそのように主張する人はいる。例えばダニエル・キャラハン（カラハン）の主張はそのようなものである。[★16]

ただ私は、この点については、おおいに異なる場合があることを一方で確認しながら、シンガーやクーゼに近い。つまり、二つが大きくは違わない場合があることを認める。コックを開けるのと締めるのと、いずれによっても死がもたらされるなら、その二つには違いがないと言ってよいと思う。コックを開けたまま、あるいは閉めたままにすることと、コックを締めること、あるいは開けること、いずれによってもすぐに確実に死がもたらされるなら、違いがないと言ってよいと思う。

しかしそのうえで、異なる場合がある。私が大切だと思う違いは、その確実性、死の時点の確定性に関わる。

一方で、死が確定的であり、死の時点もはっきりしていることがある。他方で、やがて亡くなってゆくのではあるが、それがいつになるのかはそれほど明確でなく、意外に時間がかかることもある。それまでの過程が緩やかに進んでいくことがある。誰もが死を免れないことは知っているが、その日取りや日時が決まってしまうことは、多くの人にとって恐ろしいことではある。だからこの違いは、多くの人にとって大きな違いである。恐れが重要な契機としてあることは本章第1節で述べた。そこからこのことが言える。たしかに、どうせ私たちは死ぬ。しかし、いつ死ぬかはっきりわからない。そうして、私たちはそれまでの時間をやり過ごしているということだ。

ただ、「消極的」とされる行ないが、必ずしも後者の、緩慢な過程を経て死に向かうことでないことには注意しておこう。つまり、やめること、しないことが即座の死を確実にもたらすことがある。コックを開けるとすぐに死ぬこともあれば、コックを閉めればすぐに死ぬこともある。そうした場合には、積極的・消極的と分けられる二つが同じであること、すくなくとも大きく違わないことがあることを認める。★17

しかし、そのうえで、私の考えは、Aを認めるならBも認めるはずだ、と言われたら、いや本来はAもおかしいと返すことになる。つまり、そう違いはしない（場合がある）という主張を認めたうえで、いわゆる（積極的）安楽死だけでなく消極的安楽死とか尊厳死とか言われているものの多くを肯定できないと主張するのである。ここに論理的な矛盾はない。すると批判者たちの主張を受け入れる必要はない。その人たちのここでの論の眼目は、論敵たち（生命の神聖を言う人たち）が自らの主張を自ら裏切っていることを指摘する（ことによって自らの優越性を言う）ことにあるが、それは一定の妥当性を有するものの、結局はうまくいかない。

そして批判者たちも、自らの主張をより積極的に示さなければならなくなる。その人たち自身は何を言っているのか。第1章でそれを見た。そしてその主張を受け入れる必要がないことを述べた。

ではそれは「尊重」を強化するということか。批判者に比べれば、そして批判者が捉える限りでの——実際には相対的な——尊重派に比べれば、そうだと言ってもよい。ただ私は、

「絶対尊重」の立場には立たない。線の引き方が異なるということだ。このことを第1節に述べた。

3―先まで行ってなかを取る、に対して

以上、もうやっているのだから、というものの言い方、実質的には認められていることを公認しようというだけなのだという論法について見てきた。もう一つ、それと対照的に見える論の用い方がある。みなもう同じなのだ、みな仲間なのだと言って陣地を広げるというのが前項で見たやり方だが、自分は先まで走って行ってしまって、誰かが中間をとる。これも、なかなか有効な手ではあって、私たちもよく使う。大きく主張する人と、間をとる人と違ったほうがよさそうだが、両方の役を自分が担当することもある。

前項ではみながやっているのと同じだと言ったシンガーは、他方で、伝統の破壊者として自らを規定する。クーゼも同じように言う。

それは、この領域でのきまり文句のようなものでもある。この件に限らず、とくに死については同じ語り方がよくなされる。ここでは「生命尊重」という「伝統」に反旗が翻される。他方では、「たんなる延命」に向かってしまう「近代医療」に対する批判が、中身としては同じことを言う。そして、いずれについても、常に既にある「常識」が、「新たに」槍玉にあげられるのだが、実際にはその批判・反省の行ない自体が既にもう何十年と繰り返されて

いるという具合になっている。例えば、死について何を考えたら考えることになるのかわからないまま、「私たちは死について考えることを怠ってきたから（今日から）考えましょう」という言葉が毎日繰り返されるのである★[18]。

しかし今あるもの、そして／あるいは昔からある（とされている）ものの破壊は、現在や伝統に安住する多くの人を敵にまわすことにならないか。そうかもしれず、シンガーたちもあえてそれを引き受け、それを楽しんでいるようだ。

ただ、なんでもありという「ラディカル」な人たちがいてくれると、今度は、そこまでは行かないものがすべてかなり穏便なものとして受け止められ、受け入れられることになるかもしれない。例えばシンガーたちは「（積極的）安楽死」を認めるのだが、そうすると、そこまで行かない「尊厳死」の許容は、穏健で中庸な立場に見えてくるといったことがある。それも認めない人はよほど偏屈な人間だということになるのである。実際にまったくそのとおりのことを言う主張がこれまでなされてきた。

つまり、既に認められているBと新たに認めようというAはじつは同じだと言ってAをよしとするのが前項にみた論法だが、Aを主張した後、それよりは穏健なBを実現させるといった手もある。これは主張する本人が意図している場合とそうでない場合とがある。なにかを要求する時に、誰かが、一〇〇を要求しそれをあくまで言い続けるが、別の誰かが間に入って、五〇もらえるなら飲んでもよいと持ちかけ、そこに収める。両者がじつはぐるになっていること、また、とくに連絡をとりあっているわけではないが、それぞれの役割を暗黙に承認しあっているといったことがある。この場合にはシンガーたちはあくまでAを主張しているのだろうから、Bで落ち着いたら、本人たち的には不本意ということはあるだろう。ただ、現実にはしばしば、「より穏健なもの」が実現され普及していくことはある。

その場合にはどのように言うか。まず、AはAとして、たんに間をとるためのアドバルーンのようなものだと軽く見るのではなく、それはそれとして考えて、認められないなら認められないと言うことである。次に、Bはそれ自体として正当化されねばならないということだ。Aより「穏健」であるように見えるからといって、それはBがよいことを意味するわけではもちろんない。そしてその場合に、「なさない」という場合にも、それが確実に死をもたらすなら、それは積極的な行ないと実質的には同じ場合がある。これは前項に見たことであり、繰り返すと、私たちは同じである場合があることを認めたうえで、Bを認めるならAも認めよとするのではなく、AもBも認めないとするのである。

だから両者についてなされるべきは、結局一つの同じことだ。やはり、小さく見えるかもしれない差異を見ていくということである。すると、よりずっと「中庸」なことのように見えること、つまり、やめること、差し控えることが、中庸なこと穏当なことでは「ない」こと（があること）がわかる。

こうして、乗らずにすむ話にうっかり乗ってしまうことを防ぐ。その差をもたらすのは、人が意識し恐れる存在だということだ。それはよいことではないが仕方のないことだと私たちは述べた。

では意識をとても大切にするはずの人たちは、このことに気づかないのだろうか。一つにそんな場合も、意外に、ある。もう一つ、それは気づかないことにも関わるのだが、自らが制御しえないと思われることをも制御すること、しようとすることに、あらかじめの価値を付与しているという場合だ。死をわかって行なうことのほうが立派であると考えるなら、わからないまま死ぬことと、わかってわかった通りに死を行なうことでは、同じか、むしろ後者のほうが立派だということになる。そしてこれは極端であるとともに、少しも新規な考え方ではない。その意味でこれはまったく近代社会の伝統に乗っ取った考え方であり、作法の勧めということになる。第1章に見た論は、新規であるより、まったく普通に凡庸に近代の伝統を継いでいると見たほうがよいのである。

そしてそれは、私の死を恐れてしまう私より、私を殺してしまう私のほうが偉いのだということであって、超越できないものを超越しようとする営みが肯定されているということである。その超越する私の代わりに別の超越するものをもってきても結果としては同じことが起こる。つまり、人はそのもののために死ぬことになるだろう。第4章ではそのことも見ていくことになる。

★1――『人命の特別を言わず＊言う　補註』（説明は本書一六頁）では該当箇所の全体を引用している。

★2――「線を引く時も引かない時も、どんな線を引く時も、それは必ず、私達の側の理由に発している。その存在が人である、すなわち殺してならない存在であると思うのも私であり、そうではないと思うのも私である。その限りでは同じである。これはいずれの立場に立つ場合にもわかっておく必要がある。資格を持ち出す人達はこのことがわかっていない。あるいは曖昧にしている。しかじかの資格をもたない存在は生きる権利がない、のではなくて、しかじかの資格をもたない存在を殺してもよいと私達はする、しようと思うということである。ここまでは、資格を持ち出す人にも是非認めてもらわなければならない。

　ただ、このことを確認した上で、どちらにしても、これらのこと一切が人の内部でしかないとは言えない。いずれにしても、それは私の他者に対する関係である。B資格を満たさないから死んでよいとするのも私達の思いであり、A'そういうわけにはいかないと思うのも私達の思いである。」（立岩［1997→2013a: 326–327］）

「線引き」について。例えば『相模原障害者殺傷事件――優生思想とヘイトクライム』（立岩・杉田［2017a］）の帯には「あらゆる生の線引きを拒絶する」とあり、その本に収められている杉田俊介との対談の題は「生の線引きを拒絶し、暴力に線を引く」。私はその対談の終わりで、「線を引くのは確かに暴力です。でも、暴力的にでも線を引かなくてはいけないこともあるのです。線を引かないと、ずるずるってなって、べろって剝がれてしまうこともあるわけですから。」（立岩・杉田［2017b: 238］）と言っている。それを西成彦が、ジェノサイド、戦時性暴力、ミソジニー…のことを書いた『声の文学』（西［2021］）で取り上げている。

★3――ゆえに小松美彦の『死は共鳴する』（小松［1996］）の主張をそのまま肯定しない。小松の論の検討・批判は、「死の決定について」（立岩［2000c］）で行なった。この文章は大庭健（『補註』立岩［2022b］でその論を紹介・検討した）と鷲田清一の共編の本『所有のエチカ』（大庭・鷲田［2000］）に収録されたもの。後に『唯の生』（立岩［2009］）に収録され、この度『良い死／唯の生』（立岩［2022c］）に収録した。なお、その批判は「共同性」に依拠する部分についてであり、他の多くの論点については、私は小松の主張に同意している。その後の小松の著作に小松［2000］［2004a］［2004b］［2012］がある。

その差異は、この社会に対抗する根拠として共同性を言う流れがあってきたことの捉え方をめぐってあるものだと思う。それを基本的に肯定的に受け入れ続けた人たちがいて、小松はその一人だと思う。それには十分な力があることを認めながら、私は違うように言おうと思って書いてきた。

以下は小松についての個人的回顧。なお「民青」は「民主青年同盟」。日本共産党系の学生組織。

「大学などない田舎にいたわけだから、誤解していたところ、間違った期待をしていたところもある。高校生のとき、大江健三郎の小説は読んでいた。彼は東大の文学部を卒業した人だ。なにか「そういう人」がたくさんいるような気持ちがしていたのだ。しかし、当たり前のことだが――そこらに大江健三郎のような人ばかりいたら、それはそれでたいへんである――そんなことはなく、普通だった。もっと言うと、説明は略すが、「嫌いなタイプ」の人たちもいて、どうもいけなかった。比べれば、湿った・湿気った（と私には聞こえた）演説を繰り返している民青の学生の方がよかったぐらいだ。そんなこともあり、いくらか違うかんじの人たち、そして「政治的嗜好」に似たところがある人たちとのつきあいの方が気持ちがよかった。例えば、小松美彦がいて、彼はそのころから妙な貫禄があった。後に彼は河合塾という予備校の小論文講師になり、予備校生を煽動していたのだが、それはとても彼には似合っているように思われ、後に大学の教師になり『死は共鳴する』（一九九六年）などという本を出したりするとは思わなかった。また、大学を終えた後技術系の翻訳で生計を立て、ダナ・ハラウェイという人の『猿と女とサイボーグ――自然の再発明』の翻訳（二〇〇〇年）を出すことになったりもする高橋さきのといった人もいた。」（立岩［2007-2017（1）］）

『猿と女とサイボーグ』は、「サイボーグたちは、真の生命/生活を得んがための犠牲といった発想をイデオロギーの源泉とすることを拒む。〔…〕生存こそが最大の関心事である」(Haraway [1991 = 2000: 339])といったあたりが気にいって、『ALS――不動の身体と息する機械』(立岩[2004f])に引用した。『動物倫理の最前線――批判的動物研究とは何か』では「動物労働の理論形成に大きく寄与した」人としてハラウェイを取り上げ、批判がなされている(井上太一[2022: 227-233])。

★4――続きは以下。「こうした主題について考えるのであれば、最低、以上は押さえておくべきだと思う。第9章で「出生前診断」「選択的中絶」という、やはり少しも明るくない主題について考えることになるのだが、そこではここで述べたことと一部同じことを言い、また別のことを述べることになる。それを、いずれも生存の資格の問題であり同じ問題だと考えるのだとすれば、それは粗雑な思考であり、論理と称するものが、私達が思ったり悩んだりする現実――それも、論理を操ることを仕事にする人が論理と称するものよりは複雑ではあろうが、ある論理を備えている――に追い付いていないということだと考える。」(立岩[1997→2013a: 332])

言いたかったこと、しかしここで明示していないことの一つは単純だ。つまり、死んでもらうことと産まないことの動機・利害が同じであっても、既に人が生きていて恐怖や苦痛がある場合と、そうでない場合とは、異なる。その本の第9章で考えられたことは書いたから、ということもあるが、その本以後私は、既に生きてしまった人たちが死のうとすること、安楽死や尊厳死と呼ばれることについて、夥しい数の文章を書くことになったが、基本的なことは、今度『良い死/唯の生』として刊行された『良い死』と『唯の生』とでほぼ言い尽くしたと思う。

★5――このことは、死刑を執行する人に対しても、通常、苦を与えることになる。では快を得るような人――そんな人も実在するだろう――に委ねればよいか。そうとも思えない。死刑執行人の歴史について『死刑執行人の日本史』(櫻井悟史[2011])。

★6――『自己決定権は幻想である』(小松美彦［2004b］)、『脳のエシックス――脳神経倫理学入門』(美馬達哉［2010: 118 ff.］) 等。

★7――『私的所有論　第2版』に加えた「ごく単純な基本・確かに不確かな境界――第2版補章・1」の註14より。

「功利の計算は多くの場合に有益であり大切である。しかしいつもではない。例えば人々の幸福の平均値を上げることが目的とされるなら、値の低い人を除外したほうがよいということにもなるだろう。

人間は、相手が「人間」であっても、正当化された罰としてでなくとも、正当化された争いにおいてでなくとも、殺してきた。それは良くないことであるとされてきた。【しかし第2章4節1で紹介したように生存籤が正当化されるなら――多くそこまで徹底していないから、死の定義を変更するなどして利用しているのだが――殺人もまたよいということになる。以上述べてきた私たちの立場からは、こうした計算、計算にもとづいた行ないは基本的に正当化されない。「集計」という行ないが間違えていることがある。

もっとも、「救命ボート問題」として知られているような状況においてその計算がやむなく必要である場合があることは認める。しかし、そんな状況は一般的なことではないから、一般的・代表的なことをまず語るべきでないし、さらにそうした状況を減らすことができるし、まずそのことをするべきである。(そのようであってならないという感覚もまた功利の計算に算入されることになるかもしれず、されるべきであるという主張は、功利主義にとっても受け入れねばならない主張であるように思われる。そして、それは新古典派の経済学に対して常套的に言われることでもある。そして指摘された側は正しい計算をするためには、その指摘を受け入れることになるだろう。しかし、問題はここで起こる。そこでなされる計算とは何かである。例えば今述べた「感覚」は計算のリセットを求める。それをどう計算するのか。」(立岩［1997→2013a: 808-809］)

★8――『私的所有論』第9章4節2が「死／苦痛」。以下はその一部。

その存在に予想される苦痛によって存在を現すことをしないという「行いが何か空虚であるとすれば、それは、長く、苦痛の少ない生の方がよい生であろうと思う私の感覚によって、何事かを決定した、変えたということである。それは私の都合というわけではない。しかしそれでも私がそのように思うのであり、私が決定している。多分、それは「よいこと」ではない。というのも、この決定があればなかった生が一つあることになって、そしてその生はあった瞬間から、それが短いものであったとしても、独自の生として現れ、しばらく持続し、やがて終わるのだから。苦痛を想像してそれを選ばなかったのは私であり、その私は、苦痛がある時には苦痛とともに生きる存在があるのだという精神の強度をもつことができなかったのだ。当の存在にあくまで即そうとする時、これは正当化されない行いである。」（立岩［1997→2013a: 673-674］）

★9――清水［2000］に対する書評より。「仲良くできる人たちの現場もあるが、それだけではない。だから「よりよいあり方」を示せばよい、か。正解だとは思う。だが、様々な力関係があり、それに対して（喧嘩にならないための、喧嘩をするための）「現場に臨む」「倫理」もあるのではないかと思う人もいるだろう。」（立岩［2000a］）

『唯の生』に収録した（『良い死／唯の生』に再録される）「より苦痛な生／苦痛な生／安楽な死」（立岩［2004e］）は、清水の著作の別の論点を検討・批判したもの。

★10――二〇〇六年に『通販生活』に掲載された短文（立岩［2006b］）を「急ぐ人のために――最も短い版」と改題して『良い死』（→『良い死／唯の生』）に収録した。なおここでは安楽死と尊厳死とはそう大きく異なるものと捉えられていない。

「尊厳死を望む理由には、まず、病による身体的な苦痛があるでしょう。たしかにこれは大きな問題です。でも、ていねいな対応が大前提です。日本の医療はそれが下手ですが、それをなんとかすれば、かなり少なくできます。患者の苦痛を緩和する努力を十分にせずに尊厳死を語るのは、順序が逆だと思います。苦痛は多くの場合にかなり少なくすることができます。

他方、意識がなくなっていれば、その状態は、本人にとって、よいこともないと言えるとしても、その状態が続いてわるいこともありません。

すると、その当人自身にとって、早く死にたい理由はなくなってきます。

それでもなお、治療を控えたり止めたりするのがよいと人が思うのは〔…〕」（立岩［2008b: 16-17→2022c: 22-23］）

★11――痛みや病や死について、例えば人間存在について反省させ意味を考えさせるといった情緒的なことが語られることがあってきた。『病いの哲学』（小泉［2006］）の著者はそんな話の収め方に反感を感じている。私たちは結局たいしたことはできない。できないから語るが、語る時にはむしろつまらなくしてしまう。つまらないのは仕方がないが、ときに有害である。それが悔しくまた腹立たしくて、なにかおもしろいことを言おう、そんな具合に考えて、『生殖の哲学』（小泉［2003］）、『病いの哲学』、『生と病の哲学――生存のポリティカルエコノミー』（小泉［2012］）など書いてきたのだろうと思う。多分、小泉は身体に存して動いている力を認めようとしている。病んでいようと、いろいろな器具・機械がつながれていようと、身体、身体の内部は動いている。それはその通りだ。そしてその気持ちの幾分かを私も共有している。ただそれを言って、「それで、それから？」、と思うということだ。だが、では代わりになにかあるか、言えるかというと、そうは思いつかない。（それにしても、『病いの哲学』は他に書かれないことが書いてあるよい本で、『唯の生』の第7章は『病いの哲学』について。1「何か言われたことがあったか」、2「死に淫する哲学」、3「病人の肯定という試み」、4「病人の連帯」、5「身体の力を知ること」。『良い死／唯の生』（立岩［2022c］）に再録した。

とりあえず、語ってしまうことや、語ってしまい方を記述することはできる。スーザン・ソンタグは病に、かつては結核に対して、そして癌に対して、そしてエイズについて意味が付与されてきたさまを記し、そしてそれを拒絶した――『隠喩としての病い』（Sontag［1978＝1982］）と『エイズとその隠喩』（Sontag［1989＝1990］）、この二冊は一冊になった（Sontag［1989＝1992］）――ことで知られている。その姿勢はよいと思う。ちなみに、その人は、自らも癌にかかったのだがそれはいったんはなおって、そしてまたかかって、「死生学」的には「往生際」のわるい死に方をした。その最期について、その人の息子であった人が書いた本『死の海を泳いで――スーザン・ソンタグ最期の日々』（Rieff［2008＝2009］）がある。さらに、ソンタグに『他者の苦痛へのまなざし』（Sontag［2003＝2003］）がある。やはりそこでも苦痛についてではなく、苦痛を見ることや描くことが語られている。しかし、まず、私たちにできることは、病や苦しみや痛みや死を、例えば試練として、そこから何かを見出すための手段のように語ることが、実際そんなことはあるのだから、その全般を否定することはないけれども、多くの場合に思慮の足りないものであることを指摘することぐらいではないか。

そして私は、もっとつまらなく退屈に考えることにした。私がしてきたのは、一つには何を悲惨であると私たちは言っているのかということだ。『良い死』の第2章は「自然な死、の代わりの自然の受領としての死」で、その註25（立岩［2008b: 227-230→2022c: 290-293］）で、胎児性の水俣病者とその母を撮った写真をめぐってあったできごとについて記している。そこでは、「ここまで書けばわかるだろう」と、はっきりとは言わなかったが、つまりは、「何をもって私たちは悲惨と思い言うのか」ということだ。強い痛みは悲惨であるだろう。しかし、写真に写っているのはそういうものではない。その話を引きついで、おそろしく単純に短く記したのが『不如意の身体』（立岩［2018b］）の第1章「五つある」、第3章「三つについて・ほんの幾つか」。

そして痛い（が、原因等わからず、病・障害と認められない）病であり障害でもあるものについて、研究したり話をしたいという人たちが何人か周囲に集まってきている。それでまず、「私とからだと困りごと座談会」というZoomでの企画が二〇二一年一一月にあった。企画には何も関わらなかったが、私はその冒頭で挨拶のようなことをしている。その一部を引用しておく。

「中身は何もないんですけれども「痛み・苦痛」というページがあるにはあって。その下にはV「名づけ認め分かり語る…」っていう、これは今日企画運営してくれている中井〔良平〕さんが今、増補してくれてますけど、そういうページがあったりします。何か役に立つかなっていうか、まずこういうものを時々見ていただいていいかなと思って紹介します。

僕は社会学というのをやっていて、それは医療とか障害とか病気とかっていうことに関わってもいるわけだけれども、たとえば「痛み」とか「疲労」とかそういうことについて、社会学、社会科学が何か役に立つようなことを言ってこれたかというと、そんなことはないです。だめなんですね。だけど、だめだって居直っていてもしかたなくて、やれることはやらなきゃっていうことは思っています。そういうことを思ってる人はいるんだろうけれども、「研究は始まったばかりか、始まってもいない」っていう感じだと思うんですよね。それには理由があります。まず、「痛いことをいくらしゃべったって書いたって、痛いものはなくならない」っていうことがあって。どうしようもない、しょうがないって。

ではある、んだけれども、だけど一つ、たとえばその「痛み」に対応する医学的・技術的な処置はそこそこあるわけです。でもなかなかやってくれないと。これは理由があるわけです。現代の医療、近代の医療っていうのは、「痛みを和らげる」っていうようなことにあんまり使命感を感じないっていうか、やりがいを感じてないっていうか、どうでもいいとまでは言いませんけどそんな感じで受け止めてしまっているから、そういう地味な、でも大切な仕事をなかなかしてくれないっていうことはあります。

じゃあ、そこのところをどうしたらいいのかということは考えることができるわけだし。でもそもそもその体験っていうのはどういうものなのかということも知ることができる。

もう一つ、痛みそのものはどうにもならなくても、たとえば、僕は社会学をやってるんだけれども、

「障害学」っていうよくわかんないものもあって、それは、主には、「できない」っていうことに焦点を当てて、できないってことを社会がどうしているか、どうすべきかっていうことをやってきた。痛いことを他人がじかに代わることはできないけども、できないことなら、代わりに他人が補える、社会的に対応できる、ので社会科学の主題になりやすいということもあったと思います。この「できない」ってことと「痛い」ってことは違う。けれども、「痛いからできない」ということはありますよね。そしたら、痛いことそのものはちょっと難しいけど、「痛いからできない」っていうことにかんしては、本来は社会が対応できるはずです。してないけどね。

ではなぜしてないのか、じゃあどうしたらいいのかっていうことを考えるっていう。「痛みの測定が難しいから」とか言われる。それは本当か。本当だとして、測定できないと対応できないか、そんなことないだろう、とか。等々。大切でおもしろいテーマだとも思っていて。もっとみんな考えようよっていうか、調べようよ。調べる前に、どういう経験・体験をしているのかっていうことを知りたいなということを思っています。

それから、「わからない病気」「わからない障害」っていうのも確かにいっぱいあるわけですよね。そうした時にそれをどう考えるのかってことも、難しいけどとても大切なことです。〔…〕」（立岩［2021c］）

★12――このことに関わる書籍を紹介した短文として「摩耗と不惑についての本」（立岩［2004d］）。加筆して『生死の語り行い・2――私の良い死を見つめる本 etc.』（立岩［2017］）に収録した。

★13――『自閉症連続体の時代』（立岩［2014］）の終わりに補章「争いと償いについて」がある。そこで、ときに証明は求められてしまうのではあるが、なくてもさほど支障がないのであれば、求めないほうがよいことがあると述べた。

★14――『生と死の倫理』の書評を『週刊読書人』の依頼で一九九八年に書いている。いつものことだが、字数の制約がきつく難儀した。多くの主題が取り上げられていて、検討・批判は様々可能だが、その一つでもそれなりに行なおうと思ったら、すぐ長くなってしまう。何も中身は書けなかった。本書を補うものとしてオンラインで提供する『補註』（立岩［2022b］）に全文を掲載。そのおわりの部分だけ引用する。「本書で一義的な社会的決定が回避され、それなりに穏当な印象の論調となっているのは、「周囲の人」の扱い方による。筆者は家族の利害を家族外の利害に優先させ、家族の決定を尊重すべきだとする。しかしその理由は何か。家族が負担を負っているから。では、「社会」が負うならどうか。こちらが正しいと言いたいのではない。この時、「社会」が決定者として現われ、新生児の生殺を決めるかもしれないこと、選好と決定が置かれている仕組みを考えるべきなのであり、その解析に向かう装置が筆者の論にはないことを言いたいのだ。安楽死についても、安楽死への「選好」が存在する条件は問われない。ある程度の常識の範囲内で筆者は語る。筆者と読者の共通性によって読者は筆者に感応し、その時に本書は説得の書であり納得の書となる。自分では考えないし、物議をかもしそうなことは言わないが、都合のよい選択肢を支持するそれなりに著名でもある論者が一人いるという安心がその人を呼び寄せてしまうといった怠惰は拒絶しなければならない。他方に、この書の情緒への訴え方、事実の記述の偏りを感じる人がいて当然だと思うが、それは単なる事実誤認でなく筆者の思考の構造に由来する。だから基本的なところから、少なくともこの舌足らずの「書評」の何十倍かの分量の検討がなされるべきである。それは筆者の思考が、現実の私達の思考でもあるからである。」（立岩［1998］）

★15――日本安楽死協会の八一年の「新運動方針」――「一、自発的消極的安楽死に重点を置く〔…〕二、積極的安楽死は原則として認めない」――と、その前と、それ以降について『唯の生』（立岩［2009: 88 ff.］）。この部分は分量の制約から『良い死／唯の生』（立岩［2022c］）には収録されない。『唯の生』の第2章「近い過去と現在」、第3章「有限でもあるから控えることについて――その時代に起こったこと」、第4章「現在」は、オンライン・無償で提供する書籍『生死の語り行い・3――1980年代、2000

年以降』（立岩［2022d］）に収録した。

★16――関連する訳書に――いずれも原題はずいぶんと異なるのだが――『老いの医療――延命主義医療に代わるもの』（Callahan［1987＝1990］）、『自分らしく死ぬ――延命治療がゆがめるもの』（Callahan［2000＝2006］）。天田［2007-(6)］でこれらが紹介され、批判されている。Callahan［1992］［1995］について有馬［2012: 147, 162］で検討されている。他にキャラハンについて論じたものに土井［2008］。

★17――このことは『ＡＬＳ』（立岩［2004f］）で、また清水哲郎の論を検討した「より苦痛な生／苦痛な生／安楽な死」（立岩［2004e］）でも述べている。この文章は『唯の生』（立岩［2009］）に収録し、『良い死／唯の生』（立岩［2002c］）に再録された。

　殺すことと死なせること、死ぬにまかせることとの差異・共通性に関連する文献、苦痛緩和の処置（良いこと）の（副次的）結果としての死（悪いこと）は許容されるといった「二重結果論」に関する文献はたくさんあるようであり、「より苦痛な生／苦痛な生／安楽な死」（立岩［2004e］）でも少しあげている。重複するものも含めいくつか列挙する。Rachels［1975＝1988］、Beauchamp［1978＝1988］、Rachels［1986＝1991］、Molm［1989＝1993］、Brock［1998］、山本［2003］、飯田［2008］。多くの論・論者の見解を検討した理論的な著作として有馬斉の『死ぬ権利はあるか――安楽死、尊厳死、自殺幇助の是非と命の価値』（有馬［2019］）がある。別途検討する。

★18――「死はタブーとされてきた、だから／しかし、私が語る」と言って、幾度も幾度も同じことを繰り返して語るというその語りについて『生死の語り行い・2』（立岩［2017］）で紹介している。

第4章

高めず、認める

1 「現代思想」は使えるか

1―境界を揺るがそうという人々

各国・各地域で哲学者ほかが振る舞う流儀のようなものがあって、私たちは、かなり好き嫌いでどちらに付くのかを決めているように思う。

「英米系」の哲学は、普通の意味で、論理的、あるいは平明である。ときにまったく瑣末とも感じられる論理の操作に付き合うのに疲労しうんざりすることはあるが、いちおう話は順序よく進むのではあり、だからこそ、結局は説明されない――なんでも「そのわけは?」と言い続けることはできるから、これには仕方のないところがある――その前提が見えやすいとか、論理の階段のこの段から次の段にはたして行けるのか不明だといったことを言うことは、比較的に容易である。そして、私の場合には、例えば第1章で検討したような論にどうもおかしなところがあるのではないかと思うものだから、さらにもう一つ加えれば、しかし同時に、その説に――あまり明るい気分で、ではないのだが――否定しがたいところもあり、それで、読書の快楽といったものからは遠いところでそれらを読んでみるというところはある。

そういうものに対して、ずらすとか、はずす、といった思考の様式がある。境界があって範疇があるのだが、その手前を見ようというのである。なんだか割り切れている話は妙にすっきりしているようだが、おかしいのではと思うところがある人たちは、そういうもののほうがおもしろいように思うようだ。

そしてそれは、なにか別のことを言いたいという思いのもとにある。つまり、ひどくわかりやすい言い方で言うと、さきの人たちがよいもの、そして新しいものとして示す別のもの——それが私にはたいして新しい別のものとは思えないのだが——とは別のものを肯定したいように見える。もう少し具体的に言えば、一方の人たちが「まともな」人のあり方をよしとする(そこで、そのあり方に近いがゆえに、ある動物たちを救うべきだとし、ある人を救わなくてよいとする)のに対して、もっと「へんな人」(のあり方)を肯定しようと——しかしその苦難のゆえに、でないとして、苦難とともに——しているようだ。そして私は、それは、基本的に、よいことだと思う。また、構築されてきた「人間」そのものを吟味しようとする姿勢もよいと思う。

そこで、少し、そんな現代思想的あるいはポストモダンなものも読んでみようかということになる。それはよくわかる道筋ではある。ただ、さらに最近のものを読むと、動物愛護の方向において、ずいぶん違うはずだと思う人たちが、例えばシンガーとデリダが、並べられていたりする。いったいこれはどういうことなのだろうと思う。これは意外に、思想というものをどのように見立てるのかという大きな話なのかもしれない。

まず、人間と動物との境界について、ジャック・デリダが何か言っているらしく、それも読まねばならないのだろうか、ということになる。その人との対談（あるいはデリダへのインタビュー）で、ルディネスコが次のように語り、問う。言及されているのは第1章で少し紹介したCavalieri & Singer eds.［1993＝2001］。


ピーター・シンガーとパオラ・カヴァリエリが考え出した「ダーウィン的」計画〔…〕の骨子は、動物たちの権利を制定することで彼らを暴力から保護するのではなくて「人類ではない類人猿たち」に人間の権利を与えようというのです。その論法は私の目には常軌を逸したものと映るのですが、それが依拠している発想は、一方では、類人猿には人間と同じように言語習得を可能にする認知モデルが備わっているから、というものであり、また他方では、狂気や老化、あるいは人間から理性の使用を奪う器質性疾患などに侵された人間などよりも、よっぽど類人猿の方が「人間らしい」から、というものです。

かくして、この計画の発起人たちは、人間と非人間とのあいだに疑わしい境界線を引き、精神障害者を人間界にはもはや所属しない生物種へと仕立て上げ、類人猿を、人間に統合されるけれども、例えばネコ科の動物よりも優等な、あるいは哺乳類であろうとなかろうとそれ以外の動物たちよりも優等な、もうひとつ別の生物種へと仕立て上げるのです。その結果、このふたりの発起人は、どのような新しい治療的ないし実験的取り組みも、動物実験をまず行なわなければならないとする、ニュルンベルク綱領の第三条を非難するのです。あなたはずいぶん以前から動物性の問いに関心をもたれていますので、こうした問題についてご意見を伺えればと思うのですが。（Derrida & Roudinesco［2001＝2003: 91–92］）

それに対して、問われた人はいくつかのことを言っている。本書のもとになっている（『良い死／唯の生』には収録しない）『唯の生』第1章の註では問いの部分だけを紹介した（立岩［2009: 61–62］）が、ここでは応答の部分を引用する。言っていることはあまりはっきりしないように思う。例えば以下。

もっとも権威づけられた哲学や文化がこれこそ「人間の固有性」と信じた特徴のいかなるものも、厳密には、私たち人間が人間と呼ぶところのものの占有物などではないということが証明されうるでしょう〔…〕。（Derrida & Roudinesco［2001＝2003: 98］）

私がしばしば引用するのを好むジェレミー・ベンサムのある言葉があります。それは大体次のように言っています。すなわち、「問題は彼らが語りうるかではなく、苦しみうるかである」。そうです。私たちはそのことを承知していますし、誰もそれを疑うことなどできません。動物は苦しむのであり、その苦しみを表明するのです。動物を実験室の実験に用いたり、さらにはサーカスでの調教に従わせたりするときに、動物が苦しんでいないなどと想像することはできません。ホルモン剤で飼育され、直接牛小屋から屠畜場へ送られる数えられないほど多くの子牛たちが通り過ぎる場面に出くわしたとき、子牛たちが苦しんでないとどうして想像できましょう？　動物の苦しみがどのようなものであるか私たちは知っており、感じ取っているのです。さらに言えば、産業による屠畜行為のせいで、以前よりはるかに多くの動物たちが苦しんでいるのです。（Derrida & Roudinesco［2001＝2003：103］）

聞き手のルディネスコは明らかにシンガー的なものに反感をもっているのだが、デリダはそれにじかに同意を示しているわけではないということだ。そして、動物もまた苦しんでいるのは明らかだとデリダは言う。それはそのとおりだと思う。そしてベンサムなどもってくることにおいてなかなか気が利いているとは思う。[★1]しかしそれは問いに応えているのか。

他に、人間と人間でないものとの境界についての考察として知られているものとして『開かれ』（Agamben［2002＝2004］）がある。[★2]そしてその人にベンヤミンの影響があったことはよく知られている。ベンヤミンは次のように書く。

人間というものは、人間のたんなる生命とけっして一致するものではないし、人間のなかのたんなる生命のみならず、人間の状態と特性をもった何か別のものとも、さらには、とりかえのきかない肉体をもった人格とさえも、一致するものではない。人間がじつにとうといものだとしても（あるいは、地上の生と死と死後の生をつらぬいて人間のなかに存在する生命が、といってもよいが）、それにしても人間の状態は、また人間の肉体的生命、他人によって傷つけられうる生命は、じつにけちなものである。こういう生命は、動物や植物の生命と、本質的にどのような違いがあるのか？　それに、たとえ動植物がとうといとしても、たんなる生命ゆえにとうといとも、生命においてとうといとも、いえはしまい。生命ノトウトサというドグマの起原を探究することは、むだではなかろう。（Benjamin［1921＝1994: 62-63］）

そしてアガンベンの『開かれ』には例えば次のような文章がある。

人間と動物のあいだの分割線がとりわけ人間の内部に移行するとすれば、新たな仕方で提起されなければならないのは、まさに人間――そして「ユマニスム」――という問題なのである。〔…〕われわれが学ばなければならないのは、これら二つの要素の分断の結果生じるものとして人間というものを考察することであり、接合の形而上的な神秘についてではなく、むしろ分離の実践的かつ政治的な神秘について探求するということなのである。もしつねに人間が絶え間のない分割と分断の場である——と同時に結果でもある——とするならば、人間とはいったい何なのか。（Agamben［2002＝2004: 30–31］）

これらは、くっきりと分けて、そのうえで話をしようという流れに対して、それがよくないのではないか、自明とされている境界を問い、ずらそうという流れにあるものだ。ただ、一つひとつの文章に足をとられるということもあるのだが、どうも基本的なところでわからないという感じがあって、それをどう言ったらよいのかと思う。私は、普通にしか、というか私たち、あるいは私が考えてきたようにしか、ものを考えられない。その人たちは、私（たち）がよいと思ったものと同じもの、あるいは似たものを見ているようであり、そして別様に言っているように思えるのだが、それらが私（たち）に何を加えてくれるのか、まだわからない。

2 慣れ親しんでしまった図式

本章のここまでを二〇〇九年に『唯の生』第1章に書いた。その後のことを私は何も知らなかったのだが、デリダは、動物と人間について、ずいぶん関心をもち、まじめに取り組んだそうで、関係する本もいくつか出ているようだ。★3 だから、わからないと言ってばかりいないで、少し考えたほうがよいと思った。

この人たちが話すこと、書くことは、いつものように難しい。ただ、この人の話を援用する人たちは、その難しい話を簡単な構図の話にする。そしてそれにも、たんに誤読とは言えないところがあるように思う。

つまり、デリダであれば、人間＝男が、動物を支配し、言葉を発して、自らを動物でない理性を有する男である人間として、この社会を構築したのだというのが基本的な構図だ。そこには、排除と支配、排除することにおいて成立するような支配があるとされる。周縁化と権力の生起・維持がつなげられる。「境界」を設定するその行ないを問うという営みはたんに知的な営みではないとされる。こうして単純化し通俗化してしまうと、おおむね五〇年とか六〇年とか、私たちに馴染みの図式だ。すると、結局、そういう思考法をどう考えるのかということにもなる。

まず、そんな社会があって、その地域で、そんな具合に動物を扱ってきたというのは事実だとしよう。しかし、どこでもそうなるとは限らないし、実際限らなかったはずだ。すぐ後に見るように、肉食を否定し周縁に置くような社会もあり、そこからさらに変化していくその過程もある。だとすると、まず一つ、動物やその殺生の位置づけには複数があるということだ。こういう指摘自体は、自文化中心主義から一番脱していそうな話がじつはそうではない（かもしれない）という話であり、いささか嫌味ではある。ただ、たんなる嫌味として無視すればよいというものではないはずだ。

むろんデリダたちもそれはわかっていて、より慎重であって、他の著作においてもおおむねそうであるように、自分は西欧社会のことを言っていると言うのだろう。すると、その限りで瑕疵はないということにはなる。しかし、こうして「地域限定」を認めると、そこにあったことに対する批判の論理を、よその地域・文化にもってこれるのかということになる。普通には、それは無理なはずだ。別のことを言わねばならない。これは論理的な要請だ。

そのような理路を通ってなのかそうでないのか、苦痛なら、洋の東西を問わず、人間／非人間を問わず存在するから、ということになるのか、苦痛がもってこられる。デリダのこの主題についての議論を解説する本を書いているパトリック・ロレッドもこの話をもってくる★4。結局ここに話をもっていくのか、そして、それは結局、さきに引いた対談でデリダが言っていることではないかと思う。しかし、苦痛における共通性については誰もがすぐに思うことだし、実際に様々な人たちも言っている。だから、難しいことを難しく書き続けたこの人からどうしても聞かねばならない話ではないと思う。そして苦痛をもってきた時に生ずる話は既にした。苦痛を与え合うことは、自然界において種々の生物・動物が毎日行なっていることだ（七六頁）。その中で、すくなくとも事実上、人間だけが殺生を控えるべきだとし、そしてそれをさらに、非西欧社会についても主張するのだとすると、それはなぜかと思うし、それはそのデリダという人自身の長らくの言論の趣旨に合っているのかどうかと考えると、そうではないのではないかと思う。

3―そんなに効いているのか

もう一つ、このような構図がどれだけ効いているかだ。この人たちの図式は、意外に古典的でいくらか観念的な図式なのかもしれない。つまり、たいへんに単純化すると、区切りをいれ、ある範疇を外側に除外することによって、あるいは縁の辺りに置くことによって、自らの支配が成立する、権力が作動するといった話だ。それは、もちろんいくらかは当たっているのだろう。種々の差別について言われてきたのはだいたいにおいてそうしたことだった。しかし、その作用力をどれほど強いものと見積もることができるだろうか。★5

例えば、「ホモ・サケル」、「剝き出しの生」の人たちはこれまでたくさんいたし、そう簡単にいなくなることもないだろう。しかし、そういうことが生じてしまうことがこれまで多々あって、それへの対処に困るといったことも多々あって今もあるけれども、そのことが、ある政治・権力・支配を維持させるという話をどこまでまじめに受け取るべきか。

そうした存在を放置したり無視したりするのに、「人間観」が関わっていることはあるだろうし、第1章に紹介した議論もそこに作用することはありうると思う。ただ、排除や周縁化の大きな部分は、その時々の利害や力の配置、その不在といったものによると考えたほうが常識的であり、そして間違いではないはずだ。そしてそのことは、完全な解決はたいへんに困難であるとしても、そこそこにできることも多々あることを示すのでもある。さらに、ここに動物の排除・殺生の話がどこまで効いているのかと冷静に考えると、そこに見込まれる効力は強すぎるのではないか。

たしかに、この世には排除もあるし介入もある。それはおおいに、しかし冷静に語られたらよいと思う。それは、社会の成立であるとか存立であるとか大仰なことではなく、そこいらに、平凡に、遍在もし、偏在もしていることだ。

「生権力」についても同じことが言える。その行使をもたらすものは、基本的には、生産への強迫であり、生産に関わる人間の質の向上や低下の防止である。それは本書が対象にしてきた社会・人間が駆動するものであってきた。そしてその生権力は、少し歴史的なことを調べて書きながら思ってきたことだが、たいがいの場合には、まったく凡庸に作動してきたし、今もそうであることを述べてきた。[★6] 駆動するそのもとにあるものは同じだが、あとは、種々の利害関係者が自らの権益を増やそうとしたり損失を防ごうとする。その利害はたいがいは複数ではあるが、個々はそこそこに単純なものである。

権力があらかじめよからぬものであるなどと言っていないと言われるだろうし、それはその通りなのだが、それでも、それはときによくないことを生じさせる。そして、それがよくない理由も、難しい理由からではない。そして、あったらまずいものは減らしたらよいし、減らしても、社会は成立し持続するだろう。そのようにあるもの、増やすもの、減らすものを加減することができるだろう。★7

だから、採られるべき道は、人間として認められないと排除して周辺化してきた特権的な人間が、反省して、その境界をずらして、動物に優しくなったりすることではない。思考を上乗せして、人間たちが前向きに進んでいくことではない。であるのに、いくらか有名な人たちがいれば、誰が言うことであっても自らの主張を支持するものとして引っぱってこようということになっているように思える。それは残念なことで、よくないことだ。

2 人間的なもの

1 系譜

私は、まず人について、ときにその生死にも関わる境界を引いたものは、結局、第1章にみた「人間的なもの」の規定にあると考える。依然として「主体」であることだと思うし、考えるべきはそれにどう対するかだと思う。それは第1章でみた議論をすなおに捉えればわかることだ。

人間的なもの、つまり意識すること、意識的に制御することは、他のことは上手でない代わりに人間が得た特技なのでもあろうから、必要なことではあり、大切にされるのはわかる。ただ、この社会に起こったのは、それだけのことではない。そこにいくらかの「上乗せ」があった時に、価値の上乗せされた人間が現れる。その道行きは必然とも言えることであって、その道から離脱すること、すくなくとも離脱しきることはできない。しかし、そんなことをしなくてよいことは、それも一つには知的な営為を経てのことだが、わかる。

よいことをする営み、よいことを言う営みを観察する。それは、距離をとろうという行ないだが、たんに観察するというのではなくて、実践的なことでもある。それは規範を言わないということではない。言う。ただ言うときにその言い方、位置づくその位置に注意深くあろうという態度であり、そうした態度による思考である。それは観念・言説の効果・帰結を測る。

だから、それ自体はまずは、処世の際のまったく穏当な心がけのようなものであり、学問をする時の心構えのようなものだ。ただ意外なほどなされていない。それはよくないと思う。以下では、一人とその人を共通の祖先とするその後の二人が述べたことを見ていく。

2―罪の主体・行ないの主体

「主体」はいろいろな現れ方をする。その筋は複数あるが、数は多くない。

生きるに際して、ものを得ようとする。それは、たいがいは獲物をとって食べるといった、わかりやすいことだ。生きていくのに必要なものを得る。得て暮らす。必要なことであり、そのことをよいとすれば、よいことだが、わざわざそのように言う必要もないことだ。ただ、もっと大きなものを得ようとなれば、それだけでは得られないと思われる。すると、たんになにか（よいこと）をしてなにか（よいこと）を得ようということではなく、普通でないこと、普通より多くのこと大きなこと難しいことをして、もっと大きなものを得ようとする。宗教にはそんなところがある。

死後に救われるかどうかとか、そうしたことが気になってしまい、それが（よい）答えの欲しい問いになり、その実現が課題になる。この時には、求められているものも、それに関わることの因果、経路も、それほど可視的ではない。だから、その道筋もいくつかに分かれる。普通に求められないものを求めるのが宗教というもの、そこで起こるできごとだと考えてよい。

まずはルールを守ってよい行ないをするのがよいとされ、それが救いにつながるとされる。ただ、得たいものがそう簡単には得られないものであるとなると、難しい行ないを行なう方向に行くこともある。

しかしそれはおかしい、よくないと言われることがある。そんな行ないができる人たちは限られていて、そんな余裕のない人たちもいくらもいるだろうというのだ。些細なきまりを大事にしていると言うのは批判する側なのだから、実際にはどの程度なのか、批判者たちの言うことをそのままには受け取ることもないかもしれない。ただ実際、その面を捉えて、ユダヤ教を戒律主義・律法主義であり、選良のものだと批判して、キリスト教が出てくる。すくなくとも一つの路《みち》がそのようなものだ。★8

それは、行為ではなく、その背後に罪を見出す。あるいは、罪が宿る場所としての「内面」を作ることになった。するとその領域での罪は否定できない。皆に内面の罪がある。皆が罪人になる。そしてそれは自分では救えない。その救い主として神がいる。問われたり、あるいは自ら問うなら、罪の「もと」になる思いがないことを証せる人はいない。するとその教えはすべての人に及ぶ。自らが主体であり・主人であることによって、隷属するという構図が現れる。この罪の範式においては、自分では除去できないものを神が許して救ってくれるという体裁になっている。このように普遍性が獲得される。そんな仕組みになっている。

ニーチェは、人を神に、むしろその代理人・組織につなげてしまうその仕組みを記し、そして糾《ただ》した。『善悪の彼岸』(Nietzsche[1885-86])、『道徳の系譜』([1887])等が知られている。二つを一冊にしたものがちくま学芸文庫になっている。

執拗にキリスト教を非難したその人の情熱がいったいどこから来たのか知らない。ただ、神さまとは言っても、間にいるのは教会であり、罪について聞き出したりするのは司祭だとかそんな人たちでもある。そこに権力は生ずる。そんな人たちや、そんな人たちの教会、その教会に支配される社会に下属するのが嫌だったのだろう。そういう仕掛けに対する強い恨みをもっていたのかもしれない。そういうものによって弱くされてしまう人、卑屈になってしまう人が嫌いで、それに対抗する力、別の強度を見ようとしたのかもしれない。きっとニーチェは、もっとはればばれとした人のあり方を求めたのだろう。しかし、たびたびの繰り返しになるが、なにかを批判する際に、他方に「よいもの」をもってこなければならないわけではない。そのよいものをもってこようという所作は、不要というより有害なことにもなりうる。だから、例えば「超人」といったものを信じる必要はとくにないと思う。それでも、その気持ちはわからないではない。[★9]

もちろん、律法主義を採らないといっても、守るべき行ないについてのきまりは決められ、遵守すべきものとされる。行為と内面とがつながったうえで、どこが強調されるかは時によって変わる。この宗教にしても、多くの人たちはもっとおおらかに神を信じ、おおらかに帰依する。ただ自らによいことがあるように、そしてそれは自分でかなえられることではないから、祈る。ただ、ときに、人間、人間の内部、内部と行為の結びつきが顕在化し、大きくなる。

とくにこの世でうまくやっている人たちは、なにがしかうしろめたいこともしているから、罪を免れていることにさほど自信はない。救われるとはなかなか思えない。そこで、やはりよいことをしてなんとか、ということになる。その人たちは持つものは持っているから、行ない、というよりむしろその結果として得られたとされる財を教会に寄進する。神を代理する組織は富を増やす。天国と地獄の間に「煉獄」（Le Goff［1981＝1988］）といったものがあることになると、今までなら地獄行きかと思っていたが、煉獄にいったんとどめてもらえると思う人たちが、ゆくゆくは天国に上がっていければと、死後ミサなどしてもらうために寄進を行なう。その仕組みのもとで儲かる人たちがおり、組織がある。

それを、堕落している、と批判する人たち＝プロテスタントが現れる。神が実質的には人間の申し出に応じるというのなら、それは交渉における対等な関係に近くなってしまう。神がそんな存在であるはずはなく、もっとずっと隔絶した絶対的なものだとされる。その信仰の方向の一部は、救われる・救われないは既に予定されている、しかもその予定を人は知ることができないとする。予定されているなら、何もしようがないようにも思われ、すっかり投げやりになり自堕落になってしまうような気もする。しかし、自らを律して世界の富を増やすそのように自分が存在していることによって予めの救いを信じようとしたのだと、そしてその信仰と、そんなことが信じられた地域における資本主義の隆盛とが関係しているというのが、ウェーバーが『プロテスタンティズムの倫理と資本主義の精神』（Weber［1904/1905＝1989］）に記したことだ。★10 ニーチェから二〇年ほど後、このことが言われた。

人が救われる救われないを神が予定し、人はその予定を知ることができないとしたうえで、予定されていることを信じようとする。これは非常に奇妙で倒錯した教義だと思える。ただ、これはたんに宗教由来とは言えないはずだが、神とその救いについての信仰に加え、人の営みにより地上の富を増やすことが神の栄光を増やすことであり、その営みをなすことが自らの価値であるとされる。それが信じられているなら、この構図は現れる。さらに、直接に知られないことによって、かえって、それを一貫性をもって不断に行なう方向に強化される。ただ決まったことをこなしていればよいということではない。そして、信仰そのものが薄くなっていっても、その価値の構図は維持される。

そして、その世紀の後半、ニーチェを継いだのはフーコーだ。さきに、生権力だとか生政治といったものは、この社会においてたしかに大きな部分だが、この人に言われなくても人々は体験してきたし知っていたし、言葉にもしてきたことだと述べた。それより、ニーチェを継いで、「主体化」(フランス語では assujettissement、sujet は「主体」の意味を有するとともに「臣下」の意味をもっている)を言ったことが大切なことだったと思う。ただ、それを言ったのは『監獄の誕生』(Foucault [1975 = 1977])での「パノプティコン(一望監視装置)」の描述においてだったという捉え方もあったが、それはいささか乱暴な話だ。それではなく、『性の歴史』第1巻で、教会での告解において各人が自らの性について語り、その主体となることによって神に従属する、その構図と様子が描かれる。★11 それは普通にニーチェを継承し、反復している。そしてその人もたぶんやはり、そのような体制から逃げようとしている。ゲイに教会が冷たいといった事情があったと記している本もある。[★12]

3 — 主体の遇し方

ここにも、代わりにどういう道があるのかという問いはある。ある地域の教養ある人たちであれば、ギリシア的なものが、あるいはローマ的なものが呼び出されるのかもしれない。『性の歴史』の続きもそんな具合になっている。[★13] それもわかりはするが、そのような道を行くのだけがよいのかとも思う。

まず、こうした世界に住まっているという感覚や、そこから脱出したいという望みは、私自身の現実としてあったわけではない。私の関心の対象としては、普通に経済的な意味での所有についての規則や観念がさきにあった。それが検討し批判する対象であったし、それは今も変わらない。それを批判することは、第1章に記したことと同様に、簡単だと思ってきたし、今も思っている。しかし、私から発したものが私に還ってきて私を作り規定し・規制するというその構制は、強く信じられているようだ。その信は深くて広い。どうしてそんなことになってしまっているのか。そんなことで、刑罰・行刑の歴史について書かれたものや、やはりキリスト教は大切なのだろうと思って、アウグスティヌスやトマスの翻訳ものの全集を少し見たりした。

刑罰・行刑の歴史と経済・所有のこと、その両方を「主体の系譜」という題の修士論文（立岩［1985］、ただ現物はどこにもない）に書いた。『監獄の誕生』で言われていることがそれほど新しいことではないといったことはすぐに確認できた。ただ論文自体はまとまらずに終わった。『私的所有論』では狭義の所有のほうについてだけ書いた。

自らから発したものが自らに還ってくる。これが基本的な構図であることは明らかだと考えた。生産の主体であることによって、所有の主体であるという規範がある。また生産する主体であることが、それを立派に行なう者は神の救いを予定されているといった観念に仲介され、人間の価値とされる。私（たち）は、財の所有についてはこの構図を基本的には否定する。その考えは変わらないし、変えるつもりもないのだが、すると、その考えを一貫させるなら、責任・刑罰についても、帰責の構図を否定することになるだろうか。

そこがうまく言えなかった。長いこと、そのごく単純な問いを思ってきた。そして今は、この構図を否定するか肯定するかということではないのだろうと、まったく穏当なことを考えている。私があることを行なった。それがその人に帰属され帰責されることがある。その強さに違いはあるが、個人への帰責がまったくない社会は想定しにくい。実際、人為や、人の意図をまったく算入することのない社会はまずない。そして、この契機を無視し、またなくしてしまうことはよくない。とくに人を毀損する行ないについて、それを意図し、実際に行なった者が責を負うことはあってよいとする。★14

こうして、帰属↓帰責の観念とその仕組みはどんな社会にもいくらかはあるし、あってよいと私は捉える。ただ、この図式を強化し拡大する装置があるのかないのか。そのことによって社会と人のありようは変わってくる。そのように見ていくことにする。

内面↓行ないという構図が人々に書き込まれているとしよう。すると、自らを示すものは、自らに見えなくても自らの中にあるのだとなる。既に自己を制御し行為を行なう人間が（価値ある）人間であるという価値があるなら、選ばれているというそのこと自体は人間には見えないが、その行ないは、選ばれていることを示すとされることはある。そしてこのつながりは、特定の宗教を信じるとか知っているとかに関わりなく、社会の中で広がり強まることになる。むろん、こんな不思議なことを信じられる人は多くはないのだが、たいして信じない人たちもそれに巻き込まれることになる。最後までそんな図式を知らず信じない人たちもいるが、その人たちは、普通に人が知っていることを知らず、従うべき規範に従えない人であるとされるのだ。

主体の構図から完全には逃れられないし、またそうすべきでもないのだろうと私は思う。その全体を否定することはない。実際、人間が主体であることは事実として否定できないし、そこに責任は生ずる。自らが知って決めて行なったことについて、そしてそれがとりわけ相手の人を毀損する行ないであるならその責任は問われる。それは、「自由意志」といったものが実在するか否かといった議論とは別に言えることだ。結局、それはなくならないし、なくすべきことでもない。

しかし、同時に、自らに返ってくる分をあまり大きく計算することはないということだ。よいことであれ、よくないことであれ、私がこの社会で私のこととされることをたくさん引き受けてしまうこと、それはもちろん人によっては益をもたらすのだが、その構図とこの構図のもとでの財の配分が負荷になることが起こる。同時に、他の人たち、社会の他の部分は負担が少なくなる。それは不要であり不当であると言える場合がたくさんある。

これ自体はおそろしく単純な話だ。つまり、あるかないかではなく、強くするものと弱くするものがある。そして弱くしたほうがよいことがある。第1章で見たものは、今はもう少し穏健なものが多いのかもしれないのだが、しなくてもよいことを言い、強くする必要のないものを強くしている。

3 人間を高めず認める

1 還る思想

人間的になってしまう経路、人が行く道を辿る人たちがいたことを述べた。ウェーバーはきっとそうでもないのだろうが、さきにあげたそんなことをわざわざ書く人たちは、きっとそれはよからぬことであると思っている。次に何を言うか。いくつかありうるのだろうが、一つには、その道を行ったと思われる人の跡を辿ることだ。

吉本隆明は幾度も新約聖書（福音書）について書き、そして、ときには同じ本で、親鸞のことを書いた。「マチウ書試論」（吉本［1959］、マチウ書＝マタイ伝）の最初の部分は一九五四年に発表された。また、親鸞を論じた著作として代表的なものに『最後の親鸞』（吉本［1976］）がある。そこに収録されている最初の論考「最後の親鸞」は七四年に発表された（吉本［1974］）。フーコーの『性の歴史』の第一巻は七六年に出版されている（Foucault［1976＝1986］）。『論註と喩』（吉本［1978］）は「喩としてのマルコ伝」と「親鸞論註」からなっている★15。そして、新約聖書についての文章として、ニーチェとマルクスの著作をあげ、「喩としてのマルコ伝」では加えて、ヘーゲルとエンゲルスの仕事に、そしてとくにニーチェに言及している。「マチウ書試論」のあとがきには「キリスト教思想に対する思想的批判としては、ニイチェの「道徳の系譜」を中心とする全著書が圧倒的に優れていると思う。わたしに、キリスト教思想にたいする批判の観点をおしえたのは、ニイチェとマルクスとであった」と記している（吉本［1959→1987］）。

私には、その人が言うことにはたくさんわからないところがある。「アジア的」も「共同幻想」も、よくわからない。だが、執拗に幾度も書かれたこの部分、つまり宗教的なものの道行きを辿っていく部分についてはは信用してよいように思う。★16 なぜキリスト教について親鸞についてこの人は幾度も書いたのか。同じ本にどうして新約聖書と親鸞の話が並列されるのか。

宗教の課題は救いであり、それを求める思いはきっと切実なものなのだろう。そのことはわかりながら、吉本は、自らは信じられない人だと言い、その信じられない人間として、信じることをめぐって人に起こることに関心があったのだろう。その人自身は、救いを信じてはいないが、人々がそれを求めることはわかり、そして考えてしまったり、またそこから脱しようとする道行きに関心があった。人が思ってしまい、辿ってしまう、その道行きを確かめたかったのではないかと思う。そして親鸞自身がそんな人であったと捉えられる。そんなことはないと浄土真宗の信者に言われれば終わりのような話ではあるが、読んでいくとそうかもしれないとは思える。

　仏教的な世界観では、殺生の起こっているこの世は基本的には否定的なものと捉えられている。そこに生じている欲望を捨てることによって、禁欲的・厭世的な種類のよい行ないを積むことによって、その世界から解脱することがよいことであるとされる。ときに「東洋思想」として言われ、常に一定の顧客を獲得しているもの、いまこの国に限らず需要され受容されているものは、このような思想や技術から、解脱や救済に対する真剣さを減じたものだ。悟りということになるとたいそうすぎるが、とにかく心的な境地が追求される。もちろんそれはまったくよいことだ。それで心が落ちついたりもするのだろうし、なにかよいものが見えたりわかったりすることもある。そのことによって、よい人になり、よりよい社会にもなるかもしれない。それはそれでけっこうなものではある。しかし宗教に普通に求められるのは、現世でよいことがあること、そして死後のことだ。

　ただ、自らでそれを得るのはなかなか難しい。とすると、一つ、さきに悟った人などが、代わりに救ってあげるという方向がある。むろん他力を期待する自分自身も信じなければならないし、できることはしなければならない。信じて、偉い人についていって、自分でもできることはする、といったことになる。

　しかしそんなことが疑わしく思えることもある。いつも疑り深い人はいるが、その時々の社会の様子も影響するかもしれない。人が飢えて次々と死んでいくような時に、粗食をして修行をしてということでどうにかなるものなのだろうか。社会や生活の困難は、これまでの信心をより強く堅くする方向にも働くが、別の方向に向けさせることもあるだろう。

さきの新約聖書の世界の現れと似ているところの一つは、その時の社会において、よい行ないを重ねてもどうにかなるようには思えなかったということだろう。人の営みの効力についての懐疑があり、選良の思想が信じられなかった。ここには似たところがある。

他方で違うところは、他の宗教・宗派との対立状況において、より広く強い根拠を探し、人々を（可能性としては）自らのもとに置くという道を辿ることはなかったということだろうか。すくなくとも親鸞本人において、既存のものは信じられなかったが、それに打ち勝って、より大きな勢力を得ようということではなかった。ただ、それでも浄土真宗が、結果として人々を捉えたということはあっただろう。すると、より広い範囲の人々を得るということにおいても共通していることになる。

ただそれは、人間的なものを増長することにならなかった。新約の世界では、行ないの宗教への対抗というより、律法主義と捉えられる宗教による抑圧のもとで、より深く人々を捉えるものを自らに有することになる。その取っ手が、人間的なもの、人の内面、罪だった。その罪において神につながれることになった。人の現世での営みが、宗教のもとで、あるいはそれとは直接の関係なく評価される世界では、営む自分、そのことを意識し自覚する自分が大きな位置を占める。現実の閉塞に促されて、行ないの規則によって人を統べる宗教に抑圧され、それに対抗せねばならなかった時には、人間的なものに遡ることによって、すくなくともその観念においては、より広い範囲の人々を獲得しようとすることがあった。そうすると観念の領域が広がることになる。そのことを前節で見た。

他方でここに起こったことは、そもそも人間の普通の営みに否定的な考えから出発したうえで、その営みを延長していくと、得たいものを自らは得られるかと問い、人によって得られるものではないとした。一度だけ仏を信じればよいとされる。さらに、それも人の行ないであるなら、それもいらないとなる。救いの視点から見れば、自力を頼ってしまい、よいことができてしまって、そういう人のほうが救いから遠いということになる。悪人であってもよいのだとする。「悪人正機」が言われる。否定の否定によって、かえって、殺生であるとか普通の人々の営みを、高めることなく認めることになる。認めるのだが、それをできる能力の可否、大小によって人を差別することは否定される。

しかし、そんな筋道の思考・思想があったことが、今日の私たちに意味をもつだろうか。たしかに宗教にとってはそんな理路はあるだろう。救いといった強いものを求める時、他力を言い、他力を得るために自力をじゃまなものとする。だが、私たちは救いを求めているわけではない。救いのために自力がたいしたものではないという話はわかるが、それはこの世では関係がない。その世界では人間が働いて、それでなんとかしている。私たちはもっと普通の生活を送っている。ならば、こんな迂回は必要か。

しかしまず一つ、まじめな人によっていろいろと難しいことが考えられた末に、こういう結論になったようだと思えることで、まずは十分なのだと言おう。人間、人間の資格、人間の営みはそれほどのものではない、そんなことを信じてしまうとかえってよくないらしい。そのわけは自分にはよくわからないが、どうやらきちんと考えて、そのような結論になった人がいた、ならばそういうことでよいのだろうと思える。そのような考えは、多くの宗教、宗教と言う必要のない多くの場にあったはずだ。ただそれをある時期ある地にいた人たちがとくによく聞いてきたということはあり、そのことは現実に対して作用する。

もう一つ、やはりその理路に必然があった、偶然の結果ではないと思う。死後の救済とかいった難しそうなことでないとしても、なにかただ生活と生活の手段が普通にほしいという以上のものを得ようとすると、たいがい小さくとも上昇し超越するほうに行く。現世的な営みを否定して禁欲のほうに行くか、あるいは、そんな場合のほうが少ないかもしれないが、前節にみた一派のように、人としての営みに大きな意味を付すかとなる。その人の営みは、殺して食べることも（その起源は、ある人の見立てによれば忘却されつつ）含めた営みでもあるだろうし（前節）、それを人間的に反省して食べないという営みとなることもある（第1章）。しかし、それは仕方なくしてしまうことではあるが、さほどのことではないことになる。この時、動物とほぼ同等の営みが、立派なこととしてではなく、肯定される。するとその時、人の営みに上下はなくなる。これは宗教という営みの域にまで行く行かないと関係なく言えることだ。

そしてそれは、知の働きについて言えることでもある。たぶん知の動きというもの自体が、いま超越と述べたこととあまり変わりがない。それは自らに促されるように構築されていく。そしてその働きが、否定に行く。すると、人が思考してしまうこと、ただの営みに対してメタになってしまうことを認めながら、それを肯定はしないということになる。今あるものにいくらかの上塗りをすることを人はしてしまうが、それはべつによいことではないという構えだ。それは大切な認識だと思う。

『最後の親鸞』に次のような文章がある。


〈知識〉にとって最後の課題は、頂きを極め、その頂きに人々を誘って蒙をひらくことではない。頂きを極め、そこから世界を見おろすことでもない。頂きを極め、そのまま寂かに〈非知〉に向って着地することができるというのが、おおよそ、どんな種類の〈知〉にとっても最後の課題である。この「そのまま」というのは、わたしたちには不可能に近いので、いわば自覚的に〈非知〉に向って還流するよりほか仕方がない。しかし最後の親鸞は、この「そのまま」というのをやってのけているようにおもわれる。（吉本［1976: 5→1987: 164→2002b: 15］）★17

「どんな種類の〈知〉にとっても最後の課題である」とはいかにもな言い方だが、吉本はそのように言いたかった。その理路にはまだわからないところがある。吉本自身もどこまで詰められていたのかわからないと思う。ただ、読む人にとっては、たぶんそうなんだろうと思うぐらいでよかった。観念が展開していく過程に関心があったし、他方で、そうでない「もと」のものに対する肯定感があった。新約聖書は前者を書くものであり、親鸞は、似ているところがあり、また異なるところがある。同じ本に二つが並行してあることにはそんなわけがあると思う。

2―かけがえのない、大したことのない私

そのときどきに、あるいは毎日、人は文句を言ったり不満をつぶやいたりしてきた。その中で、一九七〇年の前後、世界中にいっとき起こった騒動のことが、まだときどきは語られることがある。もちろんそれも、世界に長く起こってきたことがあってのことだったし、その後にも、問題も運動も引き継がれた。

それは人間がしたことだから当然だが、基本的に、人間のための闘争であり運動だった。人間扱いされなかった人たちについて、市民権を獲得しよう、させようというのだった。言論として社会の表に現れるものは、多く、その社会において意味をもつ内容をもつものになる。その社会で実現はしていないにしても、その社会で正当とされ、使える筋の論理を使お

うとする。例えば公民権運動とはそういうものだ。その正しいことがなかなか実現しないのはなぜか、それはそれで分析すべきことだが、ここでは別にしよう。実現が困難な、しかし獲得すべき守るべき人間的なものがあった。その時、市民でないとされた人たちに十分なその質がある、と主張される。そしてその力量があるのは事実だった。それはほとんど人間扱いされなかった人たちが、人間扱いするようにと主張するものであり、それらはまったくっともなものだった。

人がなす主張・運動の「すべて」をその中に包接することも可能だ。しかし、そうしたものと接し重なりながら、少し肌合いの違うもの言いがあり、言い方があった。

私たちにも人間である資格があると言いながら、同時に資格は本当はどうでもよいと言う。十分にできると言うが、じつはできなくたってかまわないとも思っている。そんな思想、というか気持ちがあった。人間がそう偉いとは思わない。その人々の各々のあり方が、なんでもよいというように肯定されることである。標語としては「能力主義の否定」が言われた。「優生思想に反対」という看板も同義の言葉として使われた。それは、なにもなくても、まずは人＝ヒトであればよい、ということになるが、それでかまわないという構えのものだった。

すると一つに、肯定されるものと、否定されないものは、はたして同じであったのかである。ほとんど変わらないのかもしれない。しかし、立派に普通に人間である人たちという像があって、そこから始めてその集合に属する者たちを加えていく時と、それと逆に、何もないところから始めるのと、順番は異なる。例えば障害者の運動においては、「最重度」の人たちを基点・始点に置くことが言われた★[18]。実際には、実現しやすいところからしか実現はしないだろう。けれども、その姿勢があるのとないのと、同じではない。

もう一つは、言い方のことだ。条件なしに当然に権利がある、と言うのであれば、それはそれで終わりで、なにも付け足しはいらない。しかし、現実的に効果的であるのは情動に訴えることだから、加えて言ったほうがよいということになる。そこで、一方では悲惨を言う。他方では素晴らしさを言う。多くの場合にそれは嘘ではなく、本当のことなのだから、言うべきだし、言ったほうがよい。しかしそのことを言う時に、悔しいと思うことがある。よくないことがあるのは確かだが、同時に、よいこともあるし、よくもわるくもないこともある。しかし、よくないこと悲しいことだけが取りあげられたり、他方では、よいところが強調される。いずれもいくらかずつ外しているように思われ、大げさであるように思われる。さらに、周囲の人たちから悲惨や善良さを過度に強調しているといった具合に受け止められ、それがまた腹立たしいということがある。

ここで、いくらかでもまともな思想は同じになる。天賦の人権とか、道徳律が天から降ってくるかのようにされることが非難されることがあるが、それには明らかな利点もある。周囲がなんと思ってもまた感じても、それと別に、なされるべきことはあるし守られるべききまりはある。そのように人は振る舞うべきだということだ。しかし、それでもなにかよいことやわるいことや理由を言わなければならないと思う人たちもいつでもいるし、そのように言わざるをえない事情も常にある。しかしこの時に、よいものを前に出していくのが当然であると思われているのと、本来は、そんなふうに思ったり言ったり演じたりする必要はないと思われているのと、異なる。★19 そんな恥ずかしいことはできないと、黙ってしまったり、はきはきと言わなくてもよいなら、そのために得られたかもしれないものを得られないといったことも時にあるものの、楽ではある。

それは、基本的には、少しも特殊な時代の特殊な思考ではないと私は思う。むしろ、それが普通のことであるように私には思われる。理詰めで考えていっても必然的な道行きであり、当然の帰結でもあると思う。ただ、私がいくらか知っているのは、一時期のこの国にいた人たちが言ったり行動したことだ。そこにも、いくつかの事情があったと思う。

一つに、前項に紹介した「思想」、悪人正機といった言葉が、考えはしないが育って生きていくなかで聞いてはきたもの、「初期値」のようなものとしてあった。これは、たんなる「建前」のようにしか作用しないこともままあるのだが、それでもそれなりの効力があることは否定できない。人間の多くがもっているもの（その中の少ない人たちは有しておらず、類人猿の多くはもっていたりするもの）をもつことによって自らを肯定するといったことは、すくなくとも堂々と語ってよいようなことではないという感覚はある。

一つに、それは、人間的な仕組みのもとでもよいことがなさそうな人たちによって言われた。もちろん、できないとされていたことが実はできるといったこともたくさんある。また、できないことがありつつできることもたくさんあることは、人間の一般的な存在のあり方ではある。けれども、そのときどきの社会においてより必要とされること、例えば知力を要することと限定するなら、それはできないという人たちがいる。そんな具合に人に思われ、自分でもそれを否定せず、しかし、だからといってこの世にいて暮らしているのは悪いことではないだろうと思って、そのことを言った人たちがいた。その人たちは、その仕組みのもとでは悪の側にいさせられるということであれば、「悪人」といってよいのかもしれないと自らのことを思った。そして、たいへん数少ない人しか知らないことだが、またそのことをそう大きく見る必要はないと私は思うが、二つの契機が合わさることがあった。一九六〇年代に脳性まひの人たちが、カトリックの修道院にいたこともあり、二代続きの社会運動家だった、生臭坊主の類といってよい人とともに茨城県の寺に籠《こ》もって暮らしたことがあった。[★20]ここで「正しい」親鸞の教義が教えられたか、また伝わったかどうかは怪しい。だがそれはそれほど大切なことではないと思う。

そして、もう一つ、科学・学問への否定的・批判的な姿勢の現れがこれに連動した。もちろんそこには公害の大規模な顕在化があった。医療・教育・福祉とされるものによる加害が告発された。科学の名のもとでの侵害への反省があった。加害の側にいるという自覚をもつ人たちが自らを批判し否定した。それはたしかに自虐的な行ないであって、そのことが揶揄されもした。仕事はやめないが否定的であるというその動きは、内部での分裂を生じさせたり、迷走したりして、ことの本性上、だんだん弱まっていくような動きでもあった。かっこうのよいものではなかった。しかし、私はそれをただ嘲笑すればよいものであるとは思えず、全部を捨ててしまえばよいと思わなかったから、『造反有理』（立岩［2013b］）等で、幾度かそうした動きについて記してもきた。★21

それも世界中に起こったことであり、起こるべきことだった。そして自然環境問題については、おおむね、より穏当な共存、持続、制御の方向に行き、他方では、過激な環境原理主義のほうに行く者たちもいた。その双方がまたいっしょになってやっているのが昨今の動向であり、本書で見てきた主張もその一部に位置づくものと捉えることもできる。

その主張や運動や政策の大部分を否定する必要はなく、むしろ積極的に支持するべきことに異論はない。ただ、ときに間違ったことが言われる。だから本書も書いている。

しかしその相手側は雄弁である。ながながと話を続け、繰り返す。その一部を取り上げて、部分的に検討し、批判したり言い直したりする論文がいくらも生産されていく。それに対して、こちらは、社会の具体的なできごとや仕組みについてはいろいろと文句を言い行動すべきことはあるのだが、基本的なことは、「反対！」とか「粉砕！」とか言ってしまった後、ほぼ何も言うことがない。象徴的とされる人物の書いたものであっても、あるいはそうした人たちのものはなおさら、そうしたものだ。田中美津に『かけがえのない、大したことのない私』（田中［2005］）という題の本があるのだが、そんな感じだ。そしてその頃いくらか読まれたものを読んでわかることだが、その肌合いは、学術書の類と比べればもちろんだが、同時期のまたその前後の社会運動の本とも大きく違う。そこには何も難しいことは書かれていない。ただ、ときどき飛躍があったり断定があったり、矛盾しているように思われることが書かれているから、ひどく難しいとも言える。★22

私自身は、そうした流れのわきにいて、それでも理屈を言う必要もあろうと思ったから、理屈を言う側にいてきたつもりだ。するとそれは、弁を弄することを正しくも大切なことと は思っていない味方の側にはあまり受けず、読んでもらえない。損な役回りだとは思ってい るのだが、いったんは言葉にすることに一定の意義もあると考えるから、仕方がないと思っ ている。うまく言葉にできるか自信のない部分は今でもあるのだが、そこには、支持されて よいものがあった。

さきに、「間違ったことを言う」、と書いた。悲惨を言い、調和を言う、それを言うのは間違っていないのだが、言い方が間違っていると思う。もちろん悲惨はあったし今もあるから、それを批判し糾弾し、よくしたらよいし、既によいものはそのままにしたらよい。しかし、品性に欠けるとされる食物（肉）を食べ続ける人々を困った人たちだとしながら、実際には悲惨でないことや人も、悲惨なことや人にしてしまう。それは間違っているということだ。★23

3――人の像は空っぽであってよい

吉本が親鸞について書くのは、いっときの社会の騒乱の少し後、一九七〇年代の半ばあたりになる。この人は、ずっと以前に労働組合運動に関わりそれで消耗した人でもあり、六〇年安保闘争では運動を穏健なものにとどめようとした革新政党と対立した人でもあった。そして「在野」の人であり続けた。その人たちの活動は、大学といった組織や、学といった学問の内部から行なわれたのではない。そして、前衛・前衛党とされる組織も含め、たいがいの組織的なもの体制的なものを批判した。

その姿勢は、組織に疲労し、反感や怨念がある人たちに受容され支持された。主義や組織は自己展開していってろくなものをもたらさないという感覚があった。大学には行ったにせよ、学問の内部に入っていったのではない人たち、そこから離れた人たちに読まれた。私が知っている人たちの多くは既に、あるいはもとより、もっとものを読まない人たちだったから、その人のものも読まれた気配はあまりない。ただ、その周辺にいる人たちには読んだ人がいるだろう。吉本はそんな人たちに一定受容されたのだと思う。[★24]

その人の言葉として知られている「大衆の原像」という言葉があった。吉本がそういう存在を肯定していることは伝わる。[★25] それは、考えて、前に行って、戻って来て、するとそこに最初からいたはずの人がいる、という筋とも重なる。そして、その人には、発生論としても

のを考えて書くところがあった。[★26]

では、そこに「もともと」いるのはいったいどんな人なのか。工学の方面の大学を出ているからというわけではないだろうが、吉本は科学技術に対するあらかじめの反感といったものはもたない人であり、自然に還れ的な発想の人ではなかった。そのほうがよかったと思う。そして「市井の人」、東京の下町の、彼の住んでいた近所にいる人たちを理想化しているといったことが言われることもある。

実際には、あらゆるとまでは言わないとしても、人々の多くは十分に知的であり、いろいろを学び、様々を引き継いで生きている。多くの人が損得を計算し、なかなか難しいことを考え、生きている。結果、ずいぶんと多様でもある。「原像」は、その一部を除外し一部を取り出しているのではないかという疑いが生ずる。その人物像のどこかの部分を取り出すにせよ、その中身は何も言わないにせよ、その大衆の側に自分はいる、その味方だと思う人にとっては、それだけで肯定的な意味合いはあったにせよ、そこから話を進めていくこと、論を組み立てていくことは困難に思われる。

後で付着したいろいろを引き剥がして何が残るのかと考えても、よくはわからないし、また皮を剝いたあげくに何かが出てきたとして、それが良いものかと問えば、そう決まったものではない。それは「疎外論」[★27]をめぐる様々の議論のあげく、私たちが一九八〇年代に確認した数少ないことの一つである。つまり、もともとに「よい人間」がいて、それがしかじか疎外されてよくないことになる、という物語があるのだが、何が「もと」にあるかはたいがい言えないし、仮に言えたとして、そのもとにあるものがその後にあるものよりもよいとは言えない。そして、全般的に社会科学者は、そのことを考えたから、というよりはたいてい、たんに臆病か慎重なために、なにがよいとかよくないとか、そういうことは言わないことになっている。

では何も言うことはない、となるか。そんなことはないと思って私は書いてきた。

そもそも、行って還ってきて言えることは、人がなんであってもよいということだった。その限りで、そもそも具体的な人間の像はそこになくてよい、あるいはないのが当然のことになる。そしてそれは、現世において実際に実現されてよいことだというのだから、生きられる状態が現実に実現されるべきだとなる。そのぐらい緩いところから始めて、緩いままにしながら、それを可能にし容易にする仕組みを考えることができる。人間とその社会ができることはごく部分的なことだが、この程度のことならできる、なのでやる、と言うことはできるし、言うだけでなく行なうことができる。[★28] それは例えば、利口な人にはいろいろと働いてもらいながら、そうでない人も損をしない社会である。考えたくない人が考えずにすむ社会、考えないと損をするので考えざるをえないといったことが少ない社会である。そんなところが「底」ということになる。そのために必要なものは必要、いらないものは不要、あとは各人が勝手に、となる。[★29]

それは人間、人間の社会のもとにあるのか、それが現れた後のできごとなのか。例えば、平等の望みは最初からあるのかそうではないのかといった問いがある。どちらとも言えるだろうし、私はそのことに関心がない。時間的により前にあるのかないのか、過去を辿ったり、実験したりして、わかるすべがあったとして、それは決定的なことではない。前にあるから、あるいは、後に来るから、よいとも言えない。それより、何を置くかであり、次に可能であるか、だからだ。現実に、人＝ヒトがどのようにあってもよいという思いは、なにかの先であれ後であれ、そんなことはどうでもよく、ある。その実現は、人間についての観念によって妨げられ、現実によって困難にされるのだが、可能だ。

だから、思い自体はたいして言葉を要さない。しかし、そのような方向で組み上がっている社会のもとで、その現実と接触する場所で、どのようにふるまっていくか、どのような仕組みを作っていくか。すると、仕方なく思考と言葉は増殖していく[★30]。考えること、作り出すことは、手段として必要である。そして人間たちの趣味でもある。それはそれでよいのだが、よけいなものもたくさん生み出すので、それに応じて熱を冷ます、ときに虚しくもある営みを続けていくことになる。

4 私たちの時代に

1―たいして変わっていない

私たちの時代は救いの時代ではないのだから、いま見てきた話は関係がないだろうか。たしかに私たちが生きているのは、かつてあったものとは異なる世界であるように思える。今のことが、今ように語られる。それが更新されていく。始終、新しい時代が最近始まったといったことが言われる。しかし、意外に、そうでもないと私は思う。

人々が今何を悩んでいるのか知らない。だが、一つ、まったく即物的に傷つけられている。一つ、悩まなくてもよいと思うものに、悩まなくてよいと思いながら、悩んでいる。

例えば、「再帰的近代」といったものが、なにか新しいことのように語られたようだが、それは基本的には、新しいことではない。むしろ、同じことを繰り返している。今どきの人たちは単純に物質主義的ではない。かつてのように、ただものを生産し、物質的なものを得ることがそんなに大切なことだとは思っていない。しかし、生を作品にしようとするそのような営みは失われていないか、あるいはその度合いは強まっている。何を食べるか、食べないかにもそんなところがある。

　そして例えば死の手前で、人ができることなど他に考えつかないということもあるのだろうが、理知的な、あるいはそうであろうとする人が、死を決めて行なう。その人たちは、そのことによって、死を賭して、普通には不如意なものとして到来するしかない死を統べている、という気持ちがする、ということなのかもしれない。そのように本人たちは思っている。自分を作品にしようとする。そのように信じている人たちは、その決意を取り下げたりしないのかもしれない。私は、勝手にすればよいと半ば以上は思う。しかしその人たちも、そんなに本気で信じてはいないところもあり、他方でやはり単純に死にたくないと思ってはいるから、ただ放置しておけばよいというわけにもいかず、面倒なことだと思いながら、そんなに無理をすることはないのではないかと、話を続けることになったりする★[31]。

　そしてその同じ人が、人間的に生物・動物を愛護したりもする。だからこの時代は少しも終わっていない。人々はこの社会・時代の圏内にやはりいるのだろうと思う。とすると、基本的に本章に見た方角に行けばよいということだ。語りようがないと思われることを無理やり語って妙な具合になったり、われながらよくわからない営み自体に価値があるのだと考える必要はない。

　すると、人間と動物の境界が虚構であるなどと言われて怯えることはない。怯えることのほうが間違っているということだ。

人は、まったく物理的に悲惨だ。人が悲惨であったりするときに、その悲惨な人は、人と動物の間の境界線にいて、自分はどちらにいるのか、そんなことで悩んだりしているものなのだろうか。また、他者たちも、そんな人を見て、この人において人間の境界が脅かされているとか、そんなことを思っているのだろうか。そんなことはない。むしろ、広範に、強化された普通の悲惨があってきたし、今もあるということだ。

それに対して、いついかなる場合にも人間に人間の「尊厳」はあるのだと言われたし、それはまったくその通りだ。ただ、その尊厳の言い方は、ときに、収容所にも楽器を演奏する人たちがいたとかいるとかそんな話になってしまった。むろん楽器を演奏できたほうがよいし歌が歌えたほうがよい。それが実際にできたのなら、それはそれでよいことだ。

しかし、その悲惨は、まず、苦しいこと、辛いこと、痛いこと、殺されることにある。ひどく喉がかわいたとか、このままだと死んでしまうんだろうかとか、そんなことを思うのだと思う。そして人々は、その人を見た時、それは仕方なくか、わざわざ見る気になった時に限られるのだが、そのことが辛そうだと思う。

ではこれは、基本的な欲求がまず充足されねばならないといった話だろうか。そうした一次的な、生物的・動物的な欲求が満たされたうえで、より高次の、より人間的な、あるいは脱人間中心主義を称する人たち的には、高等動物的なものが認められる（のがよい）といった話がある。しかし、どちらが大切なのか順番など決まっているはずがない。どちらをより大切にするのか、とか、さきに充足しようとするのかとか、そんなこともどうでもよい。

一つには、第3章で述べたこと、ヒトが意識をもってしまっているということだ。つまり、本来は十分にこんなことで苦しまずにすむことが可能であることを人間は知っている。本当はこんなはめにならずにすむことができる。にもかかわらず、そのことがわかったまま、苦しまねばならず、死を予期して死なねばならないということだ。そしてこのことは、ときに織り込み済みのこととして脅迫のために利用され、時に無視することにされる。それを併用した加害が至るところで起こっている。それを減らそうと言い、減らそうとするしかない。

2―機械のこと技術のこと

むろん、いろいろと新しいことは起こっている。機械は高性能なものになっている。人間と人間でないものという境界が問われる、生物と生物でないものとの境界も問われるといったことが言われる。

たしかに人間に似たものが作られている。機械は、またソフトウェアはどこまでいったら人間になるのか。すると、それは殺してよいのかいけないのか。そうした主題に私自身はあまり興味がないが[★32]、そんな議論は既にたくさんあるはずだ。それを知って言うわけではないが、それはそんなに難題なのだろうか。何が作られてならないかについての答えを言えばよいだけだと思う。

私たちは道具として機械を作ってきたし使ってきた。その道具に余計な性能を装備しないことにすればよい。そこにとどめておいて格別に困るわけではない。ありうるとすれば、自らの破壊を避けるためのプログラムを仕込むことなどだが、それは、壊れてしまって使えなくなることを防ぐためには有効であるとして、ゆえにそうした機能を装備することはよいとしても、その人工物が自己保存の欲求をもち、自らがなくなることに対する恐れが起こるような具合に作ることは、仮にそんなことができるとしても、してはならないということになる。

それとはまた別に、機械以上の機械を存在させたいという欲望はあるだろう。その欲望に関わる夥しい数の文字や映像の作品が作られてきた。想像し文章や映像にすることは簡単なことでもあり、また簡単なわりにはおもしろいとも受け取められるから、これからもたくさん作られ、たくさん消費されるだろう。しかし、それを現実に作ろうとするならそれは、存在を作ろうとする欲望を実現しようということであって、それを認めることはできない。優生、積極的優生について述べたことと同じことが言える。[★33] 人間のように残念な存在はできるだけ作らないほうがよい。そしてこれは各自の勝手で決められるようなことではない。だから、社会のきまりとして認めないということになる。

3 せめてヒトは、とする

本章の最初に見たのは、遡及的な、反省的な営みだったが、基本的な構図はそのまま受け継ぎながら、反省的な暗さを減らすと、第1章のような話になる。そこに見たのは、自分たちを確固として肯定したうえで、その範疇に加えて自分たちに似たよいものを救ってあげようという能天気な所作である。

その発想がまったく新しくないことを確認した。しかしこの人たちはその情熱を持続させている。それにはわからないところがある。知っている人は知っていることだが、シンガーたちと、その人たちに死んだほうがよいと言われた人たち、また自らはそちら側にいると自らを思った人たちとは、かなりの回数、ぶつかって来た（第1章・四九頁）。それは解消されてはいない。『荷を引く獣たち――動物の解放と障害者の解放』（Taylor［2017＝2020］）という本があって、そこで著者はシンガーと対談をした時のことを書いている。いろいろと批判・非難され、にもかかわらず、なぜ長いあいだ自らが述べることを固く信じることができるのだろう。結局はよくわからない、素朴に不思議なことだ。いちおう論点と結論とは確認しておこうと本書も書いたが、ずいぶん長いこと、いろいろと言われてきたはずであるにもかかわらず、障害を（なおす薬がたいへん廉価であったとしても）なおしたりしたくないと関節拘縮症の障害をもつテイラーから言われて、シンガーはまだ驚いている。[★34] そんな人を説得しようという気にもなれない。自分で肉を食べないことにしている分には、それはまったくわることではないから、どうぞ、というだけだ。

しかし、その本の著者はもっとまじめだ。この本は一方で、動物を救おうという人たちにも能力主義があることを指摘する。動物保護論者の多くは障害者差別的だという。それはその通りだ。一つ、一番単純にはしかじかを食べると障害者になるというわかりやすすぎるものであり[★35]、一つは、健常な動物をよいとしているということだ。そして、動物を救おうと主張しつつ障害者（の一部）は殺してよいとするシンガーのような人たちの議論を紹介し批判する。他方で、障害者運動の中にも動物保護論に冷たい人たちがいることを残念だとする。知らない具体的なことがたくさん書かれていて、よい本だ。

　そして、筆者は、両者のよくないところをただし、両方を大切にしようという。理性・知性を置くことはやめる。代わりに苦痛は大切にする。動物の苦痛を考慮し、動物を食べるのをやめようと言う。私は、これまで言うべきことは述べてきたから、これ以上、動物を食べることについての議論はしない。

　ただ、人間は一方では、依然として、自らの生存を自力で維持することさえまったくできないし、できる見込みもないのだから、まったく無力でありながら、他方では、たしかに、すくなくともこの星の球体の表面や、その表面にあるものを、すべて、ときに選択的に、消去してしまえる。それほど過分な力能を有してしまってはいる。たしかに世界の中で人間の所業が影響を与える割合は大きくなっている。規模も程度も尋常ではない。動物ほか自然界に及ぼす力が強大であるのは事実だ。だから、その力の使い方については慎重になったほうがよいとは言えるだろう。慎重であったほうがよく、縮小したほうがよい部分があるとは思う。だから、さきに受領するものとしての世界を肯定していると述べたその心性によって、余分のこと——どこまでが余分なのか、容易には決まらないのではあるが——はしないようにする。そのことはできる。

言ったことからといって実現するわけではない。実際に、殺すことはあり、殺されることはある。それに抗して、それをするなと言ったところで、それは実現しない。殺されることを防ごうと思ったら、言うだけではどうしようもなく、現実に防がねばならない。現実に防ぐということは、時に殺すことである。そして、それはだめだと言いはれない。

そして、殺そうとするその動機、要因のすべてを廃絶することもできない。ただ、もしまだこの世が続いていくのなら、これから何百年かかけて、一つに、戦いで得られるものを減らし、その利益を減らすことだ。そこで、土地・領土から得られるものについて、その所有から得られる利得の差を減らすことがある。一つに、その手段を減らすことだ。いずれも厄介なことであり、だから、殺し合いは少しも終息していないのでもある。ただ、争いと争いの準備の削減は、そこから得られる利得が多くの人々にあるのも確実であり、費用の負担は、全体としては減るのだから、どうしようもなく困難なのではない。

所有・分配についていくらかのことは書いてきた。それと国家・国境について書いてきたこと考えてきたことをまとめようとは思う。本書は、その手前のことを少し確認した。殺すな、について、その境界はたしかに確かなものではないが、それでも言えること、誤ってしまうところをなおして言えることを言った。

★1――言及されているベンサムの言葉は「The question is not, Can they reason? nor, Can they talk? but, Can they suffer?」。第2版(1823)第17章脚注にあるという。日本語Bentham [1789=1967]ではこの章は訳されていない。(その本の出版前後のことについては土屋恵一郎[1993→2012: 169 ff.]。)

★2――アガンベンのこの書については、美馬達哉の『〈病〉のスペクタクル』(美馬[2007])、小松美彦の『生権力の歴史』(小松[2012])等でも言及されている。『〈病〉のスペクタクル』はまず、SARS、インフルエンザ、ES細胞、等々、話題になったできごとがどのように話題になったのか、よく整理されていて、有益で、それだけでお役立ちの本なのだが(その後、COVID-19が流行し、それについては『感染症社会――アフターコロナの生政治』(美馬[2020]))。これらのできごとを筆者がどのように捉えようとしているのか、この世をどのように見ようとしているのか、著者の「気持ち」はむしろこの本の最後、アガンベンの著作に言及しつつ書かれている「アウシュヴィッツの「回教徒」」とも題される「あとがきにかえて」にある。この部分をさきに読んだほうがよい。この世の肝心なことはこの辺りにあるはずだと、私も思う。(ちなみにシンガーの祖父母四人のうち三人は強制収容所で殺されており、しばしばそのことは彼が紹介される際に言及されるのだが、ここでも問題は、あの悲惨をどのように捉えるかである。)

「われわれはアガンベンを超えてさらに踏み出さねばならない。なぜなら、彼自身は、しばしばゾーエーの領域を、人間と動物の中間、あるいは動物に近い状態の人間として描いてしまっているために、この領域に内在している希望のモメントをとらえ損なっているからだ(『開かれ』平凡社)。そのペシミズムに抗して、われわれがアガンベンの議論を徹底化させることではっきりと主張したいのは、人間のゾーエーとは人間と動物の間に位置づけられるべきではなく、動物以下の存在として理解されなくてはならないという点である（少なくとも、本能的欲望のままに生きて自然＝世界と予定調和的な関係を保つことのできる動物という意味では）。」（美馬［2007: 255–256］）

「一人の人間のゾーエーとしての〈生〉は、か弱く悲惨で、動植物以下でしかない。しかし、その弱さにもかかわらず人間のゾーエーの領域が存在するという事実そのものは次のことを証明している。すなわち、ゾーエーは決して孤独ではなく、ゾーエーをかけがえのない〈生〉として集合性において支える複数の人々の共生と協働と社会性がそこに実在するということを。

何のことはない。世界には人間が多すぎるので、ゾーエーを孤立させて惨めな死のなかに廃棄しようとする現代の政治的＝医学的権力の怪物的で熱に浮かされたような企ては、少なくとも長い目で見れば、空しいものに終わるのだ。重度の意識障害患者の傍らで、有るか無しかの身体的変化の中にも〈生〉の徴候と歓びを読みとろうとする人々である友人、介護者、家族たちが存在する限りは。」（美馬［2007: 256–257］）

美馬と私は今は同じ職場の同僚ということになるが、その前、『〈病〉のスペクタクル』をめぐって対談をしたことがある（美馬・立岩［2007］、全文をＨＰに掲載している）。

「僕は今大学院で大学院生たちと仕事をしているんだけども、ほんと言うと、この８章にある一つ一つのテーマについてもっと、美馬さんの本を読みながら、これの10倍ぐらい長いのを書いて、みんな一つ一つ博士論文書いてくれれば８つぐらい博士論文できるぞみたいなね。そんなことをまず一つ思いました。それってすごく当たり前の仕事のようなんだけれども、けっこうやってないんですよね。という意味で、まずここ10年とか、その間にどういうことが起こっちゃっているんだみたいなことを知るっていう、そういう意味があるんだろうなと思います。」

美馬の安楽死についての文章として、「生かさないことの現象学——安楽死をめぐって」（美馬［2006］）。同じ著者によるその後の著書として、『脳のエシックス——脳神経倫理学入門』（美馬［2010］）、『リスク化される身体——現代医学と統治のテクノロジー』（美馬［2012］）、『感染症社会——アフターコロナの生政治』（美馬［2020］）。

★3——『動物を追う、ゆえに私は（動物で）ある』（Derrida［2006＝2014］）。デリダが亡くなったのは二〇〇四年。その論を威勢よく紹介する本として『ジャック・デリダ——動物性の政治と倫理』（Llored［2013＝2017］）。

★4——「英語圏の文化やそこで発展している大学の知には二重の哲学伝統が疑う余地なく刻みこまれているのだが、この伝統によって、デリダの脱構築は動物の問いとの密接な関わりにおいて柔軟な仕方で熱心に受容された。〔二重の伝統とは、第一に〕ベンサムの功利主義であり、彼は動物の苦しみの問題をみずからの思考の中に書き込んだヨーロッパにおける最初の哲学者の一人である。そして、その現在の後継者としてピーター・シンガーがおり、〔…〕」（Llored［2013＝2017: 110–111］）

★5——排斥して構築される権力、に対する抵抗であるところの脱構築、といった道筋のもとで、「無条件の歓待」（cf. Derrida［1997＝1999］）といったものは必然的に導出されるように思われる。すると、なにを無条件に歓待するのかという問いが現れる。すべて、と言いたいとしても、それは無理なことだ。

それでも言わねば、と思うことはある。「生の無条件の肯定」を野崎泰伸が言う。その博士論文に野崎［2007］、著書に『生を肯定する倫理へ——障害学の視点から』（野崎［2011］）、『「共倒れ」社会を超えて——生の無条件の肯定へ！』（野崎［2015］）。関連して野崎［2005］。

★6——『精神病院体制の終わり——認知症の時代に』（立岩［2015］）、『病者障害者の戦後——生政治史点描』（立岩［2018c］）、等。『病者障害者の戦後』の「あとがき」より。

「「序」で当初考えていた題と副題が入れ代わることになったことを記した。「生政治」は副題の方に使われている。私は、生政治というものは、こういうふうに、つまり本書に記したように、凡庸に作動するものだと考えている。その凡庸な動きをひとつずつ、一度ずつは記述せねばならないと思って、結局ずいぶん長くなった本書を書いた。」(立岩［2018c: 474］)

種々の思想家における「生政治」を紹介し論じた本として『〈生政治〉の哲学』(金森修［2010］)。

★7――「例外状態」とか「ホモ・サケル」の取り扱いについて、その方向にもいくつかあると思うが、私が本文に述べた方向のものの一つが稲葉振一郎の『「公共性」論』における捉え方。

「やや乱暴に言えば「例外状態」の脅威はつねにあり、「ホモ・サケル」と呼びうる人々は潜在的にはもちろん、顕在的、実際にさえしばしば存在している。しかしその出現はつねに避けがたいものではなく、政策的対応や制度改革、社会変革、あるいは技術革新によって回避可能な場合もあるのです。」(稲葉［2008: 280］)

★8――【 】内は『私的所有論』第二版での追記。

「多くの宗教は外的な行為の形を指示し、また、そのことによって自らの同一性を保持する。つまり、なすべき行為となすべきでない行為を指示し、その遵守を求めることで例えば来世での幸福を約束する。キリスト教が当初その一分派であったところのユダヤ教はそうだった。キリスト教はそういった空間から離脱する、とは言えないとしても、それを屈曲させ、別の空間を提示する。キリスト教は罪が構成される場所を個体の内部に移行させ、内部(の罪)の発見を促す(吉本隆明［1978］、橋爪大三郎［1982］)。ここに罪の主体としての人間が現われ、このことによって人はこの宗教の下に捉えられる。問うことによって内部という領域が現れるが、それはそれ自体としては当人にも不可視であり、それだけに内部にあると名指されるものを否定し難い。そこで、この場所が問題になるや、そこに諸個体はひきこまれてしまう。共通の主題へと導かれていく。【吉本［1978］に「親鸞論註」とともに収録された「喩としてのマルコ伝」は、後に吉本［1987］に収録された。】

キリスト教はこのことによって普遍性を獲得した。第一に（発見されようとする限りでの）内部の存在の普遍性と、（同様に在るのではと疑われる限りでの）内面の罪の否定不可能性によって、あらゆる人間に対して効力を持つ（可能性を有する）という意味での普遍性。第二に、各人の身体を具体的に拘束する諸規範を必ずしも否定することなく、別の準位、しかも具体的な行為に対してメタの位置に立つ抽象的な準位としての内面に教義を定位させることにおいて獲得される、個別規範の具体性に対する普遍性。そしてこの逃れがたい罪を赦す神をここに置くことによって、キリスト教は普遍宗教たりえた。しかもこの教義は、（内面が個体の内面である限りにおいて）人間を集団として捉えるのではなく、個別の存在として取り出し、さらに――救いへの導きにおいて――個々別々に作用するものである。以上の二つの意味での「普遍性」と二つの意味での「個別性」は矛盾しない。あらゆる人間に作用し、また個別の規範に対して上位の位置に立つ、そして個々の人間を別々の存在として取り出し、またその個別の存在に作用する規範、の可能性が開かれたのである。

ただ、右記した構制は、パウロ（Paulo）、アウグスティヌス（Augustinus）といった人々の言説の水準においてはともかく、西欧世界に当初より存在していたわけではない。例えば刑罰の領域では、行為＝統一体の損傷、制裁＝その回復、といった観念が根強く存在する。ここからの転位は一二世紀後半から一三世紀前半にかけて現れる。行為の外形における違背→秩序回復の儀式としての制裁という観念が失われ始め、行為者が倫理的に非難されるようになる。この時期は〔…〕」（[1997→2013a: 419-421]）

橋爪［1982］は、橋爪大三郎の「性愛論――第1稿」（橋爪［1982］）。学部生の時、私はそれを「青焼き」でもらった。それは後に『橋爪大三郎コレクションII　性空間論』（橋爪［1993］）に収録された。橋爪が吉本について書いた本に『永遠の吉本隆明』（橋爪［2003］）。

★9――以下は「道徳は殺人を止められるか？」（永井・小泉［1998b］）における永井均の発言。

「永井　善悪ということがはっきり言えなくなったので、やむを得ないから病だという形でとらえるということだと思うんです。病・病でない、健康・不健康みたいな対立のほうをまだ信じているんだと思うんです。これはニーチェもそうなんですね。ニーチェも、善悪を信じていないくせに、健康・不健康――そして病気は悪いという価値を信じているんですよ。ニーチェにはいろいろ欠陥があるんだけれども、それも大きな欠陥だとぼくは薄々感じているわけでそれはなぜかというと、病気という概念は善悪に依存するんじゃないかという、ある種の疑いがある。全面的かどうかわからないけれども、どこか非常に決定的なところで依存しないと成り立たないんじゃないかという疑いがあるわけです。純粋に生理学的な病気みたいなことが言えればいいんだけれども、それが成り立たないとすると、病気だったとか何とかいくら掘り下げていっても、それからは実は何もわからないことになるんですね。

それと関連するのですが、ニーチェには「道徳の系譜学」という議論があって、系譜学的研究というのをやるんだけれども、あれは実は何も明らかにしていないとも言えるんです。系譜学的探究というのは、いわば心理主義なんですよ。なぜそういう病気が発生したか、発生せざるをえなかったかという話をしているんだけれども、あれをいくらやっても、なぜその病気が悪いのかということは一向に明らかにならない。ルサンチマンはなぜ悪いのかとか、ルサンチマンでなぜいけないのかとか、キリスト教道徳がなぜ悪いのかという、究極の根拠は与えられないんですよ。病気だか弱いとか卑賤であるとか、そういう悪口を言うだけなんですね。悪口の根拠はいったい何かということは、実は系譜学的研究からは出て来ない。それと同じことがあって、心理的な探究というのは結局のところ、事柄を細かく見ていけば細部にわたってわかっていくんだろうけど、それがだから何なのかということは究極的には何もわからないというところがあると、ぼくは思うんです。」(永井［1998b: 43-44］)

★10――『私的所有論』では第6章「個体への政治」の第1節「主体化」の1が「二重予定説」(立岩［1997→2013a: 380-382］)。

★11――『看護教育』で連載した「医療と社会ブックガイド」の第四九回「死/生の本・5――『性の歴史』」

（立岩［2005a］）でこの本を紹介した。それは『生死の語り行い・2――私の良い死を見つめる本 etc.』（立岩［2017］）に収録された。吉本とフーコーは対談をしたことがあって、それは『世界認識の方法』（吉本［1980］）に収録されている。『私的所有論　第二版』には、ひとまず、「吉本とフーコーは後でかみあわない対談をしていて、吉本［1980］に収録されている。（印象のその記憶だけを辿れば、当時フランスその他で普通に受容されていたヘーゲル的なもの、その歴史観を一方で受けとめる人がおり、他方の人はそうしたものへの反発からものを書いてきたということがあったように思う。〔…〕）」（立岩［2013a: 805］）と書いた。誤解はないと思うが、吉本は前者。

★12――エリボンによる『ミシェル・フーコー伝』（Eribon［1989＝1991］）に書かれていたように思う。そのエリボンの自伝として『ランスへの帰郷』（Eribon［2009＝2020］）。

★13――『性の歴史』の第二巻・第三巻（Foucault［1984a＝1986］［1984b＝1986］）はそのように読まれる。

★14――そして、結局このことは既に『私的所有論』に書いたのだとも思った。図4・2という奇妙な図の解説として書いたことがそれを示す。「Aから切離されないものａ2、Bの制御の対象としないものａ2の存在が、Aが他者として在り享受されることの中核をなす」（立岩［1997→2013a: 221］）。

★15――『最後の親鸞』は、『増補　最後の親鸞』（吉本［1981］）に「永遠と現在」（吉本［2002a］）を加えたものがちくま学芸文庫（吉本［2002b］）になっている。

★16――『論註と喩』をあげたのは『私的所有論』でだった（→註8・二四五頁）。その後、短い文章を一つ書いている（→註29・二六一頁）。その後、本章に出てくる人たちにまとめて言及したのは最首悟の対談でのことになる。

高草木《たかくさぎ》光一《こういち》の企画した慶應義塾大学経済学部での連続講義が、『連続講義「いのち」から現代世界を考える』（高草木編［2009］）、『思想としての「医学概論」』（高草木編［2013］）の二冊になっている（後者に最首［2013］が収録されている）。その前者に、最首が話し（最首［2009］）、私が話し、その後対談する（対論となっている、最首・立岩［2009］）という形の講義の記録が収録されている。

最首は一九三六年生。東大闘争の時、助手共闘に参加。高草木は、大学闘争、その時期の社会運動に関心を持ち続けている人で、それで、最首など呼んだりする講義を行ない、そして本にしたりしている。その二〇〇八年の講義の時、最首は人が殺す存在であることから考えを始めるべきであることを語った。私もそんなことを思ったことがないわけではないが、考えは進んでいなかったし、今も進んでいない。次のように述べた。

「最首さんが提起された「マイナスからゼロへ」の過程をどう考えるかということと、思想の立て方としては違うはずなのですが、西洋思想のなかにも「罪」という観念があります。その「罪」は、まず基本的には、法あるいは掟に対する違背、違反です。法は神がつくったもので、具体的な律法に違反したら罪人であるという。それは律法主義です。ただキリスト教はそれに一捻り利かせていて、行為そのものでなく、行為を発動する内面を問題にすることによって、律法主義を変容させていく。

フーコーは、そういう系列の「罪」の与えられ方に対して一生抵抗した思想家だと私は思っています。ニーチェ、フーコーというラインは、そこでつながっています。自分ではどうにもならないものも含めて人に「悪意」を見出す、そしてそれを超越神による救済につなげる。つなげられてしまう。これが「ずるい」、と罪の思想に反抗した人たちは言うわけです。私はそれにはもっともなところがあると思います。そして同時に、その罪の思想においては、人以外であれば殺して食べることについては最初から「悪」の中には勘定されていない。そうした思想は、どこかなにか「外している」のかもしれません。

「悪人正機」という思想は、それと違うことを言っているように思います。では何を言っているのか。親鸞の思想にはまったく不案内ですが、いくらか気にはなっています。吉本の『論註と喩』という本（一九七八年、言叢社）は、マルコ伝についての論文が一つと親鸞についての論文が一つでできています。前者の下敷きになっているのはニーチェです。吉本とフーコーがそう違わない時期に独立に同じ方向の話をしている。そちらの論文に書いてあることは覚えていますが、親鸞の方はどうだったか。ずいぶん前に読んだはずですが、何が書いてあったのだろうと。二つが合わさったその本はどんな本だったのだろうなと。

そして去年（二〇〇七年）、横塚晃一さんの『母よ！ 殺すな』という本の再刊（生活書院刊）を手伝うことができましたが、彼の属していた「青い芝の会」の人たちは、しばらく茨城の山に籠っていた時期もありました。そこの大仏空《おさらぎあきら》という坊さんの影響もあるとも言えましょうが、悪人正機説がかなり濃厚に入っている。それをどう読むか、それも気にはなってきていることです。

「殺すこと」をどう考えるかは厄介です。否応なく殺して生きているということは、殺すことそれ自体がだめだということではないはずです。そして、ならば殺すのを少なくすればそれでよい、すくなくともそれだけでよいということでもないのでしょう。殺生を自覚し、反省し、控えるというのは、選良の思想のように思えますし、人間中心的な思想でもあります。最首さん御自身の「マイナスから始めよう」という案も含め、落とし穴がいくつもあるように思います。功利主義的な議論のなかでは、「殺すことがいけないのは苦痛を与えるからだ」という方向に議論がずれてしまう。だから、遺伝子組み換えで苦痛を感じない家畜をつくり出してそれを殺すのならば、少なくとも悪いことではないということになっていく。これはさすがに、多くの人が直観的におかしいと思うでしょう。

こうした問題は、それはどんな問題であるかは、これまであまり考えられてこなかったように思います。西洋思想の系列にはその種の議論がないか薄いように思います。それでも、ジャック・デリダ（Jacques Derrida, 1930–2004）とエリザベート・ルディネスコ（Elisabeth Roudinesco, 1944–）の対談集『来たるべき世界のために』のなかで、動物と人間の関係や、動物を殺すことについて少しだけ触れた箇所があります。ピーター・シンガーたちの動物の権利の主張について質問を差し向けられて、デリダはいちおう答えてはいますが、その答えの歯切れはよくないし、たいしたこと言ってないんじゃないかと。アガンベン（Giorgio Agamben, 1942-）には、西洋思想や宗教が動物と人間の境界をどう処理してきたのかという本（『開かれ――人間と動物』）もありますが、ざっと読んでみても、ああそうかとわかった気はしない。ただ、いま思想が乗っている台座を問うていけば、そんなあたりをどう考えるのかが大切なことのようにも思えます。どう考えたらよいのか、しょうじきよくわかりませんが。」（最首・立岩［2009］における立岩の発言）

それに対して最首は次のように応じている。

「いま、吉本隆明の「マチウ書試論」（『芸術的抵抗と挫折』未來杜、一九五九年、所収）にまたもどってきているというか、「絶対」と「憎悪」と〈いのち〉というと、問題意識を少し言えそうな気がします。」

横塚『母よ！ 殺すな』は一九七五年初版、増補版が八一年。新版（第三版）が二〇〇七年、新版の増補版（第四版）が二〇〇九年（横塚［1975］［1981］［2007］［2009］）。私は新版の解説を書かせてもらっている（立岩［2007a］）。

★17――以下がその続き。

「どんな自力の計いもすてよ、〈知〉よりも〈愚〉の方が、〈善〉よりも〈悪〉の方が弥陀の本願に近づきやすいのだ、と説いた親鸞にとって、じぶんがかぎりなく〈愚〉に近づくことは願いであった。愚者にとって〈愚〉はそれ自体であるが、知者にとって〈愚〉は、近づくのが不可能なほど遠くにある最後の課題である。」（吉本［1976→1987→2002b: 15］）

「親鸞は、〈知〉の頂きを極めたところで、かぎりなく〈非知〉に近づいてゆく還相の〈知〉をしきりに説いているようにみえる。しかし〈知〉は、どんなに「そのまま」寂かに着地しても〈無智〉と合一できない。〈知〉にとって〈無智〉と合一することは最後の課題だが、どうしても〈非知〉と〈無智〉とのあいだには紙一重の、だが深い淵が横たわって居る。なぜならば〈無智〉を荷っている人々は、それ自体の存在であり、浄土の理念に理念によって近づこうとする存在からもっとも遠いから、じぶんではどんな〈はからい〉ももたない。かれは浄土に近づくために、絶対の他力を媒介として信ずるよりほかどんな手段ももっていない。これこそ本願他力の思想にとって究極の境涯でなければならない。しかし〈無智〉を荷った人々は、宗教がかんがえるほど宗教的な存在ではない。かれは本願他力の思想にとって、それ自体で究極のところに立っているかもしれないが、宗教に無縁な存在でもありうる。そのとき〈無智〉を荷った人たちは、浄土教の形成する世界像の外へはみ出してしまう。そうならば宗教をはみ出した人々に肉迫するのに、念仏一宗もまたその思想を、宗教の外にまで解体させなければならない。最後の親鸞はその課題を強いられたようにおもわれる。」（吉本［1976→1987→2002b: 17–18］）

★18――『介助の仕事』では以下。「僕はまず日本の障害者運動っていうのが、一番重い人から、最重度の人を出発点にするんだっていってこれまでやってきたことっていうのは極めて重要なというか、偉大な立ち位置だったと思いますし、素晴らしいことだと思います。」（立岩［2021a: 178］）

★19――『介助の仕事』では以下。「これは第6章で、うまく関係を作れることが介助者を得られる条件になるのはおかしいと述べたこと（141頁）と関係しています。美しい話がこってりあったほうが説得力があるということはたしかにあるでしょうが、「話を盛ってるな」と思われて、かえって引かれてしまうこともあります。人間や人間関係の具体的なところとは別に、天から降ってきたものであるかのように道徳や倫理を語ることにも道理があるということです。」（立岩［2021a: 205］）

★20――その大仏空《おさらぎあきら》という人と、茨城県にあった（今もある）その人の寺に住み、大空の話を聞いた人たちがやがて山を降りて「青い芝の会」の活動を新しくしていく。その経緯と、そして書かれたものと、真宗の教えとの関わりと差異が、頼尊恒信《よりしたつねのぶ》の『真宗学と障害学』に書かれている（頼尊［2015: 103 ff.］）。
　動物倫理についての本で親鸞・悪人正機説にふれられているものとして見つけたのは『ベジタリアン哲学者の動物倫理入門』（浅野幸治［2021a］）。

「とにかく、殺生をする悪人は往生する、というのです。ということは、殺生をしてもかまわないということになりそうです。はたして、悪人正機説は、殺生を許可するのでしょうか。悪人正機説の意義は、その社会的文脈の中で理解する必要があります。「下類」という言葉に注意してください。親鸞の当時、猟師は不殺生戒を犯して生き物を屠るということで差別されがちでした。悪人正機説は、そういう人に救いの手を差しのべるものと一般に解釈されます。ですから、反差別という点に、悪人正機説の大きな意義があるのです。

これは、動物権利論の観点から、どう評価できるでしょうか。動物権利論によれば、人間の生命権と他の動物の生命権が両立しない場合、人間の生命権を優先することが容認されます。少し考えてみましょう。土地は有限です。土地は良い土地から占有されていきます。ということは、人口が十分に多い場合、一部の人は土地からあぶれます。良い土地から排除されるわけです。例えば、極寒の地です。そういう所では、植物が十分に育ちません。ですから、必要な栄養源として動物に頼らざるをえないでしょう。日本でも同様です、山間部に僅かな農地しかもっていなければ、そこで生産される米や野菜だけでは生きていくことができません。そういう場合、動物を殺して食料を補わざるをえないと思われます。ですから、農耕によって生計を立てることができない人が動物を殺して食べることを、権利論は許容します。

このように考えられるので、動物権利論から見て、殺生が必ずしも往生の妨げにならないという親鸞の教えは適切なものと評価できます。では、殺生が往生の妨げにならないからといってドンドン殺生してよいということになるでしょうか。なりません。そういう勘違いを「本願ぼこり」と呼びます。」（浅野［2021a: 171-172］）

★21——『造反有理』序の冒頭より。

「本書で見ていくのは精神医療を巡ってかつてあって不毛のまま終息したとされる争いである。造反者が現われ、消耗な対立があった、学問的にも空白の時期だったと言われる。そしてその造反（派）は消滅してしまったとされる。世界的にもそんなことが言われることがあるが、日本ではまた別の要因も加わってそう言われる。それは違うと私は考える。造反は有理であったことを述べる。それは「精神」のことについて書くべき一番目にも二番目にも大切なことではないだろう。だが一定の意味があると思う。」（立岩［2013b: 9］）

★22――フェミニズムのその時の問題は、一つに、殺生の問題としてあった。それは、産む／産まないは女の権利であるとは言った。しかし、そうほめられたことでもないとも思っていた。はっきりと主張した。だが同時に、割り切れているものではなかった。

田中美津（一九四三―）、さらに遡ると、森崎和江（一九二七―二〇二二）といった人たちがいる。田中は日本での「ウーマン・リブ」の始まりに関わった。（「リブ新宿センター」について『私的所有論』第9章註9、立岩［1997→2013a: 715-716］）その人は『いのちの女たちへ――とり乱しウーマン・リブ論』で、「肯定でも否定でもなく冷厳な事実として言うのだが、人間とは、他人の痛みなら三年でもガマンできる生きものなのだ」（田中［1972→2004: 166-168］「他人の痛みなら三年でもガマンできる」）とも言う。森崎には『非所有の所有』（森崎［1963］）という著書がある。名をあげればこれらの人たちの書いたものが、本書第3章（一六五頁）での、遡れば『私的所有論』の第5章「線引き問題という問題」（立岩［1997→2013a: 299 ff.］）、とくにその第1節「はじまりという境界」・第3節「他者が現われるという経験」での、「始まり」「現われ」についての記述のもとになっている。作品社の「日本の名随筆77」の『産』（森崎編［1989］）に森崎の「産むこと」（森崎［1988］）が収録されている。ちなみに、私の最初の本の題を考えていた時に想起したのは、この本と、ガブリエル・マルセルの『存在と所有』（Marcel［1935＝1976］）だった。

『生命学に何ができるか』（森岡正博［2001］）がこの人（たち）、この時期（以来）の思想から受け取れるものを示している。ただそこから『無痛文明論』（森岡［2003］）に行かねばならなかったかというと、私はそうは思わない。拙著では『良い死』（立岩［2008b］）第3章「犠牲と不足について」がこのことに関連している。「女の解放とは殉死を良しとする心の構造からの解放だ」（田中［1972→2004：351］）。

★23――『不如意の身体』の第5章「三つについて・ほんの幾つか」より。

「一つ、表に出すことになる時に、その仕方を吟味することができる。かつて『良い死』でとりあげたのは、ユージン・スミスが撮った、胎児性水俣病の子とその子を抱く母の写真の使用を巡ってあったできごとだった（立岩［2008b：227-230→2022c：290-293］）。他にも、先天性四肢障害児の写真のことが議論されたことがあった。例えば、原発を許すのであれば、こんな不幸なことが起こるかもしれないことが示されるというのだが、それは指が一本少ないとかそういったことだ。それはこんなに不幸なことで、ゆえに、直視し、語り合い、慰めたりするようなことであるのかである。」（立岩［2018b：132］）

ユージン・スミスの写真に関わる註は『良い死』第2章「自然な死、の代わりの自然の受領としての生」の以下に引用する部分の末尾に付した註25。例えば水俣病に関わる（ジョニー・デップが出たほうのではなく）土本典昭の映画のことを想起している。

「その人たちは、人が生きることができないことがあったり苦痛のもとに置かれていることを指弾してきた。その状態がよいと思ったのではまったくない。行動は悲惨から始まった。だが、その後起こったこと、起こらざるをえなかったことは、その人たちと暮らしていったりすることだった。暮らしはしないとしても、支援やらなにやらの関係で、その人に面することになった。その人が亡くなっていく過程につきあったり、あるいは生きていく過程につきあってきた。すると、いくらかは異なってもくる。その人たちを苦しめたことについて、その人たちの暮らしを困難にしたことについて、そのことを責めてはいると同時に、その人を肯定はしている。その批判・指弾は、その人が生きることを否定しない。すると、その悲惨をそのままに使うのは間違っていると思うことになる。」（立岩［2008b: 176-177→2022c: 226)

★24——「玉砕する狂人といわれようと——自己を見つめるノンセクト・ラジカルの立場」（最首［1969］）という気負った文章があり、同年の雑誌『現代の眼』（三月号）での「知性はわれわれに進撃を命ずる」という気負った題をつけられた座談会（最首他［1969］）での発言が吉本に批判されて最首はへこんだりする。

「私は、一九六九年に、当時教祖的存在だった吉本隆明から「この東大助手には、〈思想〉も〈実践〉も判っちゃいないのです」（吉本隆明「情況への発言」、『試行』二七号、一九六九年三月、一〇頁）というご託宣を受け、落ち込みましたし、考え込みました。「わかっちゃいない」と言われれば、「わかりたい」と思います。しかし「わからない」まま時間は過ぎてゆく。努力していないと言われるとそれまでです。しかし、密かに大きくなっていった意識は、「思想も実践もわかったらどうするのだ」ということでした。」（最首［2013: 287］）

「ご託宣」のことは、『図書新聞』の吉本追悼特集に最首が寄せた文章（最首［2012］）でも言及されている。そして吉本の文章（吉本［1969］）は、吉本の同じ題の本『情況への発言』（吉本［1968］）には、それは六八年に出されたのだから当然だが、収録されておらず、『遺書』（吉本［1998］）に収録されている。また『「情況への発言」全集成1』（吉本［2008］）に収録されている。

そんなこんなで最首はしばらく文章が書けなくなる。水俣の調査団には関わっていて、八四年に『生あるものは皆この海に染まり』（最首［1984］）が刊行される。その前、七六年に星子《せいこ》が生まれる。ダウン症の子だった。その後に書いた文章をまとめたのが『星子が居る』（最首［1998］）。

（一九七〇年代のはじめ）「必然的に書く言葉がなくなった。〔…〕そこへ星子がやってきた。そのことをめぐって私はふたたび書くことを始めたのだが、そして以後書くものはすべて星子をめぐってのことであり、そうなってしまうのはある種の喜びからで、呉智英氏はその事態をさして、智恵遅れの子をもって喜んでいる戦後もっとも気色の悪い病的な知識人と評した。〔…〕本質というか根本というか、奥深いところで、星子のような存在はマイナスなのだ、マイナスはマイナスとしなければ欺瞞はとめどなく広がる、という、いわゆる硬派の批判なのだと思う。」（最首［1997→1998: 369–370］）

こうして最首は節目節目で批判を受けながら、結局は文章を書き続けていくことになる。私はこの部分を、第1章でも紹介した、そして加筆のうえ『不如意の身体』に収録した、「ないにこしたことはない、か・1」（立岩［2002b］）でも引いている。その前には「他者がいることについての本」で引用した。

「この「硬派の批判」に応え、言い返すことは、そんなに簡単なことではないと私は思う。どう言えるのか。気になる人は、硬派の人であっても、あるいは硬派の人に言い返したい人であっても、どちらでもよい。この本を読んでみたらよいと思う。」（立岩［1999］）

★25――なにか立派な存在である必要はないのだというところを「もと」に置くというのはよいと考える（↓註29・二六一頁）。しかし同時に私は、社会を構想していくに際して、吉本の道具立てが使えると考えているわけではない（↓註28・二五八頁）。

★26――実際、その人が受けたのは、なにかが展開していく過程――それにもよくわからない部分がある――を描いたことによってだった。吉本が主宰した同人誌『試行』あるいは別種の媒体に、吉本の論を下敷きにした「○○幻想論」といった類いの長い続きものの文章がたくさん書かれ、その雑誌ほかにも掲載された。発達心理学的なものであるとか哲学者のものであるとか、比較的容易に入手できる文献をいくつか集めると論を組み立てることができるということもあって、書けてしまうというところもあっただろう。それらのみながおもしろいものであったということはなかったと思う。

★27――規範的なことを語る時に、その基準・目標になにかを置くこと自体は、当然のことではある。それを

「疎外」される前のなにかしらのものとして描くこともあるだろう。ただそれは、人間像、それも具体的な人間像として示されねばならないわけではない。やはり文庫として刊行してもらうことを願っている『自由の平等』の第3章の註1に次のように記した。

「しばらく前に終止してしまったかのような諸思想について、それらが何だったのか、どんな論理の構造になっていたのか、何を巡って対立したのか、再検討する必要があると思う（序章註15）。（疎外論／物象化論という対立については廣松［1972］［1981］等、田上［2000］、他。なお本節と本書の何箇所かは立岩［1997］を論じた三村［2003］への応答でもある。）また、本文に記したのは現実が変わると意識が変わるという一つの線だが、むろんそれだけが想定されたのではない。両者の間の幾度もの往復が、希望とともに、描かれたのだった。それはたしかに空想的だと思える。しかし、人もまた変わっていくはずであると考えるのは、人はこんなものだろうというところから議論しそこに留まってしまうのと比べて、少なくとも論理的に誤っているということはない。人はどのように変わっていくかわからないのだと、だから「代替案」を示せという脅迫に「誰にも予見できない未来」（西川［2002: 112, 138-139］）を対置することは正しいのだし、論と現実を先の方まで進めていこうとする力に対してリベラリズムが反動として作用することに苛立つ人がいる（Žižek［2001 = 2002］）のも当然なのである。」（立岩［2004a: 319］）

なお、私は「疎外論」に対置されるものが「物象化論」——それは本章であまり肯定的に紹介してこなかった範疇化と支配等々を結びつける議論（↓註5・7、二四四頁）に似ている——であるとは、ずっと以前、大学生を始めた頃にはそんなことなのだろうかと思っていたこともあったが、その後は、考えてはいない。

★28——富士学園労働組合主催で、小金井公会堂で行われた講演が「障害者問題と心的現象論」（吉本［1979a］）。三カ月後に刊行された『季刊福祉労働』（現代書館）の第三号に掲載された（吉本［1979b］）。私は長くまったく知らなかったが、『心とは何か――心的現象論入門』(吉本〔2001〕)にも収録された。そしてその音源が販売されていて、聞くことができる。私が富士学園にいっとき少し関わりがあったことについて、『そよ風のように街に出よう』に一一年間連載させていただいた「もらったものについて」の初回に記している。

「時間を七九年・八〇年に戻す。教養学部の時、私は『黄河沙』というミニコミ誌を作る「時代錯誤社」というサークルにいて、今はつぶされてなくなってしまった駒場寮という汚い建物で雑誌を作っていた。ジョン・レノンが撃たれて死んだニュースはそこで聞いた。そのサークル自体はとくに「政治的」な傾きのあるところではなかったのだが、それでもいろいろに首を突っ込んでいる人もいた。さっき名前を出した人たちが出入りしていたし、そういう人たちとつきあいのある人たちが作ったサークルだった。私が学校に入る前年に創刊号が出た。今でもまだこの雑誌は続いているらしい。そのサークルが学園祭で講演会の企画を立てた。一つは政治家になってまもない、まだそう知られていない時期の管直人の講演会。私はそちらにはほとんど関わらず、もう一つの方の担当になった。

東京の国立市に「富士学園」という小さな施設があって、その施設はある資産家が自分の子どものために作ったということだったが、どういう理由であったのか、たたんでしまうということになり、それでは入所者はどうなるんだということでそこに務めていた池田智恵子さんという職員が一人残って存続のために活動し、しかし経営者から金は払ってもらえないので、支援者たちが廃品回収などして金を稼いでいたりしていた。その池田さんたちを呼んで何かしようということになったのだ。たしか、さきに名前をあげた、数年後に死んでしまった高橋秀年がそこにも出入りしていて、彼はそのサークルのメンバーではなかったのだが、私たちの幾人かと親しく、そんなこんなで企画が決まったはずである。私は知識もなにもなかったから、とにかく、そこに行ってみなければならないということになって、それで行った。

そこに暮らしている人は三人だった。そして池田さんがいて、その他の人たちが出たり入ったりといった具合だった。その頃のことその後のことについては池田さんの著書『保母と重度障害者施設――富士学園の三〇〇〇日』（池田［1994］）に書かれている。〔…〕。交渉はなかなかうまくいかず、金はなく、厳しい状態ではあったのだが、そこはおもしろいところだった。その学園祭での講演会――そのもののことはあまり覚えていない――の前と後、ときどき出かけ、おもに日曜、国立の近所を軽トラックでまわって廃品回収をする仕事を手伝ったりした。そうして回収して置いてあるものの中から、いくらかを所望し、いただくこともあった。例えば『情況』などという雑誌のバックナンバーをそうしてもらってきた。そして食事をみなとした。三人のうちの一人は「みみ」君と呼ばれていた若い男性だったが、言葉なく、ぐるぐるまわったり、ときに土を食べてしまったりする人であり、「わからん」人であった。ただ、その極小の不定形な場にその人はいて、「これはあり」であると思えた。その確信というか、現実というか、みなが「これでよし」と思っていたと思う。後に「他者」などという言葉を聞くようになったりあるいは自ら言ってしまうようになったりした時、この人のことを思い起こすことがある。やがてその人は、夜中建物を抜け出し、中央線の線路まで行き、夜中に通過する貨物列車にぶつかって死んでしまい、そんなことがあったりもしたので、池田さん（たち）は残る二人をうまく暮らせていけそうなところに移れるようにして、そこでこの施設は終わりになったのだった。」（立岩［2007-2017（1）］、この頃のことは安積遊歩《あさかゆうほ》との対談の本（安積・立岩［2022］）でも話している。

吉本はこの講演で障害者差別は「最後まで残る」難しいものだと語っている。同じことは、同じ本に収録されている別の講演「身体論をめぐって」（吉本［1985］）でも述べている。ただその話を聞いていると（読んでいると）、そんなに深淵なことが語られているわけではない。

「現在の段階でそれを解こうとすれば、たった一つの考え方しかないんです。例えば、ある人がある日に片腕をなくしたとします。その人の身体は、マルクスの労働価値説では行動と身体ということであるわけですから、行動と身体だけで価値をかんがえたとして、そういう人はどう遇されていくかとかんがえると、考え方としては一つしかありません。その日からその人が死ぬまで、完全なる、不自由じゃない手があったとして働いただけの価値を想定します。それから手がなくて働いたものを引いた分を既得権としてその人は持っているとかんがえる以外に、今のところ完全な解決の仕方、論理はないだろうとぼくは考えます。」（吉本［1985→2001: 155］）

いわゆる逸失利益（分を支給する）という計算の方法をとる必要はないと思うが、この程度のことですむということであれば、そう難しいことであるとは私には思われない。それを難しいことのように思うことと、吉本における「原像」がどういうものであったのかは関係しているように思う。

★29――『文藝別冊 総特集 吉本隆明』に収録された「世界の肯定の仕方」（立岩［2004c］）。その冒頭が以下。

「しばらく「政治哲学」の人たちが書いているものをすこし読んだ。リベラリズムだとかコミュニタリアリズムだとか様々な立場があり、大きな話から具体的な主題まで、ここ数十年をとっても夥しい言説の蓄積がある。そしてなかなかもっともなことも言われていて、なるほどと思うことがある。他方、この国でどんなことが言われてきたかを思うと、論理の詰めが甘い、というより論理がないことが多いから、それに比べるとよいと思う。それである程度感心しながら読んだ。しかし違和感を感ずることがあった。前から思ってきたことなのだが、やはりあらためてそう思った。

そしてそんなことを思う時、ときどきこんなではなかったような気がする人として想起したのは吉本だった。何を読んでそう思ったのか、たしかな記憶もないのだが、しかし、たしかに異なっていると思い、そして彼の方が正しいと私は思った。彼には、何かに、例えば政治に参画したり、あるいは何かを、例えば自分自身を自らで作り出していくことが、それはときに必要であったり、ときにそれを人は求めてしまったりすることがあるとしても、それ自体として価値があるわけではないという、冷静な認識があると思う。また、そんな「積極的」な契機が人に含まれてなくても、それはそれでよいではないかという見方があると思う。」

「政治哲学」の人たちが書いているものを少し読んで、同じ頃に出版されたのが『自由の平等』。その本から以下を「世界の肯定の仕方」に引用している。

「私たちとしては、労働も政治活動も特別に価値のあることでなく、しかし双方とも参画するのはときに楽しいこともありまた必要でもあるという、そしてこの意味でもこの二つの間に優劣はないという、だから丸山真男の言うことはわかるがその立ち位置はわからない、アレントは立派なのだろうけれどやはりわからないところがあると言ってしまいたいという、単純な所から発してはいけないのかと考えてもよいと思う。」（立岩［2004a: 289］）

そして『人間の条件』より。

「突然だが、「民主主義」が大切な理由は、一つに、そういうことにある。ものごとをみなで決めるといったことは、だいたい手間もかかり面倒なことであり、そんなに楽しくはないことだ（と私は思う）。代わりに自分が決めてあげたいという人がいたら、そしてその人がうまくことを決め、ことをうまく運んでくれれば、そんな人にまかせておけばよいと思う。けれどもそうしてその人にまかせてしまったら、たぶん、その人は自分の都合のよいようにしてしまうだろう。それは自分たちにとってよいことではない。だから民主主義の方がよい。簡単に言うとそういうことだと思う。

さきと同じように、やはり、自分たちが自分たちのことを決めること、それそのものがよいことだという考え方もある。たぶんそうだろうとは思う。ただたとえば、この世のことは神様がみな定めたのだという考え方と、自分たちが決めるのだという考え方と、後者の方が絶対に正しいということを証明するのはけっこう難しいことではないかと私は思う。

他方、人々のためということであれ、あるいは神様が決めたことを解釈し実行するのだということであれ、誰かにまかせておくと結果としてうまくいかないことが多いことは、多くの人たちが多くの時代に経験してきた。そこで、面倒なことではあるが、自分たちのことは自分たちで決めようということになる。私もそのほうがよいだろうと思う。

しかし、ここでも同じことを繰り返すが、面倒なことをせずにすむのであれば、もっとよいとも言える。政治に関心がないこと参加しようとしないことそのものが、なにかいけないことであるように言う人たちがいる。私はそんなふうには考えない。たしかに安心して他人たちに任せておくとひどいことになることがあるから、気をつけた方がよい、関心をもった方がよいというのはもっともだ。しかしもっとよいのは、毎日なにかを決めたり、決めるために時間をかけて議論をしたり、誰を代理者あるいは代表者とするかを考えたりすることが、なくすことはできないだろうけれども、少なくなることではないだろうか。ここでも私たちは、仕方なく大切なことと、そのものが大切なことと、どちらなのだろうと考えてみたらよいと思う。政治（を自分たちで行なうこと）は仕方なく大切なことなのだろうか、もともと大切なことなのだろうか。まじめな人たちは後者だと言いたいようなのだが、前者だと考えてもよいように思う。」（立岩［2010→2018］）

★30——『税を直す』（立岩・村上・橋口［2009］）等々の書籍を第1章の註6（六七頁）であげた。

★31——死にたい人たち、を手伝いたい人たちのことについては、『介助の仕事』（立岩［2021a］）の第9章「こんな時だから言う、また言う」でも述べている。

★32——私が少し関心があるのは科学批判（→註21・二五三頁）との関係でどんなことが言われたかだ。人間と人間でないものという境界が問われるなら、あるいはその問いと別に、生物と生物でないものとの境界も問われることになるだろう。そして定義によるが、生物は作ることができるともされるし、実際そんなことが様々に行なわれている。たくさんの文献があるはずだが、ずっと以前に柴谷篤弘の『生物学の革命』（柴谷［1960］、改訂版が柴谷［1970］）があり、その人が『反科学論』（柴谷［1973］）以降の一連の著作を発表していくといったことがある。この時期の科学論を検証する作業はまだ十分になされていないと思う。柴谷への言及も少し（だけ）ある岩崎秀雄『〈生命〉とは何だろうか』（岩崎［2013］）をあげておく。

★33――『私的所有論』の第9章の第6節が「積極的優生」。以下のように問いを立てた。

「第一点。私が私をよくする。私があなたをよくする。両者の間にある違いはこの主語の違いだけである。しかも後者の場合に、私はあなたの「最善の利益」（だけ）を考慮してよくするのだとしよう。ならば同じではないか。第二点。また、生まれた後、私はあなたをしつける、学校に行かせる等々、いくらでも行うことがあるではないか。こうやって生まれた後に何かさせるのと、積極的優生によって生まれる前に与えることと、違いは、生まれた後、生まれる前、それだけではないか。第三点。しかも、消極的優生とは異なり、積極的優生は生きさせる行いであるから、存在の消去が絡む消極的優生の場面とは異なり、より「倫理的」な問題は少ないはずだ。以上について、考え、答える。」（立岩［1997→2013a: 690］）

そしていちおうは答えた。

★34――私は、シンガーの「（障害は）ないにこしたことはない」という趣旨の論文を紹介・検討して、「ないにこしたことはない、か・1」（立岩［2002b］）を書いた。その後、いくらかを足して『不如意の身体』（立岩［2018b］）に収録した。それからでも二〇年は経った後、その人が同じことを言い、言い返されて、驚いているのに驚いた。

テイラーの本を読むと、シンガーがよい人であることがわかり、そして変わりがないことがわかる。つまり、この人は三〇年間は同じ話をしているということになる。そして、著者がなおりたいとは思わないと言うと、シンガーは仰天している。ずっとそのように思って書いてきたのかと思い、そのことにあらためて驚いた。

私は、なおろうと思ってわるいことはないと思う。負荷が少なくなおることもよいとしよう。しかしそれは、なおらないなら死なせることをよしとすることではまったくない。

「二〇一二年にシンガーがバークレーを訪れた際、私は彼と直接出会う機会を得た。子どもの頃に憧れていた人物と面と向かって話をするのは、アンビバレントな経験だった。とりわけ彼は非常に親切で楽しく対話する術を心得ている人だったからだ。ジョンソンでさえ、立場上の違いとは裏腹にシンガーのことが気に入ったと語ったほどだ。

〔…〕会話がかなりつづいてから、わたしはついに、長年彼に聞いてみたかった質問を投じた――ピーター・シンガーは、障害が社会と個人に及ぼす肯定的効果が少しでもあると考えてるのか？〔…〕

わたしの質問に興味をそそられた様子のシンガーは、こう答えた――自分の考えでは、一個人の次元で、あらゆる人は克服すべき障害が必要であり、こうして難題に立ち向かうことが人格を高め、満足感を与えることもあると。そしてもしかすると、障害のなかにはこのようにして充足感を与えるものもあるかもしれないと。けれどもシンガーは、障害が社会一般に及ぼす肯定的効果にかんしては、認めるのにより消極的だった。〔…〕

「あなたやあなたの子どもの障害を治癒する、たった二ドルで副作用も皆無であることが保証された錠剤を誰かがくれるとしても、あなたはそれを飲まないということですか」、と。〔…〕「さて、どうでしょうか。親のほとんどはその錠剤を使いたがるでしょうけど、大部分の障害者自身は使わないと思いますよ」。わたしは自信たっぷりに答えた。／「ということは、あなたは使わないんですか？」明らかにシンガーは仰天していた。」（Taylor［2017＝223-226］）

★35――日本では原子力発電と障害児が生まれることとがつなげられた時に、このことが議論された。『不如意の身体――病障害とある社会』に再録した「ないにこしたことはない、か・1」（立岩［2002b］）で文献をあげ、私の考えを述べた。

――――　1974　「最後の親鸞」,『春秋』1974-1～1974-2・3→吉本［1976］
――――　1976　『最後の親鸞』, 春秋社→吉本［1981］→吉本［1987: 163-197］, →吉本［2002b］
――――　1978　『論註と喩』, 言叢社
――――　1979a　「障害者問題と心的現象論」, 主催：富士学園労働組合, 場所：小金井公会堂→吉本［1979b］, →吉本［2001: 158-178］https://www.amazon.co.jp/障害者問題と心的現象論/dp/B01BBFGHNQ/
――――　1979b　「障害者問題と心的現象論」,『季刊福祉労働』3: 8-20
――――　1980　『世界認識の方法』, 中央公論社→198402『世界認識の方法』, 中央文庫
――――　1981　『増補　最後の親鸞』, 春秋社
――――　1985　「身体論をめぐって」, 於：紀伊国屋ホール→吉本［2001: 136-157］
――――　1987　『宗教』, 大和書房, 吉本隆明全集撰5
――――　1998　『遺書』, 角川春樹事務所
――――　2001　『心とは何か――心的現象論入門』, 弓立社
――――　2002a　「永遠と現在」,『アンジャリ』2
――――　2002b　『最後の親鸞』, 筑摩書房, ちくま学芸文庫（吉本［1981］に,「永遠と現在」（吉本［2002a］）が加えられ, 中沢新一の解説が付される）
――――　2008　『「情況への発言」全集成1――1962～1975』, 洋泉社MC新書
由井 秀樹　2020　「患者の生命短縮をめぐる議論において, カント主義は貫徹可能か――有馬斉『死ぬ権利はあるか――安楽死, 尊厳死, 自殺幇助の是非と命の価値』へのコメント」,『立命館生存学研究』4: 5-9
Žižek, Slavoj　2001　*Did Somebody Say Totalitarianism?: Five Interventions in the (Mis)use of a Notion*, Verso＝2002　中山徹・清水知子 訳,『全体主義――観念の（誤）使用について』, 青土社

『法の理論』39　特集：「動物の権利」論の展開, 誠文堂
『現代思想』50-7（2022-6）　特集：肉食主義を考える, 青土社

3＝20191030　井上太一 訳，『現代思想からの動物論――戦争・主権・生政治』，人文書院
Weber, Max　1904/1905　*Die protestantische Ethik und der 》Geist《 des Kapitalismus* ＝1989　大塚久雄 訳，『プロテスタンティズムの倫理と資本主義の精神』，岩波文庫
World Conference Against Racism（WCAR，反人種主義・差別撤廃世界会議）　2000　*The Nature of Racism*，国連［Bellagio 会議での報告，A/CONF. 189/PC. 1/10，2000. 3. 8 https://www.hurights.or.jp/wcar/J/nature.htm
Wrangham, Richard　2019　*The Goodness Paradox: The Strange Relationship Between Virtue and Violence in Human Evolution*，Vintage＝2020　依田卓巳 訳，『善と悪のパラドックス――ヒトの進化と〈自己家畜化〉の歴史』，NTT 出版
山田 仁志　2018「禁断の肉？――人類学におけるカニバリズムの虚実」，野林 編［2018: 304-334］
山田 俊弘　2020『〈正義〉の生物学――トキやパンダを絶滅から守るべきか』，講談社
山極 寿一　2007『暴力はどこからきたか――人間性の起源を探る』，日本放送出版協会，NHK ブックス
山本 信 編　1976『ヤスパース／マルセル』，中央公論社，世界の名著続 13
山本 芳久　2003「「二重結果の原理」の実践哲学的有効性――「安楽死」問題に対する適用可能性」，『死生学研究』2003 春：295-316（東京大学大学院人文社会系研究科）
山根 純佳　2004『産む産まないは女の権利か――フェミニズムとリベラリズム』，勁草書房
山内 友三郎　1991『相手の立場に立つ――ヘアの道徳哲学』，勁草書房
山内 友三郎・浅井 篤 編　2008『シンガーの実践倫理を読み解く――地球時代の生き方』，昭和堂
谷津 裕子　2022『動物――ひと・環境との倫理的共生』，東京大学出版会，知の生態学の冒険 J・J・ギブソンの継承・5
横塚 晃一　1975『母よ！ 殺すな』，すずさわ書店
――――　1981『母よ！ 殺すな　増補版』，すずさわ書店
――――　2007『母よ！ 殺すな　新版』，生活書院
――――　2009『母よ！ 殺すな　新版増補版』，生活書院
頼尊 恒信　2015『真宗学と障害学――障害と自立をとらえる新たな視座の構築のために』，生活書院
吉本 隆明　1959「マチウ書試論」，『芸術的抵抗と挫折』，未來社→吉本［1987: 9-80］
――――　1968『情況への発言――吉本隆明講演集』，徳間書店，272 p.
――――　1969「情況への発言」，『試行』27

立岩 真也・齊藤 拓　2010 『ベーシックインカム――分配する最小国家の可能性』，青土社
立岩 真也・杉田 俊介　2017a 『相模原障害者殺傷事件――優生思想とヘイトクライム』，青土社
―――― 2017b 「討議：生の線引きを拒絶し，暴力に線を引く」，立岩・杉田［2017a: 177-238］
Taylor, Sunaura　2017　*Beasts of Burden: Animal and Disability Liberation*, The New Press＝2020　今津有梨 訳，『荷を引く獣たち――動物の解放と障害者の解放』，洛北出版
Thompson, Paul B.　2015　*From Field to Fork: Food Ethics for Everyone*, Oxford University Press＝2021　太田和彦 訳，『食農倫理学の長い旅――〈食べる〉のどこに倫理はあるのか』，勁草書房
Thoreau, Henry David　1854　*Walden; or, Life in the Woods*＝1995　飯田実 訳『森の生活 ウォールデン』，岩波文庫
Tooley, Michael　1972 "Abortion and Infanticide", *Philosophy & Public Affairs* 2-1 (Fall 1972), Princeton Univ. Press→1981　Arthur ed.［1981］＝1988　森岡正博 訳，「嬰児は人格を持つか」，加藤・飯田 編［1988: 94-110］
―――― 1984 "In Defense of Abortion and Infanticide", Feinberg ed.［1984: 120-130］
土屋 恵一郎　1993 『ベンサムという男――法と欲望のかたち』，青土社→2012 『怪物ベンサム――快楽主義者の予言した社会』，講談社学術文庫
土屋 貴志　1992 「種差別か，しからずんば能力差別か？――ピーター・シンガーはいかにして障害新生児の安楽死を擁護するか」，『哲学の探求』20: 35-50（第20回全国若手哲学研究者ゼミナール報告論文集）
―――― 1993 「「シンガー事件」の問いかけるもの」，加藤・飯田 編［1993: 324-348］
―――― 1994a 「"シンガー事件"後のシンガー――『実践的倫理学』第2版における障害者問題の扱い」，飯田編［1994: 135-146］
―――― 1994b 「「シンガー事件」と反生命倫理学運動」，『生命倫理』4-2 (5): 45-49 (125-129)
―――― 1995 「生命の「置き換え可能性」について――P. シンガーの所論を中心に」，『人文研究　大阪市立大学文学部紀要』47-1: 63-84
土山 秀夫・井上 義彦・平田 俊博 編　1996 『カントと生命倫理』，晃洋書房
打越 綾子 編　2018 『人と動物の関係を考える』，ナカニシヤ出版
上野 吉一・武田 庄平　2015 『動物福祉の現在――動物とのより良い関係を築くために』，農林統計出版
Wadiwel, Dinesh Joseph　2015　*The War Against Animals*, Brill Academic Pub, Critical Animal Studies

「急ぐ人のために──最も短い版」，立岩［2008b→2022c: 22-27］
──── 2007a 「解説」，横塚［2007: 391-428］
──── 2007b 「書評：加藤秀一『〈個〉からはじめる生命論』」，共同通信配信記事
──── 2007-2017 「もらったものについて・1〜17」，『そよ風のように街に出よう』75: 32-36〜91: 60-67
──── 2008a 「人命の特別を言わず／言う」，武川・西平 編［2008: 23-44］
──── 2008b 『良い死』，筑摩書房
──── 2009 『唯の生』，筑摩書房
──── 2010 『人間の条件──そんなものない』，理論社，よりみちパン！セ
──── 2012 「飽和と不足の共存について」，日本生命倫理学会第24回年次大会・大会長講演要旨
──── 2013a 『私的所有論　第2版』，生活書院・文庫版
──── 2013b 『造反有理──精神医療現代史へ』，青土社
──── 2014 『自閉症連続体の時代』，みすず書房
──── 2015 『精神病院体制の終わり──認知症の時代に』，青土社
──── 2017 『生死の語り行い・2──私の良い死を見つめる本 etc.』，Kyoto Books
──── 2018a 『人間の条件──そんなものない　増補新版』，新曜社
──── 2018b 『不如意の身体──病障害とある社会』，青土社
──── 2018c 『病者障害者の戦後──生政治史点描』，青土社
──── 2020 『弱くある自由へ──自己決定・介護・生死の技術　増補新版』，青土社
──── 2021a 『介助の仕事──街で暮らす／を支える』，筑摩書房，ちくま新書
──── 2021b 『介助の仕事──街で暮らす／を支える　補註・文献』，Kyoto Books
──── 2021c 「ご挨拶」，私とからだと困りごと座談会　2021. 11. 14　主催：立命館大学生存学研究所
──── 2022a 『人命の特別を言わず＊言う』，筑摩書房　※本書
──── 2022b 『人命の特別を言わず＊言う　補註』，Kyoto Books
──── 2022c 『良い死／唯の生』，筑摩書房，ちくま学芸文庫
──── 2022d 『生死の語り行い・3──有限でもあるから控える』，Kyoto Books
──── 2023 『優生思想を解く』（仮）
立岩 真也・有馬 斉　2012 『生死の語り行い・1──尊厳死法案・抵抗・生命倫理学』，生活書院
立岩 真也・堀田 義太郎　2012 『差異と平等──障害とケア／有償と無償』，青土社
立岩 真也・村上 潔　2011 『家族性分業論前哨』，生活書院
立岩 真也・村上 慎司・橋口 昌治　2009 『税を直す』，青土社

――――　2000a 「書評：清水哲郎『医療現場に臨つ哲学II――ことばに与る私たち』（勁草書房）」，『週刊読書人』2356: 4
――――　2000b 「死の決定について」，大庭・鷲田 編［2010: 149-171］→立岩［2009: 287-306→2022c: 453-457］
――――　2000c 『弱くある自由へ――自己決定・介護・生死の技術』，青土社
――――　2002a 「確かに言えること と 確かには言えないこと」，齋藤 編［2002: 241-251］
――――　2002b 「ないにこしたことはない，か・1」，石川・倉本 編［2002: 47-87］→立岩［2018b: 298-335］
――――　2003a 「現われることの倫理」，東京大学 21 世紀 COE「死生学の構築」シンポジウム「死生観と応用倫理」第 1 部「いのちの始まりと死生観」，於：東京大学・本郷
――――　2003b 「御案内」，『日本社会学会ニュース』179→立岩［2006a: 282-283］
――――　2003c 「現われることの倫理」，『死生学研究』2（2003 年秋号）
――――　2004a 『自由の平等――簡単で別な姿の世界』，岩波書店
――――　2004b 「シンポジウム報告」，『日本社会学会ニューズレター』→立岩［2006a: 283-285］
――――　2004c 「世界の肯定の仕方」，『文藝別冊 総特集 吉本隆明』，河出書房新社，pp. 94-97
――――　2004d 「摩耗と不惑についての本」（医療と社会ブックガイド・40），『看護教育』45-7（2004-7）（医学書院）
――――　2004e 「より苦痛な生／苦痛な生／安楽な死」，『現代思想』32-14（2004-11）: 85-97→立岩［2008b→2022c→2022c: 483-517］
――――　2004f 『ALS――不動の身体と息する機械』，医学書院
――――　2004g 「社会的――言葉の誤用について」，『社会学評論』55-3（219）: 331-347→立岩［2006a: 256-281］
――――　2005a 「死／生の本・5――『性の歴史』」（医療と社会ブックガイド・49），『看護教育』46-5（2005-5）: 450-451
――――　2005b 「決められないことを決めることについて」，『医学哲学・医学倫理』23（日本医学哲学・倫理学会）
――――　2005c 「『児童虐待と動物虐待』」（医療と社会ブックガイド・52），『看護教育』46-8
――――　2006a 『希望について』，青土社
――――　2006b 「私はこう考える」，『通販生活』25-3（242・2006 秋号）: 119（通販生活の国民投票第 34 回　尊厳死の法制化に賛成ですか？　反対ですか？）→2008

白水 士郎　2009「生命・殺生——肉食の倫理，菜食の論理」，鬼頭・福永 編［2009: 49-66］
Sontag, Susan　1978 *Illness as Metaphor*, Farrar, Straus and Giroux = 1982　富山太佳夫 訳『隠喩としての病い』，みすず書房→Sontag［1989 = 1992］
————　1988 *Aids and Its Metaphor*, Farrar, Straus and Giroux = 1990　富山太佳夫 訳，『エイズとその隠喩』，みすず書房→Sontag［1989 = 1992］
————　1989 *Illness as Metaphor and Aids and Its Metaphor*, Farrar, Straus and Giroux = 1992　富山太佳夫 訳，『隠喩としての病い　エイズとその隠喩』，みすず書房
————　2003 *Regarding the Pain of Others*, Farrar, Straus and Giroux = 2003　北条文緒 訳，『他者の苦痛へのまなざし』，みすず書房
Sunstein, Cass R. & Nussbaum, Martha Craven eds.　2004 *Animal Rights: Current Debates and New Directions*, Oxford University Press = 2013　安部圭介・山本龍彦・大林啓吾 監訳，『動物の権利』，尚学社
田上 孝一　2000『初期マルクスの疎外論——疎外論超克説批判』，時潮社
————　2017『環境と動物の倫理』，本の泉社
————　2021『はじめての動物倫理学』，集英社新書
Takacs, David　1996 *The idea of biodiversity*, Johnc Hopkins University Press = 2006　狩野秀之・新妻昭夫・牧野俊一・山下恵子 訳，『生物多様性という名の革命』，日経 BP 社
高草木 光一 編　2009『連続講義「いのち」から現代世界を考える』，岩波書店
————　2013『思想としての「医学概論」——いま「いのち」とどう向き合うか』，岩波書店
武川 正吾・西平 直 編　2008『死生学 3- ライフサイクルと死』，東京大学出版会
田中 美津　1972『いのちの女たちへ——とり乱しウーマン・リブ論』，田畑書店→2001 新装版，パンドラ
————　2004『いのちの女たちへ——とり乱しウーマン・リブ論　増補新装版』，パンドラ，発売：現代書館
————　2005『かけがえのない，大したことのない私』，インパクト出版会
立岩 真也　1985「主体の系譜」，東京大学大学院社会学研究科修士論文
————　1994「夫は妻の家事労働にいくら払うか——家族／市場／国家の境界を考察するための準備」，『人文研究』23: 63-121（千葉大学文学部紀要）→立岩・村上［2011: 55-161］
————　1997『私的所有論』，勁草書房→2013a
————　1998「書評：P. シンガー『生と死の倫理』（昭和堂）」，『週刊読書人』
————　1999「他者がいることについての本」，『デジタル月刊百科』1999-11（日立デジタル平凡社）

保彦・佐藤和夫 訳,「動物の生存権」, 加藤・飯田 編［1988: 205-220］, =1993「動物の解放」, Schrader-Frechette ed.［1991 = 1993: 187-207］
―――― 1975 *Animal Liberation: A New Ethics for Our Treatment of Animals*, Random House = 1988 戸田清 訳,『動物の解放』, 技術と人間 = 2002 技術と人間
―――― 1979 *Practical Ethics*, Cambridge University Press = 1991 山内友三郎・塚崎智 監訳,『実践の倫理』, 昭和堂
―――― 1990a "Bioethics and Academic Freedom", Bioethics 4-1: 33-44
―――― 1990b *Animal Liberation*, 2nd ed., Random House
―――― 1991a "On Being Silenced in Germany", *The New York Review of Books*, August 15th, 1991: 36-42 = 1992 市野川容孝・加藤秀一 訳,「ドイツで沈黙させられたことについて」,『みすず』374（1992-5）: 34-41, 375（1992-6）: 41-49
―――― 1991b "When does a Human Life Begin and Why does it Matter?", 星野・斎藤 編［1991］= 1991 「ヒトの生涯はいつ始まるか」, 星野・斎藤 編［1991: 1-13］
―――― 1992 "A German Attack on Applied Ethics", Journal of Applied Philosophy 9-1: 85-92
―――― 1993 *Practical Ethics*, 2nd Edition, Cambridge Univ. Press = 1999 山内友三郎・塚崎智 監訳,『実践の倫理 新版』, 昭和堂
―――― 1994 *Rethinking Life & Death: The Collapse of our Traditional Ethics*, The Text Publishing Company, Melbourne = 1998 樫則章 訳,『生と死の倫理――伝統的倫理の崩壊』, 昭和堂
―――― 2002 *One World: the Ethics of Globalization*, Yale University Press = 2005 山内友三郎・樫則章 訳,『グローバリゼーションの倫理学』, 昭和堂
―――― 2004 *The President of Good and Evil: the Ethics of George W. Bush*, E. P. Dutton = 2004 中野勝郎 訳,『「正義」の倫理――ジョージ・W・ブッシュの善と悪』, 昭和堂
―――― 2009 *Animal Liberation*, New York = 2011 戸田清 訳,『動物の解放 改訂版』, 人文書院
Singer, Peter; Dawson, Karen 1988 "IVF Technology and the Argument from Potential", Philosophy & Public Affairs 17-2: 87-104→1990 Singer et al. eds.［1990: chap. 8］
Singer, Peter; Kuhse, Helga 1984 "The Future of Baby Doe", *New York Review of Books*, March 1st, 1984
Singer, Peter ed. 1985 *In Defence of Animals*, Blackwell
Singer, Peter et al. eds 1990 *Embryo experimentation*, Cambridge Univ. Press
Singer, Peter; Regan, Tom eds. 1985 *In Defence of Animals*, Blackwell = 1986 戸田清 訳,『動物の権利』, 技術と人間
―――― 1989 *Animal Rights and Human Obligations*, 2nd ed., Prentice-Hall
新村 毅 編 2022 『動物福祉学』, 昭和堂

書房
———— 2009 「「いのち」の軽さ」，高草木 編［2009: 199-215］
———— 2012 「思想も実践もわかっちゃいない――繭玉のように表現を紡ぐには，蚕のように静止しなければならない」，『図書新聞』3058
———— 2013 「「いのち」から医学・医療を考える」，高草木 編［2013: 235-315］
最首 悟・遅塚 令二・上野 豪志・井上 望・安野 真幸・桜井 国俊 1969 「知性はわれわれに進撃を命ずる」，『現代の眼』（全特集・東京大学――炎と血の岐路）10-3（1969-3）：86-99
最首 悟・立岩 真也 2009 「対論」，高草木 編［2009: 225-231］
齋藤 有紀子 編 2002 『母体保護法とわたしたち ―中絶・多胎減数・不妊手術をめぐる制度と社会』，明石書店
櫻井 悟史 2011 『死刑執行人の日本史――歴史社会学からの接近』，青弓社
Sandler, Ronald L. 2014 *Food Ethics: The Basics*, Routledge＝2019 馬渕浩二 訳，『食物倫理入門――食べることの倫理学』，ナカニシヤ出版
Sapontzis, Steve ed. 2004 *Food for Thought: The Debate over Eating Meat*, Prometheus Books
佐々木 正明 2012 『恐怖の環境テロリスト』，新潮新書
———— 2022 『「動物の権利」運動の正体』，PHP 研究所，PHP 新書
佐々木 辰夫 2019 『戦争とカニバリズム――日本軍による人肉食事件とフィリピン人民の抵抗・ゲリラ闘争』，スペース伽耶
佐藤 衆介 2005 『アニマルウェルフェア――動物の幸せについての科学と倫理』，東京大学出版会
Schrader-Frechette, K. S. ed. 1991 *Environmental Ethics*, 2nd ed., Boxwood Press,（1st ed. 1981）＝1993 京都生命倫理研究会 訳，『環境の倫理』，晃洋書房
Scott, James C. 2017 *Against the Grain: A Deep History of the Earliest States*, Yale University Press＝2019 立木勝 訳，『反穀物の人類史――国家誕生のディープヒストリー』，みすず書房
柴谷 篤弘 1960 『生物学の革命』，みすず書房
———— 1970 『生物学の革命　改訂版』，みすず書房
———— 1973 『反科学論――ひとつの知識・ひとつの学問をめざして』，みすず書房→1998 ちくま学芸文庫
清水 哲郎 2000 『医療現場に臨む哲学 II――ことばに与る私たち』，勁草書房
関 嘉彦 編 1967 『ベンサム／J. S. ミル』，中央公論社，世界の名著 38
Simoons, Frederick J. 1994 *Eat Not This Flesh: Food Avoidances from Prehistory to the Present*, Revised, Subsequent Edition, Univ of Wisconsin Press＝2001 山内昶 訳，『肉食タブーの世界史』，法政大学出版局
Singer, Peter 1973 "Animal Liberation", *The New York Review of Books*, April 5th, 1973＝1988 大島

――――　1990　「平等の正当化」，市川他編［1990: 227-313］→大庭［2004］
――――　1997　『自分であるとはどんなことか――完・自己組織システムの倫理学』，勁草書房
――――　2004　『所有という神話――市場経済の倫理学』，岩波書店
大庭 健・鷲田 清一 編　2000　『所有のエチカ』，ナカニシヤ出版
大谷 いづみ　2010　「「尊厳死」思想の淵源――J・フレッチャーの anti-dysthanasia 概念とバイオエシックスの交錯」，小松・香川 編［2010: 207-233］
――――　2013　「生命倫理学における安楽死・尊厳死論のキリスト教的基盤に関する歴史的社会的研究」，科学研究費助成事業研究成果報告書
Pollan, Michael　2006　*The Omnivore's Dilemma*, Penguin Books＝2009　ラッセル秀子 訳，『雑食動物のジレンマ――ある 4 つの食事の自然史（上・下）』，東洋経済新報社
Rachels, James　1975　"Active and Passive Euthanasia", *The New England Journal of Medicine* 292-2（jan. 9, 1975）＝1988　「積極的安楽死と消極的安楽死」，加藤・飯田 編［1988: 113-121］
――――　1986　*The End of Life: Euthanasia and Morality*, Oxford Univ. Press＝1991　加茂直樹 監訳，『生命の終わり――安楽死と道徳』，晃洋書房
――――　1999　*The Elements of Moral Philosophy*, Third Edtion, The McGraw-Hill＝2003　古牧徳生・次田憲和 訳，『現実をみつめる道徳哲学――安楽死からフェミニズムまで』，晃洋書房
Read, Piers Paul　1974　*Alive: The Story of the Andes Survivors*, J. B. Lippincott Company＝1974　永井淳 訳，『生存者――アンデス山中の 70 日』，平凡社
Regan, Tom　2003　*Animal Rights, Human Wrongs: An Introduction to Moral Philosophy*, Rowman & Littlefield Publishers＝2022　井上太一 訳，『動物の権利・人間の不正』，緑風出版
Reese, Jacy　2018　*The End of Animal Farming: How Scientists, Entrepreneurs, and Activists Are Building an Animal-Free Food System*, Beacon Press＝2021　井上太一 訳，『肉食の終わり――非動物性食品システム実現へのロードマップ』，原書房
Rieff, David　2008　*Swiming in a Sea of Death: A Son's Memoir*, Simon & Schuster, Inc.＝2009　上岡伸雄 訳，『死の海を泳いで――スーザン・ソンタグ最期の日々』，岩波書店
Rollin, Bernard E.　2016　*A New Basis for Animal Ethics: Telos and Common Sense*, University of Missouri Press.＝2019　高橋優子 訳，『動物倫理の新しい基礎』，白揚社
最首 悟　1969　「玉砕する狂人といわれようと――自己を見つめるノンセクト・ラジカルの立場」，『朝日ジャーナル』1969-1-19: 99-103（非常事態宣言下の東大・その 2）
――――　1997　「地球二〇公転目の星子」，『増刊・人権と教育』26→最首［1998: 363-385］（「星子，二〇歳」と改題）
――――　1984　『生あるものは皆この海に染まり』，新曜社
――――　1998　『星子が居る――言葉なく語りかける重複障害の娘との 20 年』，世織

平凡社
西山 ゆう子　2008 『アメリカ動物診療記――プライマリー医療と動物倫理』，駒草出版
野林 厚志 編　2018 『肉食行為の研究』，平凡社
信岡 朝子　2020 『快楽としての動物保護――『シートン動物記』から『ザ・コーヴ』へ』，講談社
――――　2022 「静寂の理由――ドキュメンタリー映画『いのちのたべかた』(2005) と屠殺をめぐる語り」，『現代思想』50-7 (2022-6): 112-124
Nocella II, Anthony J.; Salter, Colin; Bentley, Judy K. C. eds.　2014 *Animals and War: Confronting the Military-Animal Industrial Complex*, Lexington Books＝2015　井上太一 訳，『動物と戦争――真の非暴力へ、《軍事―動物産業》複合体に立ち向かう』，新評論
野崎 泰伸　2005 「「生命の神聖性」と「生命の質」との対立を越えて――生存のためのコスト」，『生命倫理』16: 202-209
――――　2007 「「生の無条件の肯定」に関する哲学的考察――障害者の生に即して」，大阪府立大学大学院 2006 年度博士論文
――――　2009 「『動物からの倫理学入門』の一つの読み方――倫理・正当化・正義」，京都生命倫理研究会　伊勢田哲治著『動物からの倫理学入門』合評会　於：京都女子大学
――――　2011 『生を肯定する倫理へ――障害学の視点から』，白澤社
――――　2015 『「共倒れ」社会を超えて――生の無条件の肯定へ！』，筑摩書房
Nozick, Robert　1974 *Anarchy, State, and Utopia*, Basic Books＝1985, 1989　嶋津格 訳，『アナーキー・国家・ユートピア』，木鐸社＝1994　嶋津格 訳，木鐸社
――――　1983 "About Mammals and People", *New York Times Book Review*, November 27th, 1983: 11-12
Nussbaum, Martha C.　2006 *Frontiers of Justice: Disability, Nationality, Species Membership*, Harvard University Press＝2012　神島 裕子 訳，『正義のフロンティア――障碍者・外国人・動物という境界を越えて』，法政大学出版局
荻野 美穂 編　2006 『資源としての身体――身体をめぐるレッスン 2』，岩波書店
小原 秀雄・羽仁 進　1995 『ペット化する現代人――自己家畜化論から』，日本放送出版協会，NHK ブックス
奥田 純一郎　2004 「ヒト胚・生命倫理・リベラリズム――自己決定権は生命科学技術研究に何を・どこまで言えるか？」，『思想』965: 195-211
尾本 惠市 編　2002 『人類の自己家畜化と現代』，人文書院
――――　2006 「死の公共性と自己決定権の限界」，井上 編［2006: 330-348］
大庭 健　1989 『他者とは誰のことか――自己組織システムの倫理学』，勁草書房

森田 勝昭　1994　『鯨と捕鯨の文化史』，名古屋大学出版会
本川 達雄　2015　『生物多様性――「私」から考える進化・遺伝・生態系』，中央公論新社
村上 克尚　2017　『動物の声，他者の声――日本戦後文学の倫理』，新曜社
村上 弥生　2008　「誕生における生と死の選択」，山内・浅井 編［2008: 49-82］
村瀬 学　1981　『初期心的現象の世界』，大和書房
――――　1985　「〈人間〉の根拠はどこに求められるか」，『あんかるわ』71，73→村瀬［1991: 166-186］
――――　1991　『「いのち」論のはじまり』，JICC出版局
――――　1995　『「いのち」論のひろげ』，洋泉社
――――　1996　「生命と共生――あるいは「名前」の共生力について」，早川・森岡 編［1996: 127-136］
中井 久夫　2004　『徴候・記憶・外傷』，みすず書房
永井 均・小泉 義之　1998a　『なぜ人を殺してはいけないのか？』，河出書房新社，シリーズ・道徳の系譜
――――　1998b　「道徳は殺人を止められるか？」（対談），永井・小泉［1998a: 7-56］
長尾 龍一・米本 昌平 編　1987　『メタ・バイオエシックス――生命科学と法哲学の対話』，日本評論社
永尾 俊彦　1996　『棄てられた日本兵の人肉食事件』，三一書房
長岡 茂夫　2006　「事前指示」，伊勢田・樫 編［2006: 121-142］
中村 生雄　20111205　『肉食妻帯考――日本仏教の発生』，青土社
中野 美代子　1972　『迷宮としての人間』，潮出版社
――――　1987　『カニバリズム（人間喰食）論』，福武文庫
――――　2017　『カニバリズム（人間喰食）論』，ちくま学芸文庫
Nibert, David A.　2013　*Animal Oppression and Human Violence: Domesecration, Capitalism, and Global Conflict*, Columbia University Press＝2016　井上太一 訳，『動物・人間・暴虐史――“飼い貶し”の大罪，世界紛争と資本主義』，新評論
Nietzsche, Friedrich　1885-86　*Jenseits von Gut und Böse*＝1970　木場深定 訳，『善悪の彼岸』，岩波文庫，＝1993　信太正三 訳，『善悪の彼岸・道徳の系譜』，ちくま学芸文庫，ニーチェ全集11
――――　1887　*Zur Genealogie der Moral*＝1940　木場深定 訳，『道徳系譜学』，岩波文庫，＝1993　信太正三 訳，『善悪の彼岸・道徳の系譜』，ちくま学芸文庫，ニーチェ全集11
西 成彦　2021　『声の文学』，新曜社
西川 長夫　2002　『戦争の世紀を越えて――グローバル化時代の国家・歴史・民族』，

Linzey, Andrew　1994　*Animal Theology*, SCM Press＝2001　宇都宮秀和 訳,『神は何のために動物を造ったのか——動物の権利の神学』, 教文館
Llored, Patrick　2013　*Jacqes Derrida: Politique et éthique de l'animalité*, Sils Maria＝2017　西山雄二・桐谷慧 訳,『ジャック・デリダ——動物性の政治と倫理』, 勁草書房
Marcel, Gabriel　1935　*Etre et avoir*, Aubier＝1976　山本信 訳,『存在と所有』, 山本信 編［1976: 381-527］
Mason, Jim & Singer, Peter　1980　*Animal Factories*, Harmony Books＝1982　高松修 訳,『アニマル・ファクトリー——飼育工場の動物たちの今』, 現代書館
美馬 達哉　2006「生かさないことの現象学——安楽死をめぐって」, 荻野美穂 編［2006: 185-212］
————　2007『〈病〉のスペクタクル——生権力の政治学』, 人文書院
————　2010『脳のエシックス——脳神経倫理学入門』, 人文書院
————　2012『リスク化される身体——現代医学と統治のテクノロジー』, 青土社
————　2020『感染症社会——アフターコロナの生政治』, 人文書院
美馬 達哉・立岩 真也　2007「バイオポリティクスとは何か——生きて存（あ）るを学ぶために」, JUNKU 大阪　トークセッション
三村 洋明　2003「立岩真也『私的所有論』との対話」, http://www.arsvi.com/2000/030410mh.htm
三島 亜紀子　2005『児童虐待と動物虐待』, 青弓社
————　2007『社会福祉学の〈科学〉性——ソーシャルワーカーは専門職か？』, 勁草書房
宮崎 駿　1982-1994「風の谷のナウシカ」,『アニメージュ』→1983-1994『風の谷のナウシカ』, 徳間書店
Molm, H. M.　1989　"Killing, Letting Die and Simple Conflicts Philosophy and Public Affairs"＝1993「殺すことと死ぬにまかせること——純然たる葛藤」, 加藤・飯田 編［1993: 246-251］
Moreno, Jonathan D. ed.　1995　*Arguing Euthanasia*, Simon & Schusten＝1997　金城千佳子 訳,『死ぬ権利と生かす義務——安楽死をめぐる 19 の見解』, 三田出版会
森岡 正博　2001『生命学に何ができるか——脳死・フェミニズム・優生思想』, 勁草書房
————　2003『無痛文明論』, トランスビュー
森崎 和江　1963『非所有の所有——性と階級覚え書』, 現代思潮社→1970　新装版
————　1988「産むこと」, 森崎［1988］→森崎 編［1989: 222-245］
————　1989『大人の童話・死の話』, 弘文堂
森崎 和江 編　1989『産』作品社, 日本の名随筆 77

――――　2022　「殺生禁断の現在」,『現代思想』50-7（2022-6）: 94-101
小松 錬平　1973　『ルポ・鯨の海』, 朝日新聞社
小松 美彦　1996　『死は共鳴する――脳死・臓器移植の深みへ』, 勁草書房
――――　2000　『黄昏の哲学――脳死臓器移植・原発・ダイオキシン』, 河出書房新社
――――　2004a　『脳死・臓器移植の本当の話』, PHP 新書
――――　2004b　『自己決定権は幻想である』, 洋泉社, 新書 y
――――　2012　『生権力の歴史――脳死・尊厳死・人間の尊厳をめぐって』, 青土社
小松 美彦・香川 知晶 編　2010　『メタバイオエシックスの構築へ――生命倫理を問いなおす』, NTT 出版
久保田 さゆり　2021　「動物倫理の議論と道徳的地位の概念」,『法の理論』39: 47-67
Kuhse, Helga　1987　*The Sanctity-of-Life Doctorine in Medicine: A Critique*, Oxford Univ. Press＝2006　飯田亘之・石川悦久・小野谷加奈恵・片桐茂博・水野俊誠 訳,『生命の神聖性説批判』, 東信堂
――――　1997　*Caring: Nurses, Women and Ethics*, Blackwell＝2000　竹内徹・村上弥生 監訳『ケアリング――看護婦・女性・倫理』, メディカ出版
Kuhse, Helga ed.　1994　*Willing to Listen, Wanting to Die*. Penguin Books＝1996　吉田純子 訳,『尊厳死を選んだ人びと』, 講談社
Kuhse, Helga; Singer, Peter　1985　*Should the Baby Live?: The Problem of Handicapped Infants*, Oxford Univ. Press
――――　1990　"Individuals, Humans, and Persons: The Issue of Moral Status", Singer et al. eds. [1990: chap. 7]
――――　2002　"Should All Seriously Disabled Infants Live?" in Singer [2002: 233-245]
Kuhse, Helga & Singer, Peter eds.　1998　*A Companion to Bioethics*, Blackwell
――――　2002　Unsanctifying Human Life: Essays on Ethics, Blackwell＝2007　浅井篤・村上弥生・山内友三郎 監訳,『人命の脱神聖化』, 晃洋書房
Le Goff, Jacques　1981　*La naissance du Purgatoire*, Gallimard＝1988　渡辺香根夫・内田洋 訳,『煉獄の誕生』, 法政大学出版局
Lestel, Dominique　2011　*Apologie du carnivore*, Fayard＝2020　大辻都 訳『肉食の哲学』, 左右社
Levinas, Emmanuel　1974　*Autrement qu'être ou au-delà de l'essence*, Martinus Nijhoff＝1990　合田正人 訳,『存在するとは別の仕方であるいは存在することの彼方へ』, 朝日出版社→1999　合田 正人 訳,『存在の彼方へ』, 講談社学術文庫
Levi-Strauss, Claude　2013　*Nous Sommes Tous des Cannibales*, Seuil＝2019　渡辺公三 監訳／泉克典 訳,『われらみな食人種（カニバル）――レヴィ＝ストロース随想集』, 創元社

Kaplan, Helmut F.　1993　*Leichenschmaus. Ethische Gründe für eine vegetarische Ernährung*, Rowohlt→2002 3 Aufl. = 2005　ニトライ陽子・田辺リューディア・田辺リューディア 訳，『死体の晩餐――動物の権利と菜食の理由』，同時代社
加藤 尚武・飯田 亘之 編　1988 『バイオエシックスの基礎――欧米の「生命倫理」論』，東海大学出版会
――――　1993 『応用倫理学研究』，千葉大学教養部倫理学教室
加藤 秀一　1991 「女性の自己決定権の擁護――リプロダクティヴ・フリーダムのために」，『ソシオロゴス』15: 14-33→江原 編［1996: 41-79］（再録にあたり加筆・修正）
――――　1996 「「女性の自己決定権の擁護」再論」，江原 編［1996: 119-160］
――――　1998 『性現象論――差異とセクシュアリティの社会学』，勁草書房
――――　2003 「「生まれないほうが良かった」という思想について――Wrongful life 訴訟と「生命倫理」の臨界」，第76回日本社会学会大会シンポジウム　於：中央大学　報告要旨
――――　2004「生まれないほうが良かった」という思想をめぐって――Wrongful life 訴訟と「生命倫理」の臨界」，『社会学評論』55-3（219）: 298-313
――――　2007 『〈個〉からはじめる生命論』，日本放送出版協会，NHK ブックス
加藤 秀一 編　2010 『生――生存・生き方・生命』，岩波書店，シリーズ自由への問い・8
川本 隆史　1996 「《生殖革命》という言説――ピーター・シンガー批判のために」，江原 編［1996: 285-306］
河村 克俊　1996 「生命倫理をめぐるドイツの現状――シンガー事件とドイツの哲学界」，土山 他編［1996: 197-228］〈209〉
河島 基弘　2011 『神聖なる海獣――なぜ鯨が西洋で特別扱いされるのか』，ナカニシヤ出版
北野 玲　2006 『わたし，ヴィーガンと出会う』，愛育社
鬼頭 秀一・福永 真弓 編　2009 『環境倫理学』，東京大学出版会
鬼頭 葉子　2021 「動物権利論の拡張可能性について――新たな権利概念の措定と関係アプローチの導入」，『法の理論』39: 19-46
児玉 聡　2012 『功利主義入門――はじめての倫理学』，ちくま新書
小泉 義之　1998 「なんで殺ったらいけないのかだって？　殺ってもイケルしイケテルのに」，永井・小泉［1998: 95-148］
――――　2003 『生殖の哲学』，河出書房新社
――――　2006 『病いの哲学』，ちくま新書
――――　2012 『生と病の哲学――生存のポリティカルエコノミー』，青土社

ッキウム 4
池田 智恵子　1994　『保母と重度障害者施設――富士学園の 3000 日』，彩流社
池本 卯典・吉川 泰弘・伊藤 伸彦　20130620　『獣医倫理・動物福祉学』，緑書房
生田 武志　2005　『「野宿者襲撃」論』，人文書院
――――　2007　『ルポ最底辺――不安定就労と野宿』，筑摩書房
――――　2019　『いのちへの礼儀――国家・資本・家族の変容と動物たち』，筑摩書房
稲葉 振一郎　2008　『「公共性」論』，NTT 出版
稲葉 振一郎・立岩 真也　2006　『所有と国家のゆくえ』，日本放送出版協会，NHK ブックス
井上 太一　2022　『動物倫理の最前線――批判的動物研究とは何か』，人文書院
井上 達夫　1987　「人間・生命・倫理」，長尾・米本 編［1987: 41-64］→江原 編［1996: 3-26］
――――　1996　「胎児・女性・リベラリズム――生命倫理の基礎再考」，江原 編［1996: 81-117］
井上 達夫 編　2006　『公共性の法哲学』，ナカニシヤ出版
伊勢田 哲治　2008　『動物からの倫理学入門』，名古屋大学出版会
――――　2015　『マンガで学ぶ動物倫理』，化学同人
伊勢田 哲治・井上 太一　2022　「なぜ私たちは肉を食べることについて真剣に考えなければならないのか」（対談），『現代思想』50-7（2022-6）: 8-22
伊勢田 哲治・樫 則章 編　2006　『生命倫理学と功利主義』，ナカニシヤ出版
石川 創　2011　『クジラは海の資源か神獣か』，NHK 出版，NHK ブックス
石川 准・倉本 智明 編　2002　『障害学の主張』，明石書店
石牟礼 道子　1969　『苦海浄土』，講談社
岩崎 秀雄　2013　『〈生命〉とは何だろうか――表現する生物学，思考する芸術』，講談社現代新書
Jordan, Bertrand　2008　*L'Humanité au pluriel: La génétique et la question des races*, Le Seuil = 2013　林昌宏 訳／山本敏充 監修，『人種は存在しない――人種問題と遺伝学』，中央公論新社
Joy, Melanie　2010　*Why We Love Dogs, Eat Pigs and Wear Cows*, Red Wheel/Weiser = 2022　玉木麻子 訳，『私たちはなぜ犬を愛し，豚を食べ，牛を身にまとうのか――カーニズムとは何か』，青土社
垣本 充・大谷 ゆみこ　2020　『ヴィーガン――完全菜食があなたと地球を救う』，KK ロングセラーズ
金森 修　2010　『〈生政治〉の哲学』，ミネルヴァ書房
――――　2012　『動物に魂はあるのか――生命を見つめる哲学』，中央公論新社

になったのか』，白揚社
Harris, John　1980　"The Survival Lottery", *Violence and Responsibility*, Routledge: 66-84＝1988　新田章 訳，「臓器移植の必要性」，加藤・飯田編［1988: 167-184］
Harris, Marvin　1977　*Cannibals and Kings: The Origins of Cultures*, House＝1990　鈴木洋一 訳，『ヒトはなぜヒトを食べたか――生態人類学から見た文化の起源』，早川書房→1997　ハヤカワ・ノンフィクション文庫
橋爪 大三郎　1982 「性愛論――第1稿」，"記号空間論" MS
――――　1993 『橋爪大三郎コレクションII　性空間論』，勁草書房
――――　2003 『永遠の吉本隆明』，洋泉社，新書 y
Hawthorne, Mark　2016　*A Vegan Ethic*, John Hunt Publishing＝2019　井上太一 訳，『ビーガンという生き方』，緑風出版
Herzog, Harold　2010　*Some We Love, Some We Hate, Some We Eat: Why It's So Hard to Think Straight About Animals*, HarperCollins＝2011　山形浩生・守岡桜・森本正史 訳，『ぼくらはそれでも肉を食う――人と動物の奇妙な関係』，柏書房
檜垣 立哉　2018 『食べることの哲学』，世界思想社
廣松　渉　1972 『現代革命論への模索』，新泉社→1975　改装版
――――　1981 『新左翼運動の射程』，ユニテ
星野 一正　1991 『医療の倫理』，岩波新書
堀田 義太郎　2007 「（書評）ピーター・シンガー著 『人命の脱神聖化』」，『週刊読書人』2007-10-5
――――　2020 「人間の生命の価値について――有馬斉著『死ぬ権利はあるか』（春風社，2019年）をめぐって」，『立命館生存学研究』4: 11-19
市川 宏・加藤 尚武・坂部 恵・坂本 賢三・村上 陽一郎 編　1990 『差別』，岩波書店，現代哲学の冒険 3
市野川 容孝　1992 「訳者解説・ドイツがシンガーを沈黙させたことについて」，『みすず』375: 49-58
一ノ瀬 正樹　2011 「「動物への配慮」の欠落と充実」，一ノ瀬・新島 編［2011: 143-159］
――――　2022 「人と動物をめぐる揺らぎと対等性についての一考察」，『現代思想』50-7（2022-6）: 137-143
一ノ瀬 正樹・新島 典子 編　2011 『ヒトと動物の死生学――犬や猫との共生，そして動物倫理』，秋山書店
飯田 亘之　2008 「安楽死の意図は患者の死亡，鎮静の意図は苦痛緩和」という二極分化的思考の問題点」，飯田・甲斐 編［2008: 138-167］
飯田 亘之・甲斐 克則 編　2008 『終末期医療と生命倫理』，太陽出版，生命倫理コロ

江原 由美子 編　1996 『生殖技術とジェンダー――フェミニズムの主張3』, 勁草書房
Eribon, Didier　1989 *Michel Foucault, 1926-1984*, Flammarion = 1991　田村俶 訳, 『ミシェル・フーコー伝』, 新潮社
――――　2009 *Retour à Reims*, Libraire Arthème Fayard = 2020　塚原史 訳, 『ランスへの帰郷』, みすず書房
Feinberg, Joel ed.　1984 *The Problem of Abortion*, Wadsworth
Fletcher, Joseph　1971 "Ethical Aspects of Genetic Controls", *New England Journal of Medicine* 285
――――　1972 "Indicators of Humanhood: A Tentative Profile of Man", *The Hastings Center Report* 2-5 (1972.11): 1-4→Beauchamp; Walters eds. [1982]
――――　1973 "Ethics and Euthanasia", R. H. Williams ed. *To Live and to Die: When, Why, and How* = 1988　菊池恵善 訳, 「倫理学と安楽死」, 加藤・飯田 編 [1988: 135-148]
Foucault, Michel　1975 *Surveiller et punir: Naissance de la prison*, Gallimard = 1977　田村俶 訳, 『監獄の誕生――監視と処罰』, 新潮社
――――　1976 *La volonté de savoir (Histoire de la sexualité 1)*, Gallimard = 1986　渡辺守章 訳『性の歴史Ⅰ――知への意志』, 新潮社
――――　1984a *L'usage de plaisirs*, Gallimard = 1986　田村俶 訳, 『性の歴史Ⅱ――快楽の活用』, 新潮社
――――　1984b *Le souci de soi*, Gallimard = 1986　田村俶 訳, 『性の歴史Ⅲ――自己への配慮』, 新潮社
Francis, Richard C.　2015 *Domesticated: Evolution in a Man-Made World*, W. W. Norton = 2019　西尾香苗 訳, 『家畜化という進化――人間はいかに動物を変えたか』, 白揚社
Francione, Gary L.　2000 *Introduciton to Animal Rights: Your Child or the Dog?*, Temple University Press = 2018　井上太一 訳, 『動物の権利入門――わが子を救うか, 犬を救うか』, 緑風出版
Fredrickson, George M.　2002 *Racism: A Short History*, Princeton Univ Pr = 2009　李孝徳 訳, 『人種主義の歴史』, みすず書房
藤川 隆男　2011 『人種差別の世界史――白人性とは何か?』, 刀水書房
藤田 香　2017 『SDGsとESG時代の生物多様性・自然資本経営』, 日経BP
Gruen, Lori　2011 *Ethics and Animals*, Cambridge University Press = 2015　河島基弘 訳, 『動物倫理入門』, 大月書店
Haraway, Donna J.　1991 *Simians, Cyborgs, and Women: The Reinvention of Nature*, London: Free Association Books & New York: Routledge = 2000　高橋さきの 訳, 『猿と女とサイボーグ――自然の再発明』, 青土社
Hare, Brian & Woods, Vanessa　2020 *Survival of The Friendliest*, Oneworld Publications = 2022　藤原多伽夫 訳, 『ヒトは〈家畜化〉して進化した――私たちはなぜ寛容で残酷な生き物

「道徳および立法の諸原理序説」，関嘉彦 編［1967→1979: 69-210］
Blair, Clay　1973　*Survive!*, Berkley Publishing＝1973　高田正純 訳，『アンデスの聖餐――人肉で生き残った 16 人の若者』，ハヤカワ・ノンフィクション→1978　ハヤカワ文庫
Brock, Dan　1998　"Medical Decisions at the End of life", Kuhse & Singer eds.［1998］
Callahan, Daniel　1987　*Setting Limits: Medical Goals in an Aging Society*, Simon & Schuster＝1990　山崎淳 訳，『老いの医療――延命主義医療に代わるもの』，早川書房
――――　1992　"Physician-Assisted Dying: Self-Determination Run Amok," *Hastings Center Report* 22: 52-55
――――　1995　"Vital Distinctions, Moral Questions: Debating Euthanasia and Health Care Costs", Moreno ed.［1995＝1997］
――――　2000　*The Troubled Dream of Life: In Searh of a Peaceful Death*, Gerogetown University Press＝2006　岡村二郎 訳，『自分らしく死ぬ――延命治療がゆがめるもの』，ぎょうせい
Cavalieri, Paola; Singer, Peter eds.　1993　*The Great Ape Project: Equality beyond Humanity*, St. Martin's Press＝2001　山内友三郎・西田利貞 監訳，『大型類人猿の権利宣言』，昭和堂
DeGrazia, David　2002　*Animal Rights: A Very Short Introduction*, Oxford University Press＝2003　戸田清 訳，『動物の権利』，岩波書店
Dennett, Daniel C.　1996　*Kinds of Minds: Toward an Understanding of Conciousness*, Basic Books＝1997　土屋俊 訳，『心はどこにあるのか』，草思社→2016　ちくま学芸文庫
Derrida, Jacques　1997　*De l'hospitalité*, Calmann-Lévy＝1999　広瀬浩司 訳，『歓待について――パリのゼミナールの記録』，産業図書
――――　2006　*L'animal que donc je suis* (Edition etablie par Marie-Louise Mallet), Galilée＝2014　鵜飼哲 訳，『動物を追う，ゆえに私は（動物で）ある』，筑摩書房
Derrida, Jacques; Roudinesco, Elisabeth　2001　*De quoi demain...: Dialogue*, Galilée＝2003　藤本一勇・金澤忠信 訳，『来たるべき世界のために』，岩波書店
土井 健司　2008 「神学の世俗化とバイオエシックスの誕生――ダニエル・キャラハンの軌跡を通して」，『現代思想』36-2（2008-2）: 220-230
Donaldson, Sue & Kymlicka, Will　2011　*Zoopolis: A Political Theory of Animal Rights*, Oxford University Press＝2016　青木人志・成廣孝 監訳，『人と動物の政治共同体――「動物の権利」の政治理論』，尚学社
Drake, Stephen　2010　"Connecting Disability Rights and Animal Rights: A Really Bad Idea", *Not Dead Yet*, October 11th, 2010 https://notdeadyet.org/2010/10/connecting-disability-rights-and-animal.html
Dresser, Rebecca & Robertson, John A.　1989　"Quality of LIfe and Non-Treatment Decisions for Incompetent Patients: A Critique of the Orthodox Approach", *Law, Medicine and Health Care* 17

文献

著者名アルファベット順

安部 彰　2020 「序文」,『立命館生存学研究』4: 3-4

Adams, Carol J.　1990　*The Sexual Politics of Meat: A Feminist-Vegetarian Critical Theory*, Crossroad Publishing = 1994　鶴田静 訳,『肉食という性の政治学――フェミニズム－ベジタリアニズム批評』, 新宿書房

Agamben, Giorgio　2002　*L'aperto: L'uomo e l'animale*, Torino, Bollati Boringhieri = 2004　岡田温司・多賀健太郎 訳,『開かれ――人間と動物』, 平凡社

秋道 智弥　1994 『クジラとヒトの民族誌』, 東京大学出版会

秋篠宮 文仁・林 良博 編　2009 『家畜の文化』, 岩波書店, ヒトと動物の関係学・2

天田 城介　2007- 「世界の感受の只中で・1～」,『看護学雑誌』71-

Anderson, Elizabeth　2004　"Animal Rights and the Values of Nonhuman Life" = 2013　葛西まゆこ 訳,「動物の権利と人間以外の生命の価値」, Sunstein & Nussbaum eds. [2004: 277-98 = 2013: 366-395]

青木 人志　2016 『日本の動物法　第2版』, 東京大学出版会

Arendt, Hannah　1963　*Eichmann in Jerusalem: A Report on the Banality of Evil*, The Viking Press = 1969　大久保和郎 訳,『イェルサレムのアイヒマン――悪の陳腐さについての報告』, みすず書房→1994　新装版, みすず書房

有馬 斉　2012 「功利主義による安楽死正当化論」, 立岩・有馬 [2012: 89-172]

――――　2019 『死ぬ権利はあるか――安楽死, 尊厳死, 自殺幇助の是非と命の価値』, 春風社

――――　2020 「由井秀樹氏, 堀田義太郎氏による書評への応答」,『立命館生存学研究』4: 21-30

浅井 篤　2008 「シンガーの自発的安楽死擁護論」, 山内・浅井 編 [2008: 23-48]

安積 遊歩・立岩 真也　2022 『(題名未定・近刊)』, 生活書院

浅野 幸治　2021a『ベジタリアン哲学者の動物倫理入門』, ナカニシヤ出版

――――　2021b「動物権利論と捕食の問題」,『法の理論』39: 3-18

Beauchamp, Tom L.　1978　"A Reply to Rachels on Active and Passive Euthanasia", Beauchamp et al. [1978] = 1988 「レイチェルスの安楽死論に応えて」, 加藤・飯田 編 [1988: 122-134]

Beauchamp, Tom L.; Walters, Le Roy eds.　1982　*Contemporary Issues in Bioethics*, 2nd ed.

Benjamin, Walter　1921　Zur Kritik der Gewalt = 1994 「暴力批判論」, 野村修 編訳『暴力批判論他十篇――ベンヤミンの仕事1』, 岩波書店: 27-65

Bentham, Jeremy　1789　*An Introduction to the Principles of Morals and Legislation* = 1967　山下重一 訳,

立岩真也｜たていわ・しんや

1960 年生まれ。立命館大学大学院先端総合学術研究科教授。社会学専攻。著書に『私的所有論　第 2 版』（生活書院）、『弱くある自由へ――自己決定・介護・生死の技術』『造反有理――精神医療現代史へ』『精神病院体制の終わり――認知症の時代に』（以上、青土社）、『介助の仕事――街で暮らす／を支える』（筑摩書房）、『自由の平等』（岩波書店）、『自閉症連続体の時代』（みすず書房）、『人間の条件――そんなものない』（新曜社）など。共著に『ベーシックインカム――分配する最小国家の可能性』『税を直す』『差異と平等――障害とケア／有償と無償』『相模原障害者殺傷事件――優生思想とヘイトクライム』（以上、青土社）、『生の技法――家と施設を出て暮らす障害者の社会学』（生活書院）ほか多数。

人命《じんめい》の特別《とくべつ》を言《い》わず／言《い》う

2022 年 12 月 20 日　初版第 1 刷発行

著者　**立岩真也**

ブックデザイン　**岩瀬 聡**

発行者　**喜入冬子**

発行所　**株式会社筑摩書房**

〒111-8755　東京都台東区蔵前 2-5-3
電話番号 03-5687-2601（代表）

印刷　**株式会社精興社**

製本　**加藤製本株式会社**

ISBN978-4-480-86480-2　C0010